放射性废物管理立法研究丛书

国外放射性废物管理法律概述
（加拿大　德国）

刘新华　主编

生态环境部核与辐射安全中心

中国环境出版集团 · 北京

图书在版编目（CIP）数据

国外放射性废物管理法律概述. 加拿大、德国/刘新华主编.
—北京：中国环境出版集团，2020.12
（放射性废物管理立法研究丛书）
ISBN 978-7-5111-4474-4

Ⅰ. ①国… Ⅱ. ①刘… Ⅲ. ①放射性污染－污染防治－环境保护法－加拿大②放射性污染－污染防治－环境保护法－德国 Ⅳ. ①D912.604

中国版本图书馆 CIP 数据核字（2020）第 205345 号

出 版 人　武德凯
责任编辑　董蓓蓓
责任校对　任　丽
封面设计　宋　瑞

出版发行　中国环境出版集团
（100062　北京市东城区广渠门内大街 16 号）
网　　址：http://www.cesp.com.cn
电子邮箱：bjgl@cesp.com.cn
联系电话：010-67112765（编辑管理部）
发行热线：010-67125803，010-67113405（传真）
印　　刷　北京中科印刷有限公司
经　　销　各地新华书店
版　　次　2020 年 12 月第 1 版
印　　次　2020 年 12 月第 1 次印刷
开　　本　787×1092　1/16
印　　张　16.5
字　　数　320 千字
定　　价　80.00 元

编委会

主　编

刘新华

副主编

上篇

李静晶　林晓玲

下篇

潘跃龙　唐邵华

编著人员

上篇

李静晶　张燕齐　张　诏　刘昕宇　李　凯　石　磊

刘　敏

下篇

杨林君　高　飞　尹文成　李静晶　张燕齐　李　凯

放射性废物管理立法研究丛书

序

我国放射性废物管理工作与核工业相伴而生，随着核能与核技术利用的发展而不断壮大。经过五十多年的努力，老旧核设施退役与废物处理取得了较大进展，初步形成了与之相匹配的处理处置能力；高放废物地质处置地下实验室正在建设，研究工作正在稳步推进；核电厂废物处理设施健全，实现了“三同时”。

习近平总书记强调，“老旧核设施、历史遗留放射性废物等风险不容忽视”。我国放射性废物管理面临安全风险不断加大的严峻挑战，安全管理压力不断增加。我国早期建设的核设施已逐渐进入退役高峰期，不仅已积存大量低、中放遗留废物，而且其退役还会产生更大量的放射性废物。中放废物处理和中等深度处置尚处于概念阶段，亟待加强管理并实现安全处置。核电低放废物处置场落地困难，核电废物处置去向悬而未决。部分核电厂固体废物超出其贮存寿期和暂存库设计容量，借助其他新建核电厂的废物库暂存，暂存风险与日俱增。核技术利用发展迅速，产生大量废放射源等核技术利用废物。废放射源由于整备和处置路线未定而大量积存。这些问题与核能和核技术发展需求严重不适应，更造成较大安全潜在风险。

自 2016 年以来，在潘自强、柴之芳等院士的组织和支持下，依托中国工程院重点咨询项目和中国科学院学部评议项目，生态环境部核与辐射安全中心牵头的研究团队承担了放射性废物管理法律法规体系研究和放射性废物环境安全问题及对策研究工作，从体制机制和长期安全角度，对国内外放射性废物管理的现状与问题进行了系统梳理和分析，提出专门法律的缺失是放射性废物管理严重滞后于核能发展、处置问题难以解决且愈加突出的关键因素。起草的《关于尽快制定〈放射性废物管理法〉的建议》《关于完善我国放射性废物处置组织机构体系的建议》等多份院士建议，得到国家领导和相关部委领导高度重视，领导批示要求研究落实放射性废物管理立法工作。在上述研究和建议的推动下，国家相关部委和核工业界对制定放射性废物管理专门法律形成共识。

（1）放射性废物管理的复杂性、系统性、长期性需要专门立法。放射性废物从产生、处理、贮存，到处置及处置后的长期监护，涉及环节多、周期长、管理层级繁杂、系统性强。我国放射性废物来自早期核工业、核能、核技术利用和矿产资源开发利用等多个重要领域，范围广、数量大，具有巨大的长期潜在危害。放射性废物若管理不善，将对生态环境产生难以估量的严重损害，造成资源的重大损失，并危及社会稳定。因此，有必要制定放射性废物管理法，构建系统、完善、专门的责任与规范体系，防范长期安全风险，推动放射性废物管理与核能事业同步发展，维护国家长久安全。

（2）专门立法有助于明确放射性废物管理基本原则。放射性废物的潜在危害可持续几百年到上万年，甚至百万年，保护后代、不给未来人类造成不适当负担是国际原子能机构放射性废物管理的基本原则之一。同时，放射性废物管理涉及中央政府、地方政府、废物产生单位和处理处置单位等，只有明确界定各自责任，才能保证放射性废物及时安全处理处置。只有制定放射性废物管理法，才可以充分确立放射性废物管理代际公平和责任划分等基本原则。

（3）专门立法有利于建立和完善放射性废物管理基础性制度。放射性废物管理资金涉及核设施退役基金的提取，固体废物处置收费办法，处置设施建设、运行资金及关闭后长期监护基金管理，环境补偿机制等。责任主体众多，涉及政府，废物产生单位、处理单位和处置单位；时间周期长，涉及当代和未来。放射性废物管理资金管理体系复杂，需要通过放射性废物管理法建立。

（4）专门立法是完善核与辐射领域法律体系，切实保证依法、高效、合理管理放射性废物的需要。现行《核安全法》《放射性污染防治法》和正在征求意见的《原子能法》，从总体核安全、放射性污染防治和核领域综合性管理的角度对放射性废物做出了原则性规定，但基于其定位、功能和性质，不能对放射性废物全寿期、全要素、全流程的复杂问题进行系统、完整、具体的规范。从国际上看，有核国家均有放射性废物管理的法律。法国是世界上核领域法律体系最完善的国家，实现了能源自主、安全、独立，电价稳定和环境安全。因此，我国亟待制定放射性废物管理法，进一步完善核领域法律体系。

（5）专门立法是确保国家安全的需要。我国放射性废物当前主要来源于早期核工业，退役缓慢，存在厂房外环境污染，潜在安全风险极大。当前我国在建核电机组居世界第一，核电和后处理产生的中低放和高放废物不断增加。核技术和放射性同位素应用将产生大量放射性废物。铀矿和稀土等矿产资源开发范围广、数量大，存在潜在危害。放射性废物如何有效管理已成为全社会普遍关注的重大问题，若处理处置不当，将危及国家安全。目前，对放射性废物的处理处置，国务院有关部门、地方人民政府和相关企业意见不统一，甚至存在矛盾冲突，亟待制定放射性废物管理法，有效管理放射性废物，解决上述问题，消除国家安全隐患。

（6）专门立法是提升我国核实力的需要。经过多年发展，我国放射性废物管理工作取得了一定成绩，但总体进展缓慢、整体技术水平较低，成为核能发展中的“卡脖子”问题。放射性废物处理处置技术复杂、政策性强，需要社会参与和专业化公司运营，应充分利用社会资源，发挥专业技术优势，促进技术创新和事业发展，以进一步提高放射性废物管理的安全水平和技术能力。我国应制定放射性废物管理法，完善体制机制，以创新驱动发展，推动突破、掌握核心技术，进一步提升国家核实力。

（7）专门立法是国际履约和促进国际合作的需要。十届全国人大常委会第二十一次会议批准加入《乏燃料管理安全和放射性废物管理安全联合公约》，我国成为该公约的缔约国。制定放射性废物管理法是公约对缔约国的要求，我国政府已经做出承诺。制定放射性废物管理法，履行国际承诺，有利于树立我国负责任核大国形象，也有利于促进国际交流与合作，更有利于国内放射性废物管理水平的持续提升。

2019 年 3 月，生态环境部核与辐射安全中心设立放射性废物管理立法研究课题，全面开展放射性废物管理立法论证和相关制度设计的研究工作，推动放射性废物管理法纳入全国人大立法计划。立法研究课题组依托院士和业内资深专家，组织开展放射性废物管理立法调研，起草放射性废物管理法草案，并联合中国核电发展中心、海军研究院、中国核电工程有限公司、中核清原公司、中国辐射防护研究院、大亚湾核电环保有限公司等单位专家，对立法必要性和可行性、与现有法律的关系、责任划分、低放废物处置、资金支持等 40 多个专题开展论证研究，形成 40 多份研究报告。课题组编制完成的《放射性废物管理现状调研报告》获得中国科协 2019 年“全国十佳调研报告”称号，《关于尽快制定〈放射性废物管理法〉的建议》获国家领导批示并要求开展立法工作，得到生态环境部、国防科工局、国家能源局等相关部门的支持，推动放射性废物管理立法向前迈出坚实一步。公众也希望有一部规范放射性废物管理行为的法律尽快出台，十三届全国人大二次会议和三次会议均有多个议案建议制定放射性废物管理专门法律。制定放射性废物管理法已具备广泛社会基础。

习近平总书记强调，只有实行最严格的制度、最严密的法治，才能为生态文明建设提供可靠保障。因此，应通过制定放射性废物管理法对放射性废物全寿期、全要素、全流程的复杂问题做出系统、完整、具体的规范。

（1）明确处置责任划分。明确省级地方政府为核电低放废物处置的责任主体，具体负责处置设施的选址和长期监护；核电企业承担废物处置所需的所有费用；建立问责机制，推进低放废物区域处置场和集中处置场建设，加快解决核电废物处置难题。

（2）建立和完善放射性废物管理组织机构。在国务院现有机构框架下，组建放射性废物管理执行机构，统一负责全国放射性废物管理的顶层设计和统筹规划，组织实施高放废物和中放废物的地质处置。

（3）编制并实施国家放射性废物管理计划。明确放射性废物管理计划的编制主体和程序，建立计划实施的评估机制。

（4）完善放射性废物管理资金保障制度。明确资金来源、管理主体、使用范围和方法等，为放射性废物管理研发，处置设施选址、建造、运行、关闭和关闭后监护以及跨区域补偿等提供资金保障。

（5）建立公众参与机制。建立完善的沟通协商机制和信息公开制度，保障放射性废物处置设施选址、建造、运行，特别是长期监护中的公众知情权，增强公众信心，妥善引导公众合理表达诉求。

为更好地推动放射性废物管理立法工作，课题组联合中国核电发展中心、海军研究院、中国原子能科学研究院、中核战略规划研究总院和深圳中广核工程设计有限公司等单位专家编制了“放射性废物管理立法研究丛书”。丛书内容包括国外放射性废物管理法律概述、国内放射性废物管理、国外放射性废物管理、国外放射性废物管理组织机构、放射性废物处理处置技术等方面，为放射性废物管理立法论证和相关制度设计提供全面技术支持。

在放射性废物管理立法研究和丛书编著过程中，得到生态环境部核与辐射安全中心放射性废物管理立法论证研究项目、北京世创核安全基金会、核设施退役及放射性废物治理科研项目“低中放废物处置法规标准体系和管理机制研究”的支持，以及潘自强院士、胡思得院士、柴之芳院士、赵成昆、杨朝飞、翟勇、刘森林、曲志敏、赵永康、赵永明、林森、杨永平、吴恒等专家的指导、支持和帮助。值此，对上述领导和专家表示衷心感谢和崇高敬意。

限于我们知识水平，难免存在不妥之处，望读者批评指正。

刘新华

2020 年 11 月

前言

放射性废物管理专门立法是有核电国家的共同选择。美国、法国、俄罗斯、日本、韩国、加拿大、英国和德国等有核电国家都对放射性废物管理或处置专门立法。我国是《乏燃料管理安全与放射性废物管理安全联合公约》的履约国，建立放射性废物管理国家法律体系是公约要求。对放射性废物管理专门立法可充分体现负责任大国形象，促进国际交流与合作，更有利于国内放射性废物管理水平的持续提升。

本书分上、下两篇，分别对加拿大和德国放射性废物管理相关法律进行解读，是“放射性废物管理立法研究丛书”之一。

上篇对加拿大放射性废物管理相关法律进行解读。加拿大是世界上最早发展核电的国家之一，经过数十年的发展，加拿大放射性废物管理的法律体系逐步改进和完善，在放射性废物管理方面提供了诸多实践经验，值得我们借鉴。

作者系统调研了加拿大放射性废物管理的法律体系和具体规定。通过对本书的阅读，读者将对加拿大放射性废物管理的法律体系、组织机构、法律要求和相应实践形成系统和全面的认识。

上篇第 1 章介绍了加拿大核设施及核技术利用情况、放射性废物产生情况、放射性废物管理法律体系架构、放射性废物管理组织结构及其职责等基本信息；第 2 章对专门针对放射性废物管理的法律——《核燃料废物法》进行了详细说明，包括它的立法背景、法律解读和具体执行情况；第 3 章介绍了涵盖放射性废物管理内容或涉及相关条款的其他法律，如《核安全与控制法》《核能法》等，列出了相关条款并进行解读；第 4 章分析并总结了加拿大放射性废物管理立法对我国放射性废物管理立法的启示，包括对放射性废物管理专门立法、财务保障机制、信息公开和公众参与、制定国家管理框架和原则、明确组织机构与职责等。此外，附录 1～4 介绍了各类放射性废物管理设施的情况，分别为核燃料废物贮存设施，中、低放废物管理设施，历史废物——受污染场地，铀矿冶废物管理设施；附录 5 给出了《核燃料废物法》翻译全文。

上篇第 1 章由张诏、李凯编写，第 2 章由张燕齐、石磊编写，第 3 章由刘昕宇编写，第 4 章由李静晶、刘敏编写，附录 1～4 由张诏编写，附录 5 为加拿大《核燃料废物法》的译文。全篇由李静晶、林晓玲校核，刘新华审稿。

下篇对德国放射性废物管理相关法律进行解读。德国有着完善的原子能法律体系，在《原子能法》的指导下，由不同的法律、法令对原子能利用予以规范。德国《原子能法》中按核设施类型分类，对许可证的审批条件、相关程序、营运者的安全责任以及核损害赔偿作出详细规定，该法还明确了其与其他现行法律、已加入国际公约和协定的关系，提出了具体的要求，具有很强的操作性。德国《原子能法》随着核电发展形势变化进行了多次修订。德国是唯一在法律中确立“逐步淘汰核电”政策的核大国，为对放射性废物进行有效的处理处置和管控开展了大量的研究，并及时以修订法令的方式进行落实。

下篇通过对德国放射性废物管理法律体系的研究，特别是对《选址法》的解读，探讨其对我国放射性废物管理专门立法的借鉴意义。

下篇第 1 章为德国废物管理概况，包括核能利用现状、乏燃料和放射性废物管理概况、废物量、废物管理法律框架和管理体制等；第 2 章为《选址法》概况，包括其立法背景、主要条款的解读等；第 3 章为其他法律介绍，包括《基本法》《原子能法》《关于成立联邦核废物处置安全管理机构的法》《关于成立联邦辐射防护机构的法》《核废物管理责任重组法令》等放射性废物管理相关法律；第 4 章分析了德国放射性废物管理立法对我国放射性废物管理立法的启示。

下篇第 1 章由高飞、李静晶编写，第 2 章由杨林君、张燕齐编写，第 3 章由唐邵华、尹文成、李凯编写，第 4 章由潘跃龙、唐邵华编写。全篇由潘跃龙、唐邵华校核，刘新华审稿。

在本书的编写过程中，丛书编写组的其他同志提出了许多宝贵的意见，谨向他们表示感谢。

本书可供从事放射性废物管理、环境影响评价、核法律等领域的研究、设计和审评人员参考，也可作为大专院校相关专业的参考教材。

虽然本书作者尽了最大努力，力求向读者准确全面地介绍加拿大、德国放射性废物管理相关法律，但囿于作者水平和资料收集情况，不足之处在所难免，敬请读者批评指正。

编　者

2020 年 11 月

目　录

上篇

加拿大放射性废物管理法律概述

第1章

加拿大放射性废物管理概况

1.1　核设施及核技术利用情况

加拿大在核能领域有着超过60年的发展历史，涉及铀矿开采，核电站的设计和建造、运行、退役，废物管理，监管和环境治理等方面，作为世界核能大国之一，加拿大在全球核能产业的商业开发和国际组织管理中都扮演着重要角色[1]。

目前，加拿大约有15%的电力是由核能生产的，在役的22座核反应堆（表1-1）中，有19座正在全面商业化运行。其中，有3个核电站共18座反应堆位于安大略省，它们提供了该省超过一半的电力，剩下1座位于新布伦瑞克省。加拿大开发了独特的坎杜（CANDU）核反应堆，这是一种加压重水反应堆（PHWR），最初由国有企业加拿大原子能公司（AECL）设计，2011年其商业设计、维修服务和市场营销等均交由兰万灵集团（SNC-Lavalin）的全资子公司坎杜能源（Candu Energy）负责。与轻水反应堆相比，重水反应堆使用天然、非浓缩铀燃料，从而增强了安全性能，可有效减少公众对核安全的担忧；另外，重水堆使用相对简便的操作设备，在全功率运转时依然可添加燃料。经过改装后，CANDU核反应堆有可能使用回收铀甚至钍作为燃料。此外，加拿大拥有完善的核能供应链，服务于CANDU以及加拿大境内外核反应堆系统。在加拿大境外运营CANDU核反应堆的国家包括印度、巴基斯坦、阿根廷、韩国、罗马尼亚和中国。

表1-1　加拿大核电站概况

核电站	省份	机组功率/MWe	启用年份
Pickering A	安大略	4×515	1971—1973
Pickering B	安大略	4×516	1983—1986
Darlington	安大略	4×881	1990—1993
Bruce A	安大略	4×750	1977—1979
Bruce B	安大略	4×860	1984—1987
Gentilly-2	安大略	1×635	1983
Point Lepreau	新布伦瑞克	1×635	1983

核能技术利用离不开铀资源的供应，加拿大铀矿储量位居全球第四[2]，探明储量为49.39万t铀，约占全球储量的9%。同时加拿大也是全球第二大铀生产国，2015年产量为1.48万t，占全球天然铀总产量的15%，其中出口量占比为85%，主要出口市场包括北美

洲和南美洲（36%）、欧洲（23%）和亚洲（41%），其中，中国是加拿大天然铀的第四大进口国。

加拿大铀矿主要分布在萨斯喀彻温省、安大略省。全国共有矿区 18 个，目前在开采的有 4 个。萨斯喀彻温省 Athabasca Basin 地区是加拿大最主要的铀矿区，其铀产量占全国产量的 70%以上，特别是加拿大矿业能源公司（Cameco）旗下的 McArthur River & Cigar Lake 矿区，探明储量为 17 万 t，平均矿石等级为 21%，是世界铀矿床平均品位的 100 多倍，也是全球最大、品位最高的铀矿，年产量达 8 200 t 以上，占加拿大铀产量的 50%。

加拿大矿业能源公司和法国阿海珐（AREVA）公司是加拿大铀矿业龙头企业，也是世界铀供应行业的领军企业。另有很多围绕这两家公司开展上下游业务的企业，提供勘探、工程服务等，整个行业由数百家企业组成。其中，加拿大矿业能源公司是全世界第二大铀生产商和第一大铀交易商，在美国、加拿大、哈萨克斯坦等地拥有 18 万 t 探明铀矿石储量，其 2015 年天然铀产量高达 1.288 万 t，占世界总产量的 18%。

加拿大唯一的同时也是世界上最大的铀精炼厂位于安大略省的 Blind River，来自加拿大和其他国家的铀矿石浓缩物在这里被提炼成三氧化二铀，之后被运往安大略省 Port Hope 的转换设施来生产六氟化铀，出口美国和其他地方，为轻水反应堆提供浓缩铀燃料；加拿大也是世界上唯一的燃料级天然二氧化铀的供应国，二氧化铀被运往 Port Hope 和安大略省 Peterborough 的燃料制造设施，为加拿大和国外的 CANDU 生产天然铀燃料。

除了提供能源外，加拿大的核技术还广泛应用于健康诊断和治疗，加拿大是全球重要的医用同位素供应方，包括供应世界 75%的钴-60，用于占全世界 45%的一次性医疗用品的消毒。

1.2　放射性废物产生情况

1.2.1　放射性废物分类

核能利用的各个阶段都会产生放射性废物[3]，参考国际原子能机构（IAEA）安全导则 GSG-1《放射性废物的分类》，同时考虑加拿大核行业的需求，加拿大标准协会（CSA）与行业、政府和加拿大核安全委员会（CNSC）合作，制定了一个包括放射性废物分类系统在内的标准（CSA 292.0-14）；该标准于 2014 年发布，根据短期和长期安全所需的包容和隔离要求，确定了放射性废物的如下四个类别[4]：

① 高放废物（High-level radioactive waste，HLW）；

② 中放废物（Intermediate-level radioactive waste，ILW）；

③ 低放废物（Low-level radioactive waste，LLW）；

④ 铀矿冶废物（Uranium mine and mill waste）。

由于各种放射性核素的活度限值不同，所以并未提供各类放射性废物（主要是低放废物和中放废物）之间的明确数值界限，具体数值依据短期或长期的管理情况决定，例如，在某些情况下，采用 2 mSv/h 的接触剂量率来区分中放废物和低放废物，分类见表 1-2。

表 1-2　放射性废物的分类[2]

	低放废物	中放废物	高放废物	铀矿冶废物
举例	运行和退役中受污染的设备	离子交换树脂和用于放射性治疗的放射源	废核燃料、医疗过程中产生的裂变产物废物及其处理产生的废物	在较长时间内放射性不会显著减少
α 比活度	平均＜400 Bq/g，但单个包装不超过 4 000 Bq/g	没有限制	没有限制	
长寿命 β/γ 比活度	范围可达数万贝可每克，依处置设施情况而定	没有限制	没有限制；通常水平为 10^4～10^6 TBq/m^3	
无屏蔽接触剂量率	＜2 mSv/h	＞2 mSv/h	没有限制	
释热率	极小	＜2 kW/m^3	通常超过 2 kW/m^3	

1.2.1.1　高放废物

加拿大的高放废物一般指已被认定为放射性废物的已使用的或辐照过的核燃料；此外，还包括医疗同位素生产和 20 世纪 40 年代至 60 年代后处理试验产生的少量显著释热（释热率一般超过 2 kW/m^3 水平）的放射性废物。在加拿大，核燃料废物的准确术语是“辐照过的核燃料”或“已使用过的核燃料”，因为即使卸出的燃料未被充分使用，仍被认为是废物。核燃料废物含有大量的长寿命放射性核素，需长期隔离。目前，高放废物长期管理的首选方案是深地质处置。

1.2.1.2　中放废物

中放废物指通常表现出足够水平的放射性以致在装卸和临时贮存期间需要屏蔽的废物。这类废物包括电站维修产生的废物、离子交换树脂和放射治疗中使用的某些放射源。

这种类型的放射性废物在其装卸、运输和长期管理期间几乎不需要散热。然而，由于其总放射性水平较高，有些中放废物可能在短期内产生一定热量。

1.2.1.3　低放废物

低放废物指含有放射性核素含量高于解控水平和豁免水平的物质。低放废物包括受污染的材料、碎布、防护服、受污染的土壤以及加拿大镭行业早期运营所产生的相关废物。低放废物需要包容和隔离长达几百年，在装卸和临时贮存期间，通常不需要采取特殊的屏蔽措施。低放废物又包括极短寿命低放废物和极低放废物两个子类。

（1）极短寿命低放废物

极短寿命低放废物（VSLLW）是可以贮存衰变数年后达到解控水平的废物。此类废物主要包括只含有通常用于研究和生物医学目的的半衰期短的放射性核素的放射性废物，如铱-192 和锝-99 m 放射源。在实际操作过程中，极短寿命低放废物的管理只适用于半衰期小于等于 100 天的放射性核素。

（2）极低放废物

极低放废物（VLLW）潜在危险低，但仍高于豁免标准。极低放废物的长期废物管理设施通常不需要包容和隔离，一般使用监管控制措施有限的近地表贮存库即可满足要求。通常情况下，极低放废物包括低活度土壤和瓦砾、退役废物和一些受到铀污染的废物。

1.2.1.4　铀矿冶废物

铀矿开采和选矿产生的主要废物类型为铀尾矿和废石。铀尾矿是研磨和化学浓缩铀矿石所产生的废物。废石是指从矿井中开采矿石产生的其他岩石材料，其含有很少量的铀，按矿物含量分为清洁解控的废石和矿化废石。铀尾矿和废石中含有大量长寿命放射性核素，例如钍-232 和镭-226。

1.2.2　各类废物产生情况

加拿大的绝大部分放射性废物（约 98.1%）是低放废物，其中近 3/4 是历史实践遗留的污染土壤，这与全球形势是一致的，对于大多数国家而言，中放废物或高放废物的数量都比低放废物少得多。表 1-3 为加拿大 2016 年全年各类放射性废物产生量以及截至 2016 年年底各类放射性废物的存量。图 1-1 为加拿大贮存放射性废物的主要位置。

表 1-3　加拿大各类放射性废物量[4]

废物类别	2016 年全年产生量	截至 2016 年年底实际存量
高放废物	341 m^3	11 089 m^3
中放废物	249 m^3	33 155 m^3
低放废物	5 268 m^3	2 359 385 m^3
总计	5 858 m^3	2 403 629 m^3
铀尾矿	0.35×10^{6}t	218×10^{6}t
铀废石	N/A*	169×10^{6}t
总计	0.35×10^{6}t	387×10^{6}t

注：N/A 表示“不适用”。

图 1-1　加拿大贮存放射性废物的主要位置[4]

1.2.2.1　高放废物

核燃料废物是加拿大主要的高放废物，主要产生于核电站运行过程（图 1-2）。在加拿大，几乎所有的核电站和研究堆场址都是就地储存核燃料废物，一座装机容量 600 MW 的 CANDU 核反应堆每年大约产生 90 t 核燃料废物。

图 1-3 标注了加拿大的高放废物储存场址。核燃料废物在其产生地点以干、湿状态贮存，当燃料开始离开动力堆后，被放置在充满水的贮存池内，水冷却燃料并屏蔽其辐射，在贮存池中贮存数年之后，根据现场具体需求和组织管理控制要求，将核燃料废物转运到现场的干式贮存设施。这些干式贮存设施为大型钢筋混凝土圆筒或容器。加拿大每座核电站都有足够的贮存空间来贮存电站运行寿期内产生的所有核燃料废物，表 1-4 列出了加拿大湿式贮存的核燃料废物，表 1-5 总结了干式贮存核燃料废物存量。

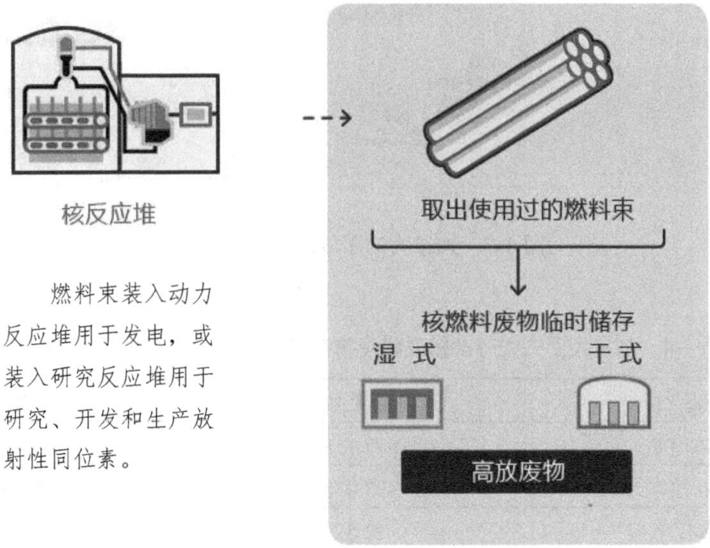

图 1-2　高放废物的产生

图 1-3　加拿大的高放废物贮存场址[4]

表 1-4　加拿大湿式贮存的核燃料废物存量（截至 2016 年 12 月 31 日）

场址	燃料棒束数量/个	铀[a]/kg
Bruce 核电站	687 158[b]	13 089 887
Darlington 核电站	333 078[b]	6 402 480
Gentilly-2 核电站	22 525	430 650
Pickering 核电站	403 985[b]	7 989 515
Point Lepreau 核电站	36 780	700 666
McMaster 研究型核反应堆	37[c]	38
CRL	1 205[d]	3 559

注：a．包括核燃料废物中的贫化铀、浓缩铀、天然铀、钚和钍。
　　b．辐照燃料束和燃料棒的数量。
　　c．辐照燃料组件的数量。
　　d．辐照燃料束、燃料棒、燃料组件和其他物项的量。

表 1-5　加拿大干式贮存设施中核燃料废物的存量（截至 2016 年 12 月 31 日）

场址	燃料棒束数量/个	铀[1]/kg
CRL-G 废物管理区	4 886	65 587
CRL-B 废物管理区（研究堆核燃料废物）	10 106[2]	35 639
Darlington 废物管理设施	192 314	3 682 635
Douglas Point 废物管理设施	22 252	300 891
Gentilly-1 废物管理设施	3 213	67 692
Gentilly-2 废物管理设施	107 400	2 047 937
Pickering 废物管理设施	326 912	6 517 180
Point Lepreau 废物管理设施	102 598	1 945 796
Western 废物管理设施（位于布鲁斯场地）	490 358	9 347 583
Whiteshell 实验室	2 268	24 270

1.2.2.2　中、低放废物

加拿大的中放废物和低放废物贮存场址分别如图 1-4 和图 1-5 所示，加拿大贮存的正常运行产生的中放废物和低放废物的存量和占比情况可见图 1-6 和图 1-7，具体详细贮存情况见表 1-6。表 1-7 描述了已产生的低放射性废物，包括贮存在各场址的体积以及如何管理。表 1-8 为截至 2016 年 12 月 31 日加拿大设施退役活动产生的中、低放废物存量。

图 1-4　加拿大的中放废物贮存场址[4]

图 1-5　加拿大的低放废物贮存场址[4]

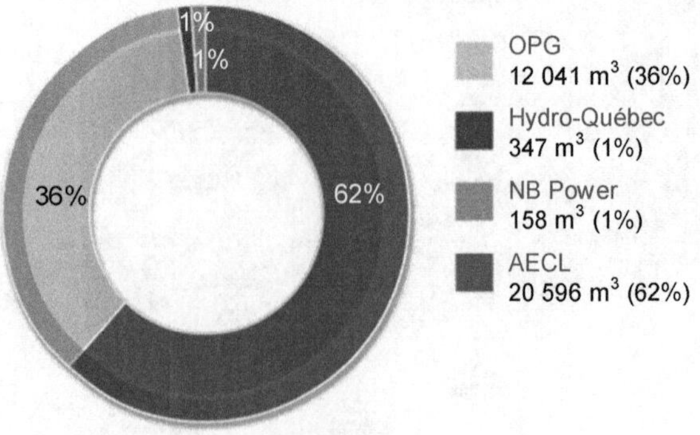

图 1-6　加拿大贮存的正常运行产生的中放废物的存量和占比情况[4]

（截至 2016 年 12 月 31 日）

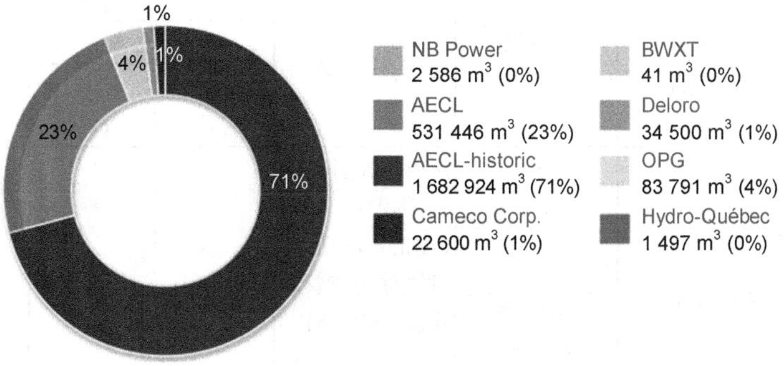

图 1-7　加拿大贮存的正常运行产生的低放废物的存量和占比情况[4]

（截至 2016 年 12 月 31 日）

表 1-6　加拿大贮存的正常运行产生的低放废物（LLW）和中放废物（ILW）情况

（截至 2016 年 12 月 31 日）[3]

放射性废物管理或核燃料循环设施	公司名称或责任方	贮存的废物的描述	贮存方法	现场废物存量和活度			
				ILW		LLW	
				体积/m^3	活度/TBq	体积/m^3	活度/TBq
Western 废物管理设施（WWMF）	安大略电力公司（OPG）	临时贮存 Bruce Power、Darlington 和 Pickering A、B 产生的低/中放废物	ILW：地下贮存构筑物（管沟、砖洞、地下容器）和地上贮存构筑物 LLW：地上贮存构筑物（低层贮存厂房、蒸汽发生器贮存厂房）	11 024[a]	56 702[b]	83 466[c]	86[b]
Pickering 废物管理设施	OPG	临时贮存 Pickering A（1～4 号机组）反应堆改造产生的中放废物	ILW：干式贮存模块	1 012[d]	127 155	0	0
放射性废物运行场地	OPG	临时贮存 Douglas Point 和 Pickering A（1～4 号机组）产生的反应堆中/低放废物	ILW：地下贮存构筑物（管沟、砖洞） LLW：地下贮存构筑物（管沟）	5	12[e]	325	<1[c]

放射性废物管理或核燃料循环设施	公司名称或责任方	贮存的废物的描述	贮存方法	现场废物存量和活度			
				ILW		LLW	
				体积/ m^3	活度/ TBq	体积/ m^3	活度/ TBq
Gentilly-2	魁北克水电公司	反应堆运行废物	ILW：放射性废物贮存区（ASDR）和放射性固体废物管理设施（SRWMF）（混凝土单元） LLW：ASER 和 SRWMF（混凝土单元）	347	53[f]	1 497	5
Point Lepreau	新布伦瑞克电力公司	运行废物：桶、过滤器和可压缩/不可压缩箱装废物	LLW：混凝土堆腔构筑物 ILW：混凝土堆腔构筑物和改装金属容器	158[g]	792	2 586[g]	178
CRL	AECL	研究堆和同位素生产过程中的废物、外部废物	ILW：砖洞和贮仓 ILW/LLW：屏蔽模块式地上贮存（SMAGS） LLW：砂沟、低放贮存厂房、地上料堆	19 468[h]	N/A	123 709[h]	N/A
		被污染的土壤	小帆船，2 051 桶，SMAGS 中的 B-25 容器，砂沟和地上料堆	0	0	382 842	N/A
Whiteshell 实验室	AECL	研究堆废物和退役过程中的反应堆废物	ILW：地下混凝土贮仓 LLW：地上混凝土贮仓和管沟	863[h]	2 794	19 700[h, i]	325
Douglas Point 废物管理设施	AECL	被污染的土壤	LLW：2 051 桶	0	0	66	N/A
Gentilly-1 废物管理设施	AECL	被污染的土壤	LLW：2 051 桶	0	0	1	N/A
Port Hope 转换设施	Cameco	不可燃工艺废物	LLW：2 051 桶	0	0	10 000	N/A
Blind River 精炼厂	Cameco	不可燃工艺废物	LLW：2 051 桶	0	0	5 600	N/A

放射性废物管理或核燃料循环设施	公司名称或责任方	贮存的废物的描述	贮存方法	现场废物存量和活度			
				ILW		LLW	
				体积/m³	活度/TBq	体积/m³	活度/TBq
Port Hope 燃料制造	Cameco	不可燃工艺废物	LLW：2 051 桶	0	0	1 000	N/A
BWXT 燃料制造 Peterborough（彼得伯爵）	BWX Technologies	不可燃工艺废物	LLW：2 051 桶	0	0	5	＜1
BWXT 燃料制造 Toronto（多伦多）	BWX Technologies	不可燃工艺废物	LLW：2 051 桶	0	0	36	＜1
Best Theratronics 制造设施 Kanata	Best Theratronics	停用钴-60 密封源；停用铯-137 密封源	水池贮存或干容器	＜1	7 157	0	0
Nordion 制造设施 Kanata	Nordion	停用钴-60 密封源；停用铯-137 密封源	水池贮存或干容器	11.9 [j]	10 360	0	0
Bruce Power	OPG	停用钴-60 密封源	水池贮存	2.5	23 384 [k]	0	0

注：a．由于 2014 年的管沟修复项目，体积减少。
b．根据 2013 年存量估算的活度。
c．由于采取废物最小化措施，自 2013 年以来体积减少。
d．由于重新评估 ILW 容器计数，自 2013 年以来体积减少。
e．根据西部废物管理设施贮存的废物活度数据估算的放射性废物运行场地 1 废物活度。
f．不包括废树脂中约 250 m³ ILW 的活度水平。
g．由于涉及焚烧/金属熔化的废物体积最小化措施，自 2013 年以来体积减少。
h．ILW/LLW 的体积基于贮存方法，并不一定代表 ILW 和 LLW 的实际废物分类。
i．自 2013 年以来，由于重新包装体积减少，其中一些材料被清洁解控。
j．如适用，包括运输容器的体积。
k．根据每个回收的废源中钴-60 的 1 000 Ci① 的最大平均活度计算。

表 1-7 加拿大已产生的低放废物（LLW）情况[3]

场地名称或地点	公司名称或责任方	贮存废物	贮存方式	LLW 存量和活度	
				体积/m³	活度/TBq
Port Hope	AECL	被污染的土壤	原位压实贮存	720 000	—
Welcome 废物管理设施	AECL	被污染的土壤	地上土墩	454 380	—

① 1 Ci = 3.7×10^{10} Bq。

场地名称或地点	公司名称或责任方	贮存废物	贮存方式	LLW 存量和活度	
				体积/m³	活度/TBq
Port Granby	AECL	废物和被污染的土壤	管沟埋设	438 200	—
Northern Transportation Route	AECL	被污染的土壤	原位压实贮存	54 403	—
Greater Toronto Area	AECL 安大略 PEEL 自治区	镭污染土壤、附着在厂房结构元件上的镭污染	原位压实贮存 地上压实土墩	15 941	—
Deloro 矿场	安大略环境部	被污染的土壤和历史尾矿	原位（围栏区）	34 500 [a]	2

表 1-8 加拿大设施退役产生的中放废物（ILW）和低放废物（LLW）情况

（截至 2016 年 12 月 31 日）[3]

场地名称或地点	公司名称或责任方	贮存废物	贮存方式	现场废物存量和活度			
				ILW		LLW	
				体积/m³	活度/TBq	体积/m³	活度/TBq
Whiteshell 实验室	AECL	正在退役反应堆产生的退役废物	ILW：地下混凝土贮仓 LLW：地上混凝土贮仓	22	148	1 598	6
CRL	AECL	正在退役反应堆产生的退役废物	ILW：砖洞和贮仓 LLW：MAGS、SMAGS	125	N/A	2 876	—
Douglas Point 废物管理设施	AECL	已退役反应堆产生的退役废物	反应堆厂房	60 [a]	N/A	35 [a]	＜1
核电示范废物管理设施	AECL	已退役反应堆产生的退役废物	反应堆厂房	包括在 CRL 数据中	N/A	12 [c]	＜1
Gentilly-1 废物管理设施	AECL	已退役反应堆产生的退役废物（IX 树脂）	反应堆厂房	58 [d]	＜1	607 [b]	—
Port Hope 转换设施	Cameco	已退役反应堆产生的退役废物	桶或其他合适的工业包装	0	0	6 000	—

注：a. 由 IX 树脂、燃料转运通道、增压器流量管、冲压延长管、空运输容器和水池碎片组成。
b. 自 2013 年以来，因场外供应商提供处理服务或交给 CRL，体积减少。
c. 大多数情况下，废物已转移到 CRL；体积是当前最佳估算值，可能没有反映最近装运到 CRL 的材料。
d. 由 IX 树脂组成。

1.2.2.3 铀矿冶废物

铀矿采冶主要产生两种形式的废物：铀尾矿和废石（图 1-8），废石被堆放在地下或用作地下矿山的回填料，对矿化的特殊废石进行隔离和管理，适当考虑矿化和特定污染物相关危害。

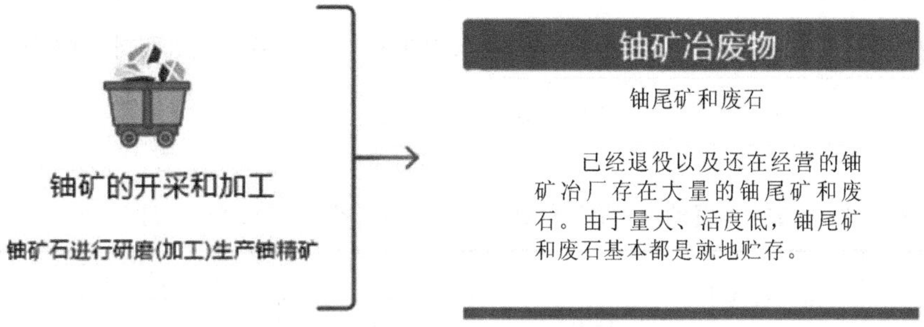

图 1-8 铀矿冶废物

铀尾矿则由专设尾矿管理设施（TMF）进行管理。本章使用的铀矿冶废物的计量单位是吨（干重），这与采矿业用来跟踪和报告的材料使用的单位相同。图 1-9 为铀矿冶废物场址。

图 1-9 铀矿冶废物场址[4]

表 1-9 详细列出了加拿大运营的铀矿冶厂的铀尾矿和废石。表 1-10 详细列出了截至 2016 年 12 月 31 日加拿大在退役铀尾矿场和非放射性尾矿场存放的铀尾矿和废石。唯一的一个已退役的铀尾矿场 Cluff Lake 隶属于 AREVA 公司，截至 2016 年 12 月 31 日现场铀尾矿和废石废物存量分别为 3 230 000 t 和 18 400 000 t。图 1-10 为非放射性尾矿场的铀尾矿存量及占比。

表 1-9 加拿大运营的铀矿冶厂的铀尾矿与废石（截至 2016 年 12 月 31 日）[3]

在运营铀矿冶厂	公司名称或责任方	贮存方法	现场废物存量		
			铀尾矿	废石	
			质量/t	矿化质量/t	未矿化质量/t
Key Lake	Cameco	TMF	5 978 820 [a]	1 146 585	68 057 937
Rabbit Lake	Cameco	坑内 TMF	9 124 938	1 161 802	12 571 572
McClean Lake	AREVA	坑内 TMF	1 953 300	10 200 000	51 700 000
McArthur River	Cameco	现场无尾矿；矿石被运往 Key Lake 冶炼	0	120 951	426 217
Cigar Lake	Cameco	现场无尾矿；矿石被运往 Key Lake 冶炼	0	625 538	62 334

注：a．包括 McArthur River 矿石加工积累的尾矿。

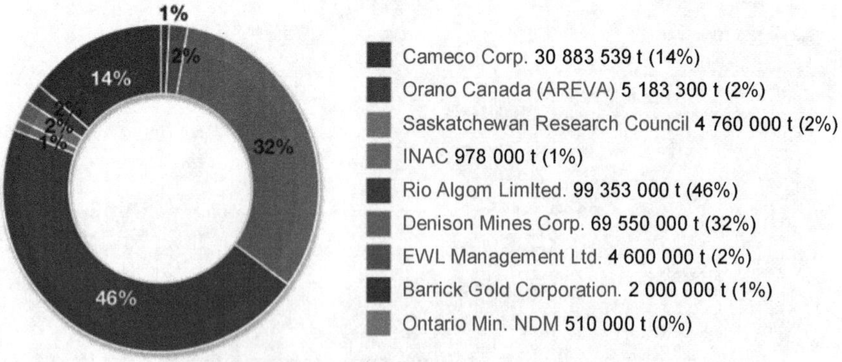

图 1-10 非放射性尾矿场的铀尾矿存量及占比（截至 2016 年 12 月 31 日）[4]

表 1-10 退役铀尾矿场和非放射性尾矿场的铀尾矿和废石（截至 2016 年 12 月 31 日）[3]

矿场名称或地点	公司名称或责任方	贮存方式	现场废物存量	
			铀尾矿	废石
			质量/t	矿化质量/t
退役铀尾矿场				
Cluff Lake	AREVA	尾矿管理区——地表	3 230 000	18 400 000
非放射性尾矿场				
Key Lake	Cameco	地上 TMF	3 579 781 [a]	
Rabbit Lake	Cameco	地上 TMF	6 500 000	
Beaverlodge	Cameco	地上尾矿和矿山回填	5 700 000 [b]	4 800 000
Gunnar	Saskatchewan Research Council	地上尾矿	4 400 000	N/A
Lorado	Saskatchewan Research Council	地上尾矿	360 000	N/A
Port Radium	Indigenous and Northern Affairs Canada	地上尾矿	907 000	N/A
Rayrock	Indigenous and Northern Affairs Canada	南/北尾矿堆的地上尾矿	71 000	N/A
Quirke 1、2	Rio Algom Ltd.	水淹、地上尾矿	46 000 000	N/A
Panel	Rio Algom Ltd.	水淹、地上尾矿	16 000 000	N/A
Denison	Denison Mines Inc.	水淹、地上尾矿	63 800 000	N/A
Spanish American	Rio Algom Ltd.	水淹、地上尾矿	450 000	N/A
Stanrock/Can-Met	Denison Mines Inc.	地上尾矿	5 750 000	N/A
Stanleigh	Rio Algom Ltd.	水淹、地上尾矿	19 953 000	N/A
Lacnor	Rio Algom Ltd.	地上尾矿	2 700 000	N/A
Nordic	Rio Algom Ltd.	地上尾矿	12 000 000	N/A
Milliken	Rio Algom Ltd.	尾矿管理区	150 000	N/A
Pronto	Rio Algom Ltd.	地上尾矿	2 100 000	N/A
Agnew Lake	Ontario Ministry of Northern Development and Mines	种上植被地上尾矿	510 000	N/A
Dyno	EWL Management Ltd.	地上尾矿	600 000	N/A
Bicroft	Barrick Gold Corporation	地上尾矿	2 000 000	N/A
Madawaska	EWL Management Ltd.	地上尾矿	4 000 000	N/A

注：N/A 表示“不适用”。

1.2.2.4　废物存量预测情况

为了评估放射性废物管理的未来需求，加拿大对2050年年底和2100年年底的放射性废物的存量进行了预测[4]，预测基于以下两个假设：

① 在2050年之前，不会有新的核反应堆投入使用；

② 未来每年的废物产生率参照2016年保持不变，除非废物所有者重新作出预测。

依据废物所有者向CNSC提交的退役计划来确定废物预计存量，图1-11为商用反应堆、研究/原型反应堆等核设施至2100年每年预计产生的废物量。该时间轴包含了目前运行的所有反应堆的退役阶段，将会产生大量的放射性废物。

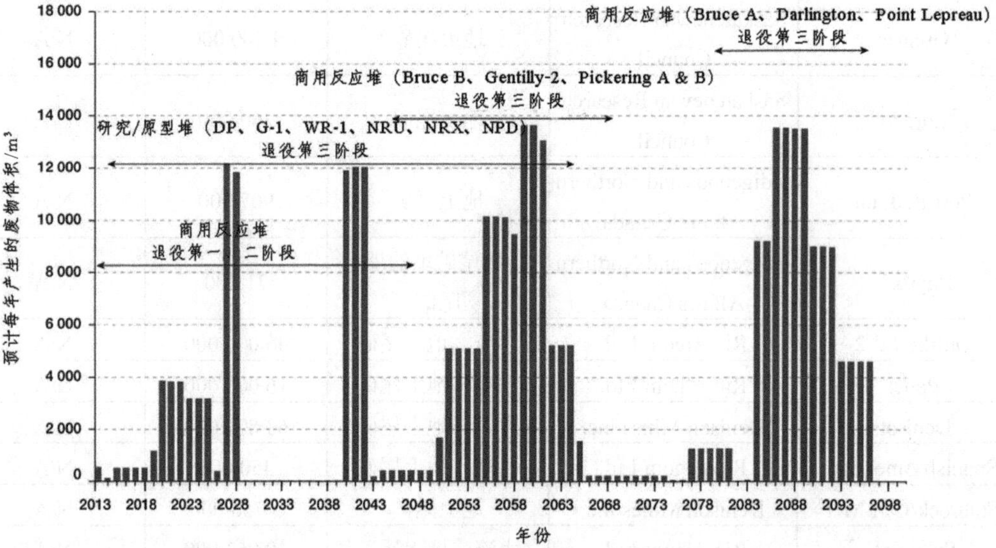

图1-11　预计2013—2100年退役产生的放射性废物体积[4]

如图1-11所示，2050年Bruce Power和Darlington发电站的反应堆会进行退役，研究/原型反应堆的退役也已完成，到2100年，现有的所有反应堆都将完成退役。没有进行铀尾矿和废石存量的预测，因为其存量增加取决于产量水平，而产量水平受铀市场价格波动的影响。截至2016年年底各类废物的实际存量、2050年和2100年的预测存量废物见表1-11。

表 1-11　2016 年、2050 年和 2100 年的放射性废物存量[4]　　单位：m^3

废物类别	2016 年（实际）	2050 年（预测）	2100 年（预测）
高放废物	11 089	20 262	21 835
中放废物	33 155	58 430	82 824
低放废物	2 359 385	2 768 635	3 095 035

根据现有核反应堆的预计寿期，包括已公布的翻新和延长寿期计划，预计 2050 年和 2100 年高放废物的存量分别为 20 262 m^3 和 21 835 m^3（图 1-12、图 1-13）。

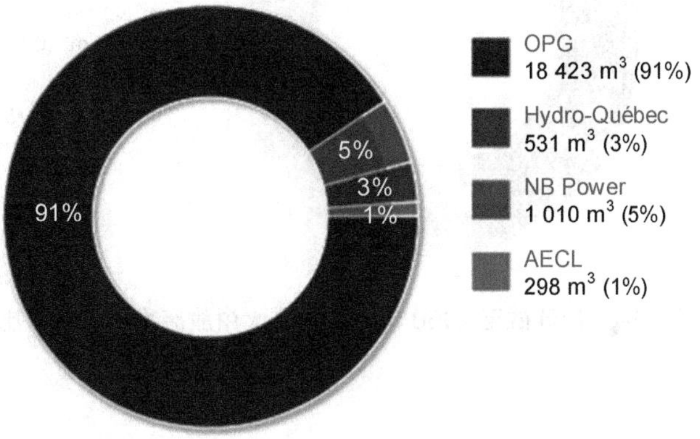

图 1-12　预计截至 2050 年年底加拿大高放废物存量及占比[4]

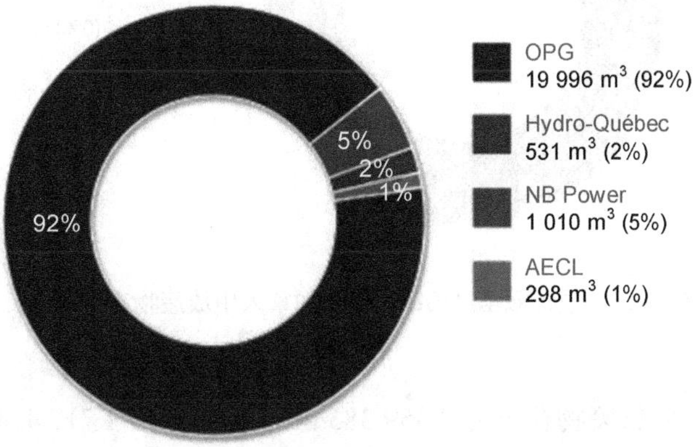

图 1-13　预计截至 2100 年年底加拿大高放废物存量及占比[4]

截至 2016 年，中放废物存量为 33 155 m³。预计到 2050 年和 2100 年，中放废物的存量分别为 58 431 m³ 和 82 824 m³（图 1-14、图 1-15）。直到 2040 年，电站运行产生的废物仍将是中放废物的主要来源。那时，一些正在运行的商用反应堆（Bruce B、Gentilly-2 和 Pickering A&B）以及一些研究/原型反应堆（Gentilly-1 和 Douglas Point）的第三阶段退役已经开始。

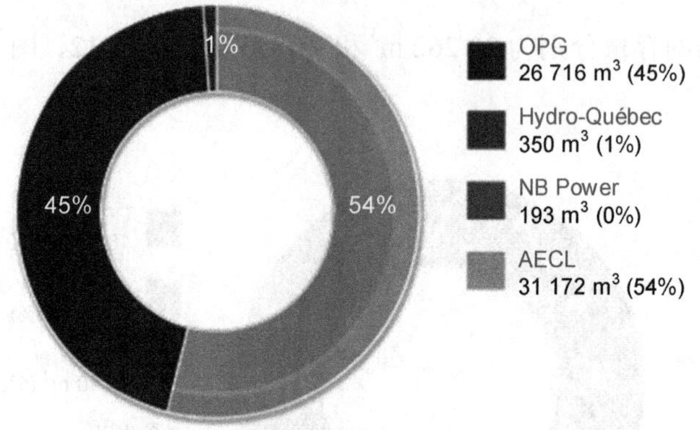

图 1-14　预计截至 2050 年年底加拿大中放废物存量和占比[4]

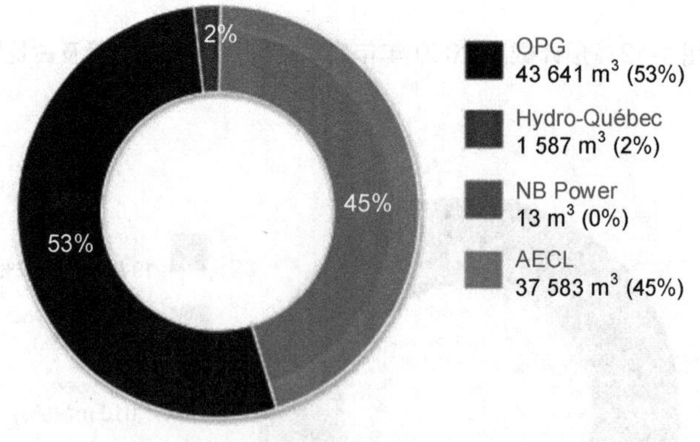

图 1-15　预计截至 2100 年年底加拿大中放废物存量和占比[4]

截至 2016 年，低放废物存量为 2 359 385 m³，其中包括 1 717 424 m³ 的历史遗留低放废物，预计到 2050 年，不包含历史遗留废物的低放废物的存量为 1 051 177 m³，2100 年为 1 377 527 m³，如图 1-16、图 1-17 所示。预计 2050 年、2100 年包含历史遗留废物的低放废物存量分别为 2 768 635 m³、3 095 035 m³。

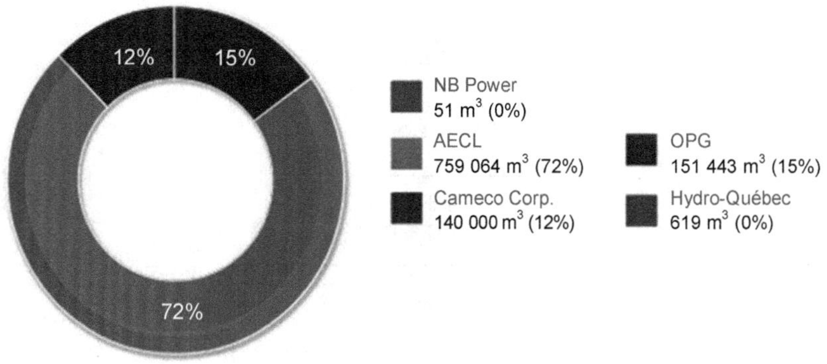

图 1-16　预计截至 2050 年加拿大低放废物存量与占比[4]（不包含历史遗留低放废物）

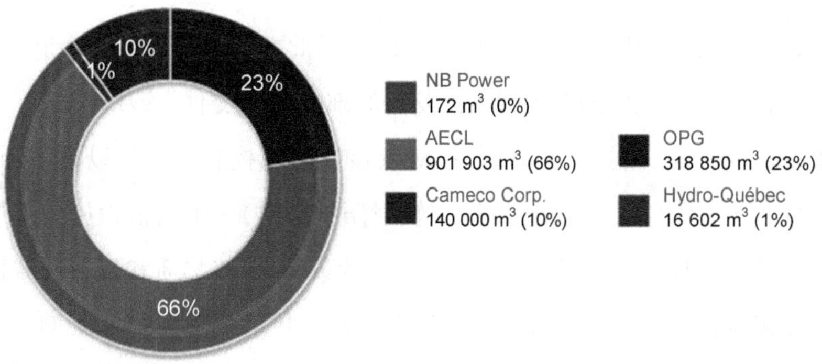

图 1-17　预计截至 2100 年加拿大低放废物存量与占比[4]（不包含历史遗留低放废物）

1.3　放射性废物管理情况

1.3.1　核安全监管法律体系

加拿大的核安全监管法律体系[5]如图 1-18 所示，体系的最高层为法律，由议会制定并发布，是监管加拿大核工业健康可持续发展的法律依据，其中最重要的就是《核安全与控制法》（*Nuclear Safety and Control Act*，NSCA）。

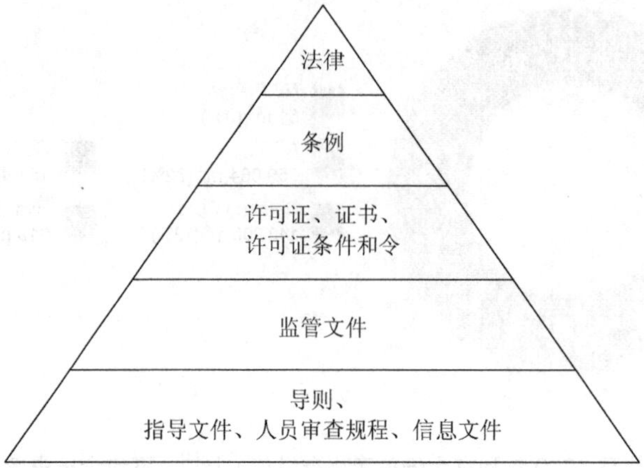

图 1-18　加拿大核安全监管法律框架

体系的中间层是管理类文件，其中包括总理批准发布的条例、政府部门批准的许可证、证书、许可证条件和令以及 CNSC 发布的部分监管文件。该层级是有法律强制性的，必须遵守和执行。这一层级的文件包括对《核安全与控制法》加以说明和支撑的众多法律文件，如《核安全与控制综合条例》《辐射防护条例》《Ⅰ类核设施监管条例》《Ⅱ类核设施和指定设备管理条例》《铀矿及冶炼厂监管条例》《核物质和辐射装置监管条例》《核物质的包装和运输监管条例》《核安保条例》《核不扩散进出口管制条例》《加拿大核安全委员会提取成本费管理条例》《加拿大核安全委员会议事规则》《加拿大核安全委员会议事程序规定》等。

体系的最底层是指导类文件，为许可证持有者提供满足 CNSC 法规所提出要求的指导，内容还包括评价技术和相关数据等。指导类文件不具备强制性，可供实际监管工作参考使用。这类文件包括管理导则和管理通知等。

综上所述，加拿大已形成了一整套层级鲜明、覆盖全面、灵活有效的核监管法律体系，有力地保障了核能和核安全事业的发展和进步。

法律体系随时间的演变

加拿大是最早开展核立法探索的国家之一。加拿大核安全管理方面最早的法律是 1946 年颁布的《原子能控制法》（AECA）。依据该法，加拿大议会宣布核能生产、利用及应用所开展的相关工作或事业，均代表加拿大国家利益，因此，应当受到联邦立法的制约。《原子能控制法》作为管理核能和核材料的基本立法已有超过 50 年的历史，为加拿大核工业的发展和繁荣做出了巨大贡献。随着核工业的不断发展，为了跟上核技术进步的需求和国际趋势，加拿大核安全管理理念发生了转变，更加注重健康、安全、防卫和环境保护，以满足立法更新的要求，从而实现更加明确、有效的管理。为此，加拿大议会于 1997 年通过了《核安全与控制法》，《原子能控制法》随之被取代。《核安全与控制法》自 2000 年 5 月 31 日起正式生效，2003 年进行了修订。

由于加拿大核安全管理采用联邦制，法律规定了相关的核设施及其活动范围，所以依据《核安全与控制法》，CNSC 承担这些领域的管理职责。CNSC 还可同其他联邦部门或机构共同承担某些管理职责。例如，依据《加拿大劳工法》第二部分的规定，CNSC 可与加拿大人力资源和社会发展部共同管理职业健康和安全问题。

作为世界上环境保护要求最严格的国家之一，加拿大核能的发展和利用也不能超出环保的限制和要求。依据《加拿大环境保护法》，CNSC 还可同加拿大环境部一起，实施环境保护问题的联邦管理。除了核安全监管职责外，CNSC 还负责核设施的环境影响评价工作。该项工作的法律依据是 1992 年发布的《加拿大环境评估法》。该法案在发布后多次修订，最新版本是 2012 年 7 月 6 日修订版。

除《核安全与控制法》之外，有关的重要法律还包括 1978 年的《核不扩散法》、1985 年的《核责任法》、1985 年的《辐射发射装置法》、1999 年的《加拿大环境保护法》、1999 年的《核废物贮存设施法》和 2002 年的《核燃料废物法》等。

1.3.2　放射性废物相关法律

1.3.2.1　放射性废物管理政策框架

加拿大的放射性废物是根据其 1996 年的“放射性废物政策框架”进行管理的，该框架的原则涉及废物产生者和所有者处置放射性废物的制度和财务等方面，内容包括：

① 联邦政府确保以安全、保护环境、全面、经济合理的方式进行放射性废物处置；

② 联邦政府制定政策并监管废物产生者和所有者，确保遵守法律要求，并按照批准的废物处置计划履行其资金和运营责任；

③ 按照“污染者付费”原则，废物产生者和所有者负责废物安全管理设施的资金、组织、计划、开发和运营。

2018 年 12 月，CNSC 发布了《加拿大放射性废物管理和退役框架》（REGDOC-2.11），该文件概述了加拿大放射性废物管理和核设施退役的管理和监管框架，还说明了 CNSC 关于废物管理和退役的监管决策中考虑的原则。该文件与加拿大境内所有退役和废物管理设施和活动相关，包括放射性废物的产生、处理、加工、贮存、运输和处置，要求废物所有者遵循以下原则[6]：

① 通过采取设计措施、操作程序和退役实践，将放射性废物的产生量减至最小；

② 放射性废物的管理与其对人的健康和安全以及环境和国家安全的放射性、化学和生物危害相称；

③ 放射性废物对人的健康和安全以及环境的未来影响的评估包括预计将发生重大影响的时间段；

④ 放射性废物管理对人的健康和安全以及环境的预期影响不超过管理决策时加拿大所允许的影响；

⑤ 制定必要的措施，以防止由于放射性废物的危害而造成的不合理的和对未来后代的风险，在合理可行的范围内尽快资助和实施；

⑥ 加拿大放射性废物管理可能对人的健康和安全以及环境造成的跨越国界影响不大于加拿大所受到的影响。

CNSC 也就该框架与省、国家和历史悠久的国际机构进行磋商和合作：

① 促进实施放射性废物管理的统一法规和一致的国家与国际标准；

② 遵守加拿大就放射性废物商定的控制措施和国际义务。

1.3.2.2 《核安全与控制法》

加拿大政府制定了《核安全与控制法》以管理核能的开发、生产和使用以及核物质、设备和信息的生产、拥有和使用。《核安全与控制法》于 1997 年 3 月 20 日经议会通过，提供了涵盖核行业发展监管的立法权，这些发展包括针对核能工作人员的健康和安全标准、环境保护措施、核设施相关的安保和公众对许可证审批流程的意见。根据《核安全与控制法》制定的条例同样具有法律约束力，部分条例如下：

（1）《核安全与控制综合条例》（GNSCR）

《核安全与控制综合条例》概述了所有许可证申请中的一般信息，许可证持有者及其工作人员的责任，规定了核设施、设备和信息的定义以及报告和记录等要求。详细说明了申请弃置的许可证要求，以及提供有关提议的任何财务担保方面信息的义务。该条例适用于所有许可证持有者，包括管理核燃料废物和放射性废物以及退役活动的许可证持有者。

（2）《行政处罚条例》（AMPR）

行政处罚（AMP）是指由 CNSC 在没有法庭介入的情况下对违反 CNSC 监管要求的行为征收罚款。该条例适用于受《核安全与控制法》约束的任何人或公司。作为一种可信的威慑手段，行政处罚可加强 CNSC 执法制度的稳健性和有效性，从而达到较高的合规程度。行政处罚不是 CNSC 成本回收机制的一部分，而将罚款支付给加拿大政府作为综合收入基金。

《行政处罚条例》包含针对行政处罚的三级违规情形，分别为低、中、高。每个级别都有相应的罚款范围，小于或等于《核安全与控制法》设定的最大金额。个人和公司的最高行政处罚金额分别为 25 000 加元和 100 000 加元。

（3）《辐射防护条例》（RPR）

《辐射防护条例》包含辐射防护要求，适用于所有许可证持有者和属于 CNSC 管辖范围的其他人员。该条例定义了“合理可行尽量低”的原则，包含工作人员和公众的辐射剂量限值，要求所有 CNSC 许可证持有者实施辐射防护计划。

2000 年出台的现行法规是以国际放射防护委员会（ICRP）和国际原子能机构（IAEA）的指导为基础的。CNSC 正在更新《辐射防护条例》，以便与最新国际标准一致，更新和明确现有的辐射防护要求，阐述基于自《辐射防护条例》生效以来吸取的经验教训。

（4）《Ⅰ类核设施监管条例》（CINFR）

《Ⅰ类核设施监管条例》详细描述了申请不同类型的Ⅰ类核设施许可证时，设施所有者需要提供的信息。Ⅰ类核设施寿期各阶段都有许可证，包括场地准备、建造、运营、退役和弃置（即解除 CNSC 许可）许可证。《Ⅰ类核设施监管条例》还阐述了记录保存和反应堆运营商的认证。

在适用的情况下，核设施还包括该设施所在的土地，构成设施一部分的建筑物，与设施结合使用的设备，以及所有管理、贮存或处置核材料的系统。根据《核安全与控制综合条例》的规定，Ⅰ类核设施管理、贮存或处置滞留存量活度大于 10^{15} Bq 的放射性废物。

2013 年 1 月，CNSC 对《Ⅰ类核设施监管条例》进行了修正，为了准备Ⅰ类核设施场址在申请许可证时需要 CNSC 监管审查和决策的项目制定了为期 24 个月的时间表。

（5）《Ⅱ类核设施和指定设备管理条例》

该条例规定了Ⅱ类核设施和指定设备的许可要求，包括低能加速器、辐照设施和辐射治疗设备。

（6）《核物质和辐射装置监管条例》（NSRDR）

《核物质和辐射装置监管条例》针对核物质和辐射装置的许可和认证、辐射装置的使用、记录保存和排除等级给出了要求，适用于未被其他条例覆盖的所有核物质、放射性密封源和射线装置的许可证持有者。

（7）《核物质的包装和运输监管条例》（PTNSR）

《核物质的包装和运输监管条例》适用于核材料的包装与运输，包括进料和包装的设计、生产、使用、检验、维护和修理，以及包装在运输过程中的准备、托运、搬运、装载、运输、贮存、最终目的地的收货和卸货，还包括特殊形式的放射性物质、低弥散放射性物质和某些类型包装的鉴定。

（8）《核安保条例》（NSR）

《核安保条例》定义了与安全有关的信息要求和一般义务，还包括提供有关较高安保水平场所的安保要求信息，并为较低风险设施的许可和运行提供安全相关要求。该条例适用于所有 CNSC 许可证持有者和申请人，涉及Ⅰ、Ⅱ、Ⅲ类核材料和较高安保水平场所。

（9）《铀矿及冶炼厂监管条例》（UMMR）

《铀矿及冶炼厂监管条例》详细说明了铀矿山与水冶厂许可证申请所需的信息以及许可证持有者的义务。设施寿期各阶段都需要许可证，包括场地准备、施工、运营、退役和弃置。该条例适用于所有铀矿山与水冶厂，包括水冶尾矿，但不适用于铀矿勘探或地表勘探活动。

（10）《核不扩散进出口管制条例》

该条例管理受控制的核材料、设备与信息的进出口。

（11）《加拿大核安全委员会提取成本费管理条例》

该条例使得 CNSC 能够通过许可证费用公平地收回管理核工业的实际成本。

1.3.2.3 《核燃料废物法》

《核燃料废物法》（NFWA）规范了加拿大核燃料废物的长期管理。该法规定了联邦政府和核燃料废物所有者的责任，要求核能公司建立废物管理组织，以开发和实施针对核燃料废物的长期解决方案。2002 年成立了废物管理组织（NWMO）来开展这项工作。自然资源部部长负责依据《核燃料废物法》开展相关管理工作，以确保核能公司和 NWMO 遵守相应要求。在《核燃料废物法》下，政府的一项重要职责是选择一种长期管理核燃料废物的方案。2007 年 6 月 14 日，加拿大政府宣布按照 NWMO 的建议选择适应性阶段管理（APM）方案，用于加拿大核燃料废物的长期管理。

1.3.2.4　其他相关法律

除了最主要的《核安全与控制法》和《核燃料废物法》以外，加拿大现行的法律还从多个方面对放射性废物的管理进行了规定，例如《核责任与赔偿法》《核能法》等。

《核责任与赔偿法》（NLCA）于 2017 年 1 月 1 日生效，取代了 1976 年的《核责任法》（NLA）。《核责任与赔偿法》受加拿大自然资源部管理，建立了一个可以在加拿大核事故导致民事损害时应用的法律机制。该法适用于规定为核装置的核设施，包括核电站、核研究堆、核材料加工厂、用于管理核燃料废物和其他放射性废物的设施，不适用于铀矿、使用天然铀的工厂和医院核实验室等设施。

《核能法》（NEA）于 1985 年制定，1997 年加拿大联邦议会在制定《核安全与控制法》时对《核能法》进行了修订，修订后的《核能法》集中于规范核能发展事项，其主要内容是规定了加拿大自然资源部部长在核能开发利用中的职能和 AECL 的设立等。

除核领域的法律有涉及放射性废物管理相关的内容外，环境领域的法律也有部分内容与放射性废物管理相关，例如《加拿大环境保护法》《影响评估法》《渔业法》等多部法律。

《加拿大环境保护法》（CEPA）是加拿大联邦环境立法的重要组成部分，旨在防止污染、保护环境和人类健康。1999 年版《加拿大环境保护法》的目标是为可持续发展做出贡献，即在不损害子孙后代满足其自身需求能力的前提下，满足其当代发展的需求，其中也包括防止放射性废物污染。

《影响评估法》（IAA）取代了 2012 年版《加拿大环境评估法》（CEAA），《影响评估法》增加了监管的确定性和明确性，鼓励对加拿大自然资源部门的投资，为加拿大影响评估提供法律框架。根据该法，加拿大影响评估局负责根据该法评估拟建重大项目对环境、经济、社会、健康的积极和消极影响，其中也包括评估放射性废物的处理处置决策。

《渔业法》（FA）的目的是保护鱼类和鱼类栖息地，要求放射性废物管理要避免对渔业造成影响，放射性废物的处理、处置、贮存过程对周围水体环境造成的剂量影响都不应超过规定的限值，若超过限值则应取得相关部门的授权等。

1.3.3　管理组织机构及职责

根据加拿大《宪法》，核能属于联邦政府的管辖范围，包括研究和开发，以及对加拿大所有核材料和核活动的管制，同时还需要政府高度重视与加拿大核活动有关的健康、安全、安保和环境问题。

虽然联邦政府对核能负有重要责任，但电力投资由各省决定，即由各省政府与省级能源机构/电力公司合作，决定是否建造新的核电站。加拿大政府认为核能是多样化能源布局的重要组成部分之一，应采取必要措施以确保其作为可持续能源得到长期发展，以满足现有和未来的能源需求。

加拿大放射性废物管理组织机构如图 1-19 所示。

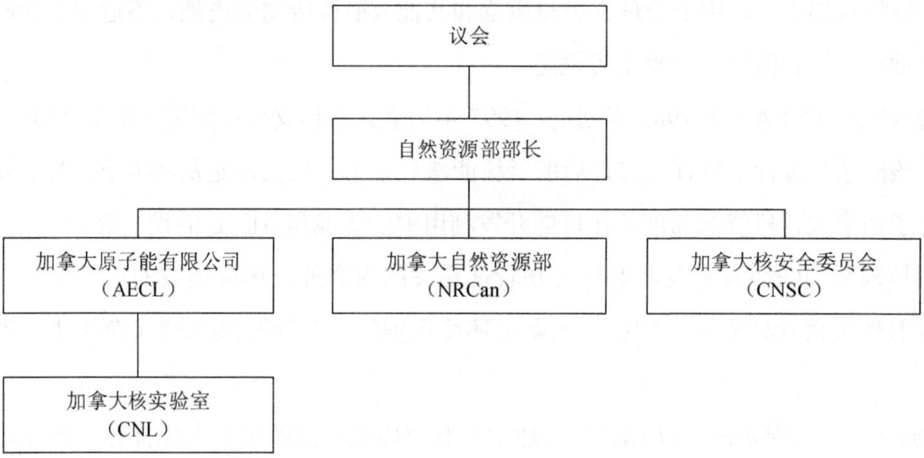

图 1-19　加拿大放射性废物管理组织机构[4]

（1）议会

加拿大议会为最高立法机构，由女王（总代表）、参议院和众议院组成，负责制定并发布相关法律、监管加拿大核工业健康可持续发展，例如，颁布了《核安全与控制法》《核燃料废物法》等相关法律，以立法的形式监管和推进放射性废物的处理处置。

（2）加拿大自然资源部

加拿大自然资源部负责制定和实施加拿大的铀、核能和放射性废物的管理政策，是主要的联邦政府部门[4]，根据加拿大“放射性废物管理政策框架”，放射性废物的所有者除了负责长期废物管理设施的运营外，还负责各自废物处置的筹资、组织、开发和管理，对于历史遗留的低放废物，加拿大政府需要根据具体情况对其进行管理。加拿大自然资源部还需要就以下 8 个方面，向自然资源部部长和加拿大政府提供专业的技术、政策、经济信息和建议：

① 加拿大铀勘探与开发；

② 环境保护；

③ 生产和供应能力；

④ 外资拥有权；

⑤ 国内外市场；

⑥ 出口；

⑦ 国际贸易；

⑧ 最终用途。

（3）加拿大核安全委员会

加拿大核安全委员会是加拿大的一个独立核监管机构。CNSC 的监管范围包括适用于所有核能行业的法规和相关监管政策、标准和指南，包括核电反应堆，非动力核反应堆、研究堆、工业、医学和研究中使用的核物质和辐射装置，从铀矿开采到废物管理的核燃料循环，核设备和技术的进出口等。CNSC 要求以安全、可靠和对环境负责的方式管理加拿大的放射性废物，联邦政府部门和机构在放射性废物的安全管理方面负有特定的责任，规范使用核能和材料来保护健康、安全和环境，履行加拿大关于和平利用核能的国际承诺，向公众传播客观的科学、技术和法规信息。CNSC 需要对放射性废物管理设施进行监管和监视，以确保其安全运行，对放射性废物管理设施的操作员提出严格的报告要求，并通过检查和审计核实设施是否符合安全要求。

此外，核工业界开展与核有关的活动应遵守省级和地方性法规，在管辖权和责任重叠的地方，CNSC 率先协调监管活动，包括组建由省级和地区监管机构组成的联合监管小组。

加拿大核安全委员会组织机构如图 1-20 所示。

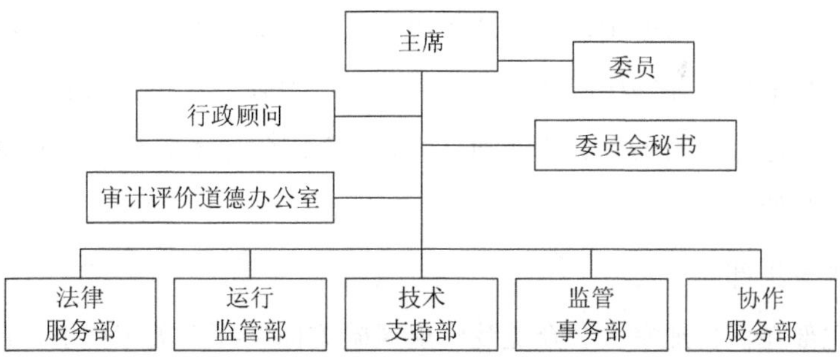

图 1-20 加拿大核安全委员会组织机构[5]

（4）加拿大原子能有限公司

加拿大原子能有限公司成立于1952年，目的是开发与和平利用核能。其任务是履行政府的废物管理和退役责任，提供核专门知识，支持联邦的作用和责任，并通过商业途径向其用户提供服务。AECL承担所有联邦政府的放射性废物管理责任，包括那些与历史遗留废物有关的政府责任。AECL将非必要工作外包给加拿大核实验室，并密切监督其在退役与废物管理两个主要领域的活动，以及实验相关科学与技术。关于退役与废物管理，目标是安全、有效地降低加拿大政府的放射性废物责任，包括对健康、安全、安保和环境造成的相关风险，推动基础核设施退役、场址整治和废物管理的相关工作。

（5）加拿大核实验室

AECL的核实验室目前由加拿大核实验室运营，例如，加拿大最大的核科学与技术综合设施Chalk River Laboratories（CRL），并代表AECL履行放射性废物相关责任。加拿大核实验室重点开展以下三个领域的工作：

① 履行AECL的放射性废物责任；

② 运用核科学与技术响应加拿大政府以及私营部门的需求；

③ 通过贯彻执行重要的资本项目使CRC保持运营——5年8亿美元。

除了加拿大自然资源部、CNSC、AECL、加拿大核实验室以外，还有全球事务部、加拿大卫生部、加拿大运输部等关键的联邦部门负责加拿大与核相关的事务，部分部门职责如下：

（1）全球事务部

全球事务部（前身是加拿大外交、贸易和发展部）负责推动双边和多边核合作与安全，并在加拿大和国外执行重要的不扩散和裁军协定。它通过促进和平与安全地利用化学和核技术来加强安全和福祉，并确保遵守《全面禁止核试验条约》和《化学武器公约》等国际承诺。它还协助制定有关的国际法和准则，例如，在国际原子能机构和核供应国集团制度的主持下制定的公约。

（2）加拿大卫生部

加拿大卫生部在保护加拿大公众免受辐射风险方面发挥着关键作用。它是负责《联邦核应急计划》的主要联邦政府部门，也是支持《全面禁止核试验条约》的关键部门之一。加拿大卫生部的活动由辐射防护局管理，它通过调查和管理来自天然和人为辐射源的风险，维护和改善加拿大人民的健康状况。

（3）加拿大运输部

加拿大运输部的使命是为安全可靠、高效、可承受且环境友好的综合国家运输系统开发和管理政策、条例并提供服务，以保证加拿大海上、陆上和航空运输系统的安全、安保和效率，包括运输危险品的监督，例如核物质，确保能够维持相关的发展。

1.3.4　废物管理实践

1.3.4.1　高放废物

高放废物主要包括从商业反应堆、原型反应堆和研究型反应堆卸出的燃料废物。目前，加拿大尚没有一个高放废物长期管理设施，几乎所有核燃料废物都暂时以湿式或干式贮存在产生它们的核电站内。加拿大的核燃料废物贮存设施详见附录 1。

三家省级核能公司（安大略电力公司、魁北克水电公司和新布伦瑞克电力公司）管理着加拿大约 97%的核燃料废物，剩下的 3%由 AECL 管理。从 CANDU 反应堆卸出的核燃料废物需要先放置在特殊的湿式贮存设施内数年，再被转移到临时干式贮存设施。加拿大目前采用了三种干式贮存容器：AECL 筒仓、AECL 模块化风冷贮存装置和 OPG 干式贮存容器。

为解决核燃料废物的长期管理问题，安大略电力公司、魁北克水电公司和新布伦瑞克电力公司这三大核电公司于 2002 年根据《核燃料废物法》成立了 NWMO。NWMO 的第一项任务就是与公众合作制订一个管理方案，以在社会上可接受的、技术上合理的、对环境负责任和经济可行的方式来长期管理加拿大的核燃料废物。2002—2005 年，NWMO 研究了加拿大核燃料废物长期管理的各种方案。2005 年，NWMO 向自然资源部部长推荐了适应性阶段管理（APM）方案。APM 方案提供了对核燃料废物持续监测以及长期回取的可能性，例如，如果情况有利于在贮存库准备好之前集中使用核燃料废物，那么在选定的中央场地可选择浅层贮存方法。APM 方案实施的进度和方式的灵活性使其可以分阶段决策，每一阶段通过不断学习、研究和发展以及公众参与的支持，寻求一个公众愿意接受的地区来建造长期管理设施。NWMO 继续与公民、社区、市政府、各级政府、原住民组织、非政府组织、工业界和其他组织合作，其中，公民与社区的持续参与对 APM 方案的实施尤为重要。

2007 年 6 月 14 日，加拿大政府在审查了 NWMO 的《选择未来之路》研究报告后宣布，选择 APM 方案对加拿大核燃料废物进行长期管理。在政府的此项决策下，NWMO 承担了实施 APM 方案的责任。管理和组织人员配备已发展到足以提供实施 APM 方案所需的监督、技术和能力，NWMO 则需每年向自然资源部部长和公众发布相关的报告。

1.3.4.2　中、低放废物

加拿大所有的中、低放废物目前都处于安全贮存状态。加拿大两个主要的中、低放废物业主是安大略电力公司和 AECL（它们负责贮存 96%左右的非历史遗留的中、低放废物），由 CNSC 授权管理和操作其放射性废物贮存设施，同时它们也仍在寻求长期管理的解决方案。加拿大核实验室代表 AECL 对其负责的废物进行管理。加拿大的中、低放废物管理设施详见附录 2。

安大略电力公司管理的 CANDU 反应堆产生（包括 Bruce A、Bruce B）的中、低放废物安全地贮存在安大略省 Kincardine 的 Bruce Western 废物管理设施中。安大略电力公司于 2004 年 10 月 13 日与 Kincardine 市政府签署了一项协议，协定设立深层地质处置库，旨在存放安大略电力公司的 20 座 CANDU 反应堆当前和未来产生的中、低放废物。新布伦瑞克电力公司和魁北克水电公司在其反应堆场地临时贮存中、低放废物。

对于研究产生的废物，加拿大核实验室在 CRL、Whiteshell 实验室以及三个原型反应堆场地都设有废物处理设施。运行贮存设施包括用于脱水污泥的散装材料填埋场、模块化地上贮存构筑物、屏蔽式模块化地上贮存构筑物、混凝土掩体和砖洞。加拿大核实验室代表 AECL 接收小型发电机（如医院、大学和小型工业中的小型发电机组）产生的中、低放废物，并收取一定的服务费用。除 CRL 现有的临时贮存设施外，还有拟建的近地表处置设施，总计划处理能力为 10^6 m^3。这些设施还将管理因退役、环境修复、持续运行所产生的中、低放废物。

对于医院核医学部门和大学以及类似设施产生的放射性废物，一般只含少量短寿命的放射性物质，通常会在数小时、数天或数月内衰变完毕。医院核医学部门和大学等机构实施了贮存衰变方案，待其放射性衰变至解控水平后，便可采用常规手段处理这些废物。

对于过去产生的大量低放废物（称为历史遗留废物），加拿大政府承担了长期管理责任。这些历史遗留废物主要是被镭和铀矿污染的土壤，大部分历史低放废物位于安大略省南部的 Port Hope 和 Clarington 社区。这些废物和污染的土壤总量约 170 万 m^3，与 Port Hope 可追溯到 20 世纪 30 年代的镭和铀精炼厂的运行有关。2001 年 3 月，加拿大政府和当地市政当局就社区制订的方案达成一致，作为清理和长期管理 Port Hope 地区历史遗留废物的潜在解决方案，制订了《历史遗留废物评估计划》和其他处理历史遗留废物的措施，并由

AECL负责。目前正在对加拿大历史遗留废物（非Port Hope场地）债务进行量化，并制订清偿计划。加拿大核实验室的一个关键目标是在2026年前安全实施补救项目，显著减少或消除历史遗留废物债务，促进符合AECL政策方向的具有成本效益的长期历史遗留废物管理。加拿大历史遗留废物——受污染场地的管理情况见附录3。

1.3.4.3 铀矿冶废物

铀矿采冶工艺产生的放射性废物主要是废石和铀尾矿。自20世纪50年代中期以来，加拿大已经产生了超过2亿t的铀尾矿。安大略省、萨斯喀彻温省和西北地区共有25个尾矿管理设施（TMF），其中22个不再接收废物，其余3个在运TMF均位于萨斯喀彻温省。所有运行的无放射性的铀尾矿场均由CNSC和矿场所在省份及地区共同监管。加拿大的铀矿冶废物管理设施详见附录4。

铀尾矿被用作地下矿山的回填物，直接堆积在湖盆中或放置在地表的低洼区域，并建设尾矿坝，部分尾矿裸露在外，部分被土壤覆盖或被洪水淹没，一些裸露或被覆盖的尾矿已经被植被覆盖。为了响应不断变化的监管要求，对尾矿地表的包容构筑物的要求也比过去严格，以实现长期稳定贮存。运营设施的尾矿管理要求先将尾矿进行化学处理，然后将其放置在由露天开采坑改造的TMF中。受到放射性污染的工业废物通常被存放在地下矿井中，或在矿场特定TMF填埋，并持续跟踪和记录受放射性污染的工业废物产生量，这与放射性废物总量相比是很少的。

在矿石的获取过程中一般会产生大量的废石。在Athabasca盆地的露天矿场，产生的废石大部分是砂岩，对环境无害，适于地表处置。然而，一些废石中含有低品位矿石或高浓度伴生矿物质，如果无限期暴露在地面，这种特殊的废石可能会产生酸或者释放污染物，影响当地环境。目前处理这类特殊废石的方法是将其与高品位矿石混合加工，或将其与大气环境隔离，使其保持在与其开采环境类似的环境中防止发生氧化反应。

在新的替代方案（如省级制度监管）出台之前，这些无放射性尾矿处置区和设施将继续受CNSC控制。CNSC许可设施目前的管理实践采用寿期规划流程。初步退役计划和退役财务担保是许可批准程序的必要组成部分，设施在寿期中的各个阶段均需接受环境评估以保证安全性。

第2章

《核燃料废物法》

加拿大的核燃料废物指从商用或研究用核反应堆中取出的受过辐照的燃料棒，是加拿大最主要的高放废物。20 世纪 60 年代以来，加拿大的核反应堆已经使用了 250 多万组燃料棒束。1 组燃料棒束质量约为 24 kg，则这些燃料棒束共计 6 万多 t。针对这些核燃料废物，加拿大联邦政府于 2002 年 6 月 13 日发布了《核燃料废物法》，以促进采用全面、完整和经济合理的方式来实施核燃料废物的长期管理。本章主要对该法的基本条款及含义，以及在该法引导下各相关方的实践情况进行概述。

2.1 立法背景

加拿大的核燃料废物贮存于各核电站（厂）的贮存设施内，分湿式和干式两个阶段进行贮存，但这并不是核燃料废物管理的长期解决方案。针对这一问题，1978 年，加拿大联邦政府制订了《核燃料废物管理计划》。

在该计划框架下，AECL 开展了一组为期近 20 年的加拿大核燃料废物深地质处置研究，包括深地质处置概念研究、在加拿大几百米深花岗岩处处置核燃料废物的可行性研究，以及在曼尼托巴省 Whiteshell 地下实验室开展的研究等，并于 1994 年向 Seaborn 委员会（一个独立的专门审查小组）提交了《核燃料废物深地质处置概念环境影响报告书》(EIS)，但该报告书未明确处置库的具体场址。Seaborn 委员会于 1989 年成立，此后开展了为期近 10 年的研究，深入审查了 AECL 所提方案的技术优势、确保安全性和可接受性的指导方针，以及核燃料废物长期处置的环境影响等方方面面的问题；在完成处置概念技术安全性等内部审查后，于 1996 年 3 月至 1997 年 3 月对 AECL 提交的环境影响报告书进行了面向加拿大全社会的公开审查，并举行了公开听证会，以获取公众的观点和接受度等信息。

公开审查阶段，Seaborn 委员会获得了 531 份口头意见和 536 份书面意见反馈，最终于 1998 年 3 月向加拿大联邦政府提交了 Seaborn 委员会建议，即：从技术层面来看，AECL 已证实核燃料废物的深地质处置概念是值得开展初步研究的，但该处置概念并未获得社会公众的广泛支持，目前是不能被接受的。

1998 年 12 月，加拿大联邦政府为响应 Seaborn 委员会的建议，提出了核燃料废物管理要求：

① 这些废物的所有者和产生者应建立一个管理组织来负责这些废物包括处置在内的

长期管理工作，这个核燃料废物管理组织应当是一个独立的法人实体。

② 这些废物的所有者和产生者应设立一个基金，为核燃料废物管理组织的活动和运营提供全额资金支持，且应制定和比较这些废物管理设施从建设到退役阶段的各种备选方案。

③ 核燃料废物管理组织应向联邦政府提交报告，阐述核燃料废物长期管理方案的详细内容，并论证其合理性。

在这一背景下，作为1998年联邦政府响应的后续行动，2001年4月25日加拿大自然资源部时任部长向下议院递交C-27号议案，即《核燃料废物长期管理法案》。该议案旨在要求核燃料废物所有者承担全部财务责任，并通过全面、完整和经济合理的方式来实施核燃料废物的管理[7]。

加拿大联邦政府认为，C-27号议案是对《核安全与控制法》的补充，以确保与核工业有关的任何活动都必须以安全和对环境无害的方式进行。2002年6月13日，C-27号议案最终通过，《核燃料废物法》发布、生效。

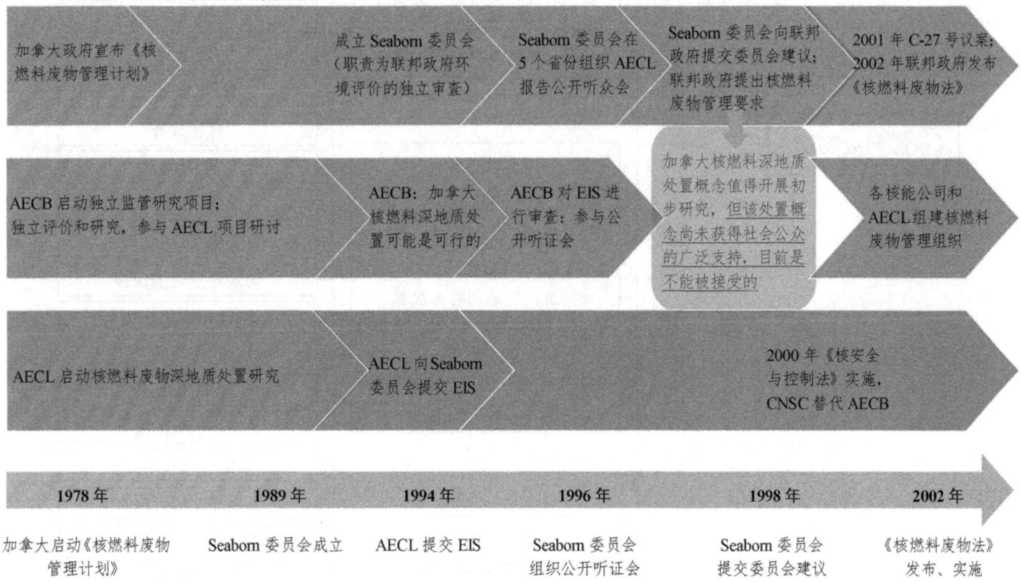

图2-1　加拿大《核燃料废物法》立法前核燃料废物管理相关实践

2.2　法律概况

《核燃料废物法》的具体条款共 31 条，其基本构成见图 2-2，内容涉及释义、目的及范围，核燃料废物管理组织，财政，核燃料废物管理组织的研究，核燃料废物管理组织的报告，方案变更，受益人取款，记录、登记和财务决算，文档公开，记录和登记的检查，违法和惩罚以及实施等。

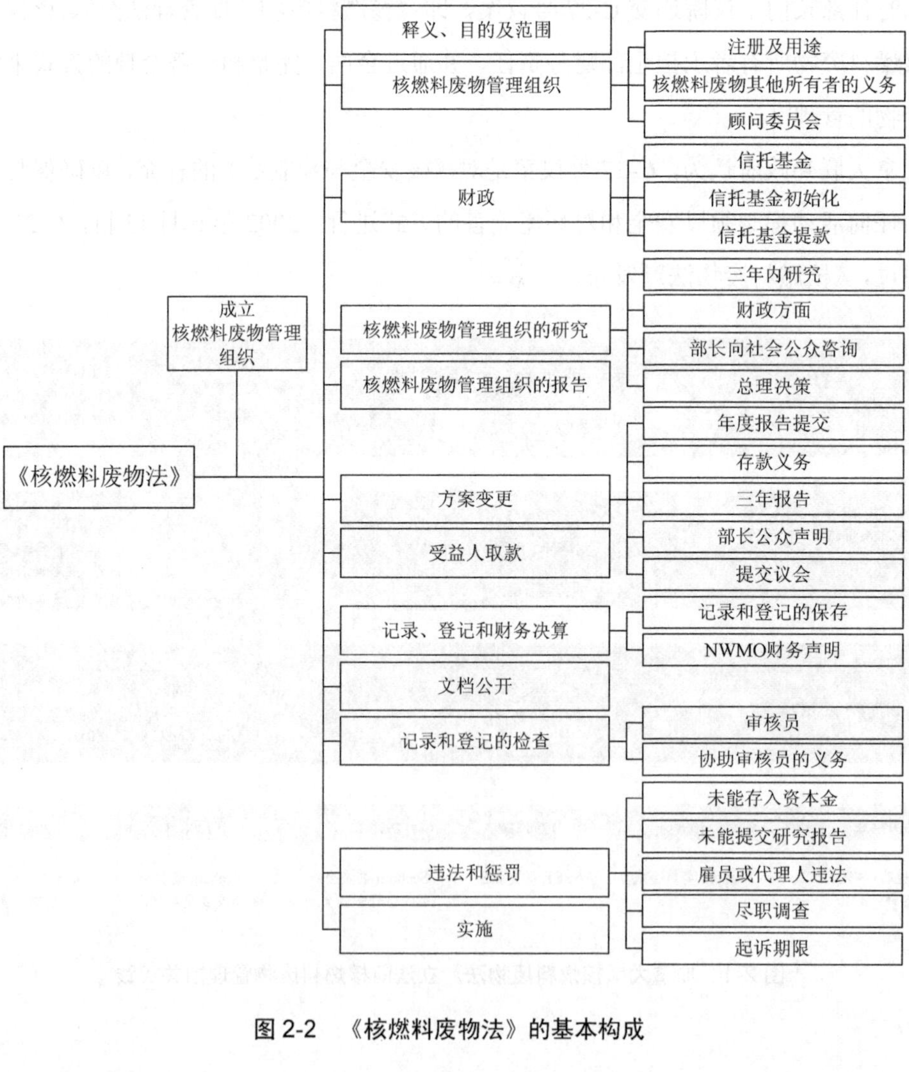

图 2-2　《核燃料废物法》的基本构成

2.3 主要内容解读

《核燃料废物法》适用于加拿大各核能公司和AECL，其目的是促进采用全面、完整和经济合理的方式来实施核燃料废物的长期管理，在女王陛下的加拿大领地或省范围内有效。下面对条款的主要内容进行介绍和解读。

2.3.1 释义、目的及范围

2.3.1.1 条款简介

《核燃料废物法》第1条明确了该法的简称，第2条定义了该法涉及的具体名词和术语，第3条明确了该法的目的，第4、5条明确了该法的适用范围（具体条款见附录5）。

定义的名词和术语包括经济区域、部长、核能公司、核燃料废物、银行优惠利率和废物管理组织。

该法的目的是为加拿大总理根据核燃料废物管理组织的建议，以全面、完整和经济合理的方式对加拿大核燃料废物管理进行决策提供一个框架。

该法在女王陛下的加拿大领地或省的范围内有效，适用于拥有核燃料废物的核能公司和AECL。

2.3.1.2 条款解读与执行

本节主要从《核燃料废物法》中涉及的主要名词术语、加拿大废物管理政策框架，以及“女王陛下的加拿大领地或省”这几个方面对条款进行解读。

（1）经济区域

根据《核燃料废物法》第2条，“经济区域”指加拿大统计局在2000年1月31日发布的《劳动力调查导则》中描述的经济区域。

根据加拿大统计局发布的《劳动力调查导则》[8]，一个“经济区域”是一组统计区域，为一个标准地理单元。以爱德华王子岛为例，该省就是一个经济区域。

《核燃料废物法》采用的加拿大各经济区域边界是基于1991年地理国情普查结果，并通过各省协商而确定的，于1995年1月开始执行。这些经济区域包括：① 纽芬兰和拉布拉多；② 爱德华王子岛；③ 新斯科舍；④ 新布伦瑞克；⑤ 魁北克；⑥ 安大略；⑦ 曼尼托巴；⑧ 萨斯喀彻温；⑨ 阿尔伯塔；⑩ 不列颠哥伦比亚。

（2）部长

根据《核燃料废物法》第 2 条，“部长”指加拿大自然资源部部长，或加拿大女王枢密院中可作为总理指定的担任本法中“部长”职位的类似成员。

（3）核能公司

根据《核燃料废物法》第 2 条，“核能公司”是指加拿大安大略电力公司、魁北克水电公司、新布伦瑞克电力公司和其他拥有商用核反应堆发电、产生核燃料废物的公司，上述各公司的任何继任者或受让者，以及 AECL 的任何受让者。

加拿大约 97%的核燃料废物产生于核电站反应堆的运行，这些反应堆主要归安大略电力公司、魁北克水电公司和新布伦瑞克电力公司这 3 家核能公司所有；约 2%的核燃料废物来自原型堆、研究堆的测试和研究，这类反应堆主要归 AECL 所有；其余还有极少量的大学等其他学术机构开展相关活动产生的核燃料废物。

安大略电力公司是一家由安大略省 100%控股的电力公司，其前身是安大略水电公司。安大略水电公司是 CANDU 业主集团创始成员之一。加拿大绝大部分的核电反应堆都归安大略电力公司所有，目前该公司还运营着 Darlington 和 Pickering 核电站。Pickering A 核电站于 1971 年投入使用，Pickering B 核电站于 1983 年投入使用。Pickering 至今仍然运行良好，并可满足安大略省高达 20%的电力需求。Darlington 核电站目前正在延寿，工程完成后预计可延寿 30 年。Darlington 核电站和 Pickering 核电站可满足安大略省 30%～35%的电力需求。此外，安大略电力公司早期还运营 Bruce A、Bruce B 核电站，直至 2001 年 5 月才将其租赁给布鲁斯电力公司。[9]

魁北克水电公司是一家由魁北克省 100%控股的电力公司，其 Gentilly-2 号核电站建有 1 台 CANDU 重水堆机组，于 1982 年投入使用，2012 年年底停堆、卸料，进入退役阶段。Gentilly-2 号核电站整个运行阶段产生了约 13 万组核燃料棒束，目前这些核燃料废物安全贮存于电站厂址内。[3]

新布伦瑞克电力公司是加拿大大西洋沿岸地区最大的电力公司，也是 CANDU 业主集团的创始成员。该公司运营着加拿大大西洋沿岸地区唯一的核电站——Point Lepreau 核电站。该核电站建有 1 台 CANDU-6 机组，于 1983 年投入使用，满足了新布伦瑞克省约 30%的电力需求。2012 年该核电站完成延寿工程，将寿期延长至 2039 年。此外，新布伦瑞克电力公司还在与新布伦瑞克省政府以及两家私营公司合作研发小型模块化反应堆。[10]

AECL 是一家加拿大国有的联邦皇家公司，承担核科学与技术放射性废物管理的联邦责任。2009—2015 年，加拿大政府对 AECL 进行重组，其间创建了 CNL 来负责 AECL 所有场址的运行，并开展退役核废物管理活动。AECL 的核燃料废物主要来源于针对其下属原型堆、研究堆开展的燃料测试及其他相关研究活动。[3]

（4）核燃料废物

根据《核燃料废物法》第 2 条，“核燃料废物”是指从商用或研究用核反应堆中取出的受过辐照的燃料棒。

一组典型的燃料棒束长 0.5 m，直径 0.1 m，质量约为 24 kg（图 2-3）。

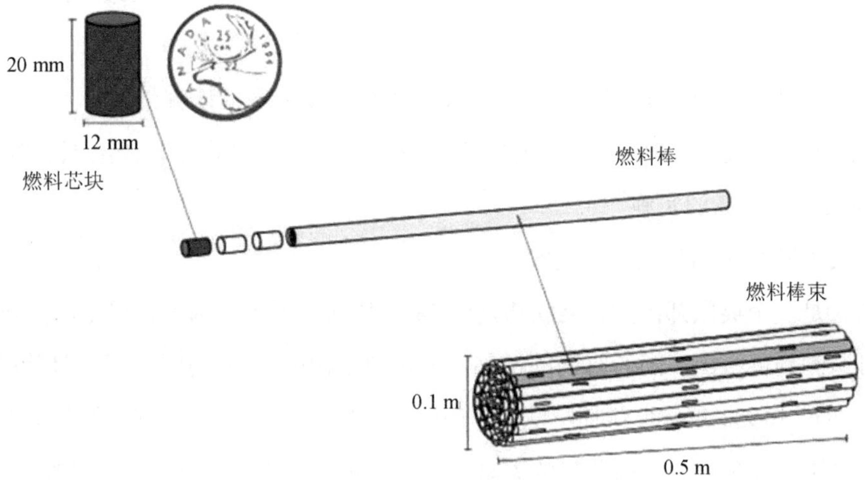

图 2-3　加拿大典型燃料棒束示意[11]

核电站产生的核燃料废物目前在各电站场址内的贮存设施中分湿式贮存和干式贮存两个阶段进行安全贮存。

核燃料从反应堆中卸出后，首先在燃料水池中进行 7～10 年的湿式贮存，以进行冷却和辐射屏蔽。燃料水池壁和底板由碳钢加固的混凝土制成，厚度约 2 m，水池中装配了坚固、耐热的防水衬层，以防止水池中液体的泄漏。每年单个反应堆会向燃料水池卸出 4 500～5 400 组燃料棒束（80%～95%满功率运行）。[12]

安全贮存的第二阶段是干式贮存。在湿式贮存后，这些核燃料废物可以很安全地转移到干式贮存设施中继续贮存。加拿大主要有 3 种不同贮存单元用于核燃料废物的干式贮存，分别是混凝土罐、MACSTOR 罐（模块化空冷）和干燥贮存容器。

（5）银行优惠利率

根据《核燃料废物法》第 2 条，“银行优惠利率”指银行向其最信赖的借贷客户提供短期商业贷款所收取的日利率。这一利率由加拿大银行在每月的结算日确定和公布。

（6）废物管理政策框架

加拿大自然资源部是负责制定和实施联邦政府核能政策的主要政府部门。

1996 年，自然资源部明确了加拿大“放射性废物管理政策框架”，为其安全、全面、环保、完整及经济合理的体制和财政布局奠定了基础。

此外，根据《核燃料废物法》，在核燃料废物管理方面，加拿大政府还应承担以下职责：

① 审查核燃料废物管理组织对核燃料废物管理建议方案的研究结果；

② 从“核燃料废物管理组织的研究”（详见章节 2.3.4）提出的方案中选定长期管理方案；

③ 监督选定方案的实施。

（7）女王陛下的加拿大领地或省

加拿大是一个英联邦国家。英联邦是由 54 个独立和平等的国家自愿组成的政治联盟，其起源可追溯到英帝国。随着时间的推移，英帝国架构内的国家获得了不同程度的自由。1931 年，通过《1931 年威斯敏斯特法令》创设了“英联邦”，承认了英联邦各王国的主权，确定了成员国彼此独立、自由平等的关系[13]。尽管英国已失去对这些国家的统治地位，但这些国家仍效忠于英国国王或女王。

1931 年，根据《1931 年威斯敏斯特法令》，加拿大的独立身份得到承认，成为了英联邦的创始成员国。英联邦公共行政和管理协会在加拿大渥太华设有总部，在温哥华设有学联，在多伦多设有英联邦记者协会。[14] 加拿大本身是由 10 个省和 3 个地区组成的联邦，其 10 个省包括阿尔伯塔省、不列颠哥伦比亚省、曼尼托巴省、新布伦瑞克省、纽芬兰和拉布拉多省、新斯科舍省、安大略省、爱德华王子岛省、魁北克省和萨斯喀彻温省；3 个地区包括西北地区、努纳武特地区和育空地区。《核燃料废物法》第 4 条所述范围即上述 10 个省份和 3 个地区。

2.3.2　核燃料废物管理组织

2.3.2.1　条款简介

《核燃料废物法》第 6～8 条在核燃料废物管理组织的设立和职责等方面做出了规定（具

体条款见附录 5）。

第 6 条规定各核能公司应联合成立一个非营利性的核燃料废物管理组织。核燃料废物管理组织的职责包括向加拿大政府提出加拿大核燃料废物管理方案建议，以及实施加拿大核燃料废物管理选定方案（有关选定方案的规定见该法第 15 条和第 20 条）。同时，该法第 6 条还要求核燃料废物管理组织一旦成立，各核能公司应成为其成员或股东，并保持不变。

第 7 条规定核燃料废物管理组织应向其成员或股东提供有关加拿大核燃料废物管理选定方案的核燃料废物管理服务，同时应无歧视地并以合理的费用向非成员或股东的加拿大领地内其他产生核燃料废物的业主提供相应服务。

第 8 条规定核燃料废物管理组织的领导机构应任命一个顾问委员会，并规定顾问委员会的职责。同时，还规定核燃料废物管理组织领导机构在任命顾问委员会时，要确保该委员会的成员能够代表与核燃料废物管理相关的广泛科学和技术学科，代表核能方面的专家意见，并代表传统土著居民研究方面的专家意见；必要时，该委员会还可吸纳因选定方案而受影响的经济区域的当地和地区政府及土著居民组织指派的代表。

2.3.2.2　条款解读与执行

《核燃料废物法》第 6～8 条在核燃料废物管理组织的设立和职责等各方面做出了规定，本节主要从核燃料废物管理组织的设立与职责、核燃料废物管理建议方案的研究、顾问委员会以及土著居民方面对条款进行解读。

（1）核燃料废物管理组织

《核燃料废物法》第 6 条第（1）款要求加拿大各核能公司联合成立一个非营利性的独立公司。根据该法的要求，各核能公司联合成立了核燃料废物管理组织（NWMO），负责加拿大核燃料废物的长期安全管理。NWMO 的职责包括向加拿大政府提出废物管理方案的建议，并负责执行加拿大政府核燃料废物长期管理选定方案，以及向各核能公司和 AECL 提供核燃料废物管理服务等。

此外，CNSC 于 2000 年依据《核安全与控制法》成立，并取代 1946 年成立的原子能控制委员会（AECB）。CNSC 是一个独立的审查和监管机构，并不隶属加拿大自然资源部，与核工业没有任何裙带关系，可就核工业相关活动的许可作出独立、公平和透明的决策。CNSC 在核燃料废物长期管理方面对 NWMO 的活动具有审查和监管职责。

（2）核燃料废物管理方案建议

根据《核燃料废物法》第 6 条第（1）款第（a）项的要求，NWMO 应当向加拿大政府提出核燃料废物长期管理方案的建议。

NWMO 自 2002 年成立后，第一项任务就是完成核燃料废物长期安全管理建议方案研究（详见章节 2.3.4.2）。NWMO 历经近 3 年的系统研究和公众沟通，最终于 2005 年向自然资源部提出了 APM 方案，即一种在适宜的深地质岩层中对核燃料废物进行集中包容和隔离的技术方法，对这些废物进行持续监测，并确保回取的可能性；同时对可能发生的情况做出规定，例如，在处置库建成之前，如果技术和舆论情况倾向于尽可能早地集中管理核燃料废物，则可先开展方案中的可选活动，即在选定的集中处置场址先进行浅地层贮存。APM 方案实施节奏和方式灵活，可确保每一步骤都得到充分的学习和持续的研发与公众参与，从而实现分阶段决策。

2007 年 6 月，加拿大政府在仔细审查了 NWMO 的研究报告后宣布将采用 APM 方案进行核燃料废物的长期管理。NWMO 负责 APM 方案的实施。

（3）顾问委员会

《核燃料废物法》第 8 条要求 NWMO 的领导机构任命一个顾问委员会，明确该顾问委员会的成员构成原则，规定该顾问委员会的职责为审查 NWMO 有关加拿大核燃料废物管理建议方案的研究，以及核燃料废物管理组织的每一份三年报告（详见《核燃料废物法》第 18 条），并就这些研究和报告向核燃料废物管理组织提出书面意见。

根据该条要求，NWMO 董事会于 2002 年 10 月组建了 NWMO 顾问委员会。该顾问委员会目前由 10 名独立的专家构成，这些专家的观点、知识和经验涵盖核工程、岩土工程、放射性废物管理、公众参与、公共事务、核相关社区关系、环境保护、可持续发展、政治科学、市政事务与政府关系、财务管理、土著知识、土著关系等多个方面。现任 10 位委员会成员的情况见表 2-1。[15]

表 2-1　NWMO 现任顾问委员会成员情况

姓名	职务	简介
Dr. David R. Cameron	主席	男，加拿大皇家学会会员，多伦多大学文理学院院长、政治学教授。长期关注加拿大联邦制和魁北克民族主义研究
Donald Obonsawin	副主席	男，独立顾问，Abenaki 第一民族 Odanak 成员，2003—2007 年任 Jonview Canada Inc. 总裁兼首席执行官；此前拥有长达 25 年的加拿大省及联邦政府公共服务部门高级职务（包括 15 年副部长）工作经验。主要向 NWMO 提供政策、管理、运营和战略规划等方面的咨询服务

姓名	职务	简介
Joseph Cavalancia	委员	男，专业注册会计师，HEC Montréal 工商管理学士，在财务管理领域拥有超过 35 年的工作经验。主要向 NWMO 提供财务控制、债券、风险管理和税务等方面的咨询服务
Dr. Monica Gattinger	委员	女，Carleton 大学公共政策博士，加拿大科学、社会和政策研究所所长，渥太华大学政治研究学院正式教授。重点关注加强能源和文化部门的管理、公共政策和监管问题等
Sue Hartwig	委员	女，数学和犯罪学学士，非诉讼解决机制专家，拥有冲突管理执业资质，土著社区影响福利协议和伙伴关系首席谈判专家，拥有超过 15 年为土著社区、政府和私营企业提供有关参与、谈判和管理专业服务的经验
Dean Jacobs	委员	男，拥有 3 个荣誉博士学位，Walpole Island 第一民族（WIFN）前负责人，现任 WIFN 咨询主任
Diane M. Kelly	委员	女，曾是 Treaty #3 民族第一位女性律师，2008—2012 年任 Treaty #3 民族第一位女性总干事，承担 Treaty #3 民族领土保护、维护和加强条约权利的责任
Dr. Derek Lister	委员	男，新布伦瑞克大学化工系名誉教授，核工程研究所主任，在多个国家和国际委员会担任顾问。主要关注核能及其他动力系统相关化学和腐蚀研究
Dr. Dougal McCreath	委员	男，安大略省 Laurentian 大学名誉教授，加拿大工程研究所和加拿大工程院研究员。主要关注地下挖掘工程设计以及受损生态系统的恢复和可持续发展
Linda Thompson	委员	女，2000 年当选 Port Hope 市（Port Hope 市建有 Cameco 公司的铀转化和燃料制造设施，是全球最古老的有核社区之一）议员，并担任副市长，2006—2014 年任该市市长，同时为加拿大有核社区协会以及 NWMO 市政论坛的积极成员

在《核燃料废物法》框架下，NWMO 顾问委员会的具体职责为：① 确保 NWMO 所提交的建议方案和三年报告深入且均衡地考虑并反映了公众和其他相关方的意见；② 协助 NWMO 开展工作，确保其流程质量良好，且公开、透明和全面。同时，顾问委员会的建议和评价应形成报告，并作为核燃料废物管理组织三年报告（详见章节 2.3.5.2）的一部分内容。

顾问委员会的成员们也认识到，必须充分了解 NWMO 所开展的工作才能更好地提出咨询意见，因此自成立之初就形成了定期与 NWMO 管理层举行会议，持续向其提供咨询意见的工作方式。

以 NWMO 成立 3 年内关于核燃料废物长期管理建议方案的研究为例，顾问委员会的一项重要职责是在其开展研究期间为其提供咨询，并对其研究结果进行审查和评价。在 NWMO 研发期间（2002—2005 年），顾问委员会与 NWMO 研发人员举行了 13 次正式会议，并与其董事会成员举行了 4 次会议，对研究结果进行了详细的咨询、审查和评价，顾问委员会的审查主要包括以下方面[16]：

① 全面性，包括：研究是否适当考虑了所有合理、可行的替代方法；是否充分阐述了《核燃料废物法》对每一种方案所要求的全部要素。

② 公平性和公正性，包括：研究是否对所有相关证据给予了适当的重视，是否忽略了任何重要的因素；研究是否充分考虑了不同的观点，并顾及了少数群体的利益；分析和建议中是否存有偏见或偏袒等。

③ 完整性，包括：研究过程是否为公众参与提供了足够的机会；土著居民、其他利益相关方及潜在或实际受到影响的社区是否真正有机会发表自己的意见；这些意见是否得到了负责任的考量；是否采用了公共咨询、道德反思、社会经济分析、技术和科学研究、财务预算和影响评估等“先进”流程；是否充分考虑和比较了国际经验等。

④ 透明度，包括：是否向公众公开各种方案的计划和时间表；是否及时与公众分享信息，使其能够有效参与研发过程；为帮助公众理解，是否真实并有效地简化了技术数据和复杂科学问题；是否投入了足够的时间听取利益相关方和公众的意见和反应等。

顾问委员会召开的全部会议的详细情况均在 NWMO 网站上得到良好记录；此外，顾问委员会还进行了问题的跟踪和记录，以继续支撑其对 NWMO 工作的独立咨询、审查和评价。

（4）土著居民

《核燃料废物法》多处涉及土著居民知情和沟通问题。加拿大是一个多民族国家，其中土著民族人口接近 100 万，占全国总人口的 3.8%，主要包括美洲印第安人（约占土著民族人口的 62%）、因纽特人（约占土著民族人口的 5%）和梅蒂斯人（约占土著民族人口的 30%），其余还有约 3%的混血种族。[17]

加拿大早期采取各民族向英格兰同化的政策，自 20 世纪 70 年代起，政府开始执行尊重印第安人语言、文化的多元文化主义政策。该多元文化主义政策的基本内容包括[18]：

① 在资源许可的情况下，政府将对那些愿意为加拿大做出贡献，而又明显需要帮助的

弱小民族提供帮助；

② 政府将帮助所有不同文化集团的人员克服文化障碍，全面加入加拿大社会；

③ 政府将在保证国家团结的前提下，促进加拿大各文化集团之间的联系和交流；

④ 政府将继续帮助移民学习加拿大各种官方语言，以便其全面融入加拿大社会。

1982 年，加拿大联邦政府收回宪法自主权，多元文化主义政策被写入《权利和自由宪章》，确认了土著居民的权利，承认了现存的土著民族保留地。在这个一元化到多元化的过程中，土著民族中也出现了一些领袖人物，这些领袖将具有不同背景和利益的部族团结起来，形成了政治实体。土著族群在加拿大的影响力在逐渐扩大，政治地位得到提高。

核燃料废物长期管理中一项重要内容是与社区和土著族群建立沟通关系。NWMO 与加拿大自然资源部签订了谅解备忘录，负责在选址之前持续保证土著居民的参与和沟通。至 2018 年，NWMO 在与土著居民沟通方面开展的主要工作见图 2-4。

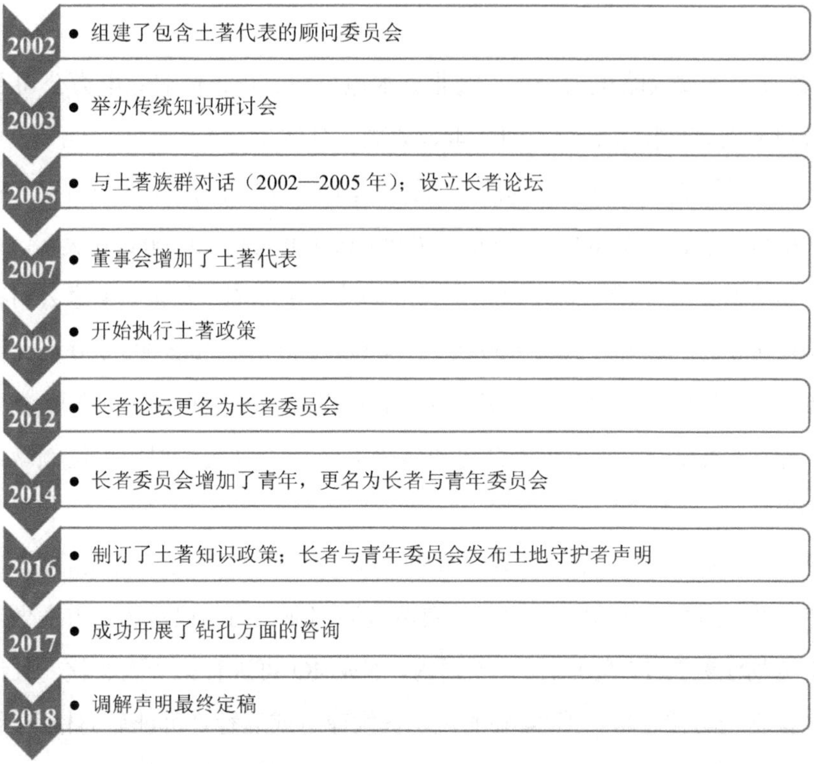

图 2-4　NWMO 在土著居民沟通方面开展的主要工作[19]

CNSC 通常在许可证审批前的早期阶段就开始与土著居民接触，建立以信任和相互尊重为基础的强有力的沟通关系。特别是在规定区域内计划开展宣传活动时，CNSC 会直接与邻近的土著族群接触，以帮助土著居民了解其作为加拿大独立核安全监管机构的职能和工作方式。随着 NWMO 工作的推进，核燃料废物深地质处置库选址范围逐渐缩小，CNSC 在此期间持续关注土著居民的参与和沟通，特别是与可能直接受拟议项目影响的美洲印第安人和梅蒂斯人族群开展协作。

2.3.3 财政

2.3.3.1 条款简介

《核燃料废物法》第 9～11 条在财政方面做出了规定（具体条款见附录 5）。

第 9 条规定各核能公司和 AECL 应独立或联合地在加拿大境内设立信托基金，并对其依托的金融机构提出了要求，同时要求该金融机构在加拿大境内保留与该信托基金有关的所有文件。

第 10 条规定了安大略电力公司、魁北克水电公司、新布伦瑞克电力公司及加拿大原子能有限公司应向该信托基金存入的资本金数额，具体为：

（1）首次存款：在《核燃料废物法》实施后不晚于 10 日内，4 家公司存入资金数额分别为 500 000 000 美元、20 000 000 美元、20 000 000 美元和 10 000 000 美元。

（2）年度存款：在不晚于每年《核燃料废物法》实施周年日前，4 家公司存入资金数额分别为 100 000 000 美元、4 000 000 美元、4 000 000 美元和 2 000 000 美元；或 4 家公司根据 NWMO 的年度报告中经自然资源部部长所批准的时限和数额存入资金。

此外，第 10 条还规定了各核能公司和 AECL 未能在规定的时限内足额缴纳资金时的计息利率和方式。

第 11 条规定 NWMO 仅在出于实施加拿大核燃料废物管理选定方案的目的时，才可从信托基金中取款；并规定加拿大总理根据自然资源部部长的建议对选定方案做出决策（详见《核燃料废物法》第 15 条）后的 15 日内，NWMO 可进行第一次取款，且该款项只能用于根据《核安全与控制法》第 24 条的规定签发建造或运行许可证后的相关活动。此外，第 11 条还规定若 NWMO 存在违规取款的情况，则自然资源部部长可要求 NWMO 将来从信托基金中取款时须预先得到其批准。

2.3.3.2 条款解读与执行

根据《核燃料废物法》第 9、10 条的要求，各核能公司及 AECL 自 2002 年起开始向独立的信托基金账户中存入资金，以确保加拿大具备可支付核燃料废物长期管理全部成本的充足资金。只有 NWMO 可从该信托基金中取款，且只能出于实施加拿大核燃料废物长期管理选定方案的目的，包括避免或明显减少对公众生活方式或社会、文化或经济形势的影响等情况。有关信托基金未按期存入资金的相关惩罚详见章节 2.3.11。

据统计，各年度信托基金余额市值见图 2-5。截至 2019 年年底，安大略电力公司、魁北克水电公司、新布伦瑞克电力公司以及 AECL 存入的信托基金总额约 48 亿美元[20]。各核能公司和 AECL 每年会公布其年度财务声明，公布其存入信托基金和缴纳其他资金的具体情况。

信托基金是各核能公司和 AECL 为核燃料废物及其他放射性废物管理和反应堆退役预留的其他的独立基金和财务担保的补充。截至 2017 年，这些独立基金、财务担保和信托基金的总金额约达 200 亿美元，以 2016 年年底的市值计，可涵盖加拿大全部反应堆的退役和截至目前所产生的所有放射性废物（含核燃料废物）管理的全部成本。其中约 180 亿美元（至 2016 年年底）是用于放射性废物管理（包括核燃料废物）和反应堆退役的资金，其余部分则以省级担保的形式存在。在 NWMO 获得建造许可之前，其各项活动由核能公司提供资金。[3]

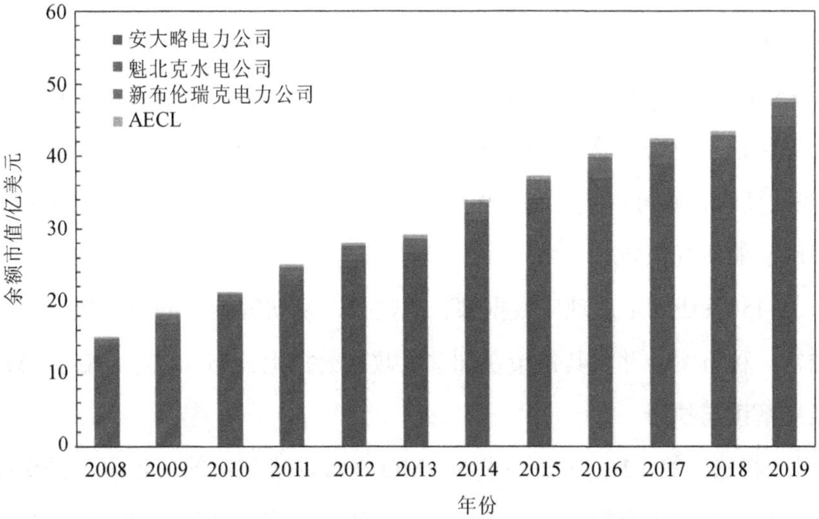

图 2-5 各年度信托基金余额市值（数据引自文献[19-30]）

2.3.4　核燃料废物管理组织的研究

2.3.4.1　条款简介

《核燃料废物法》第12～15条在NWMO的研究方面做出了规定（具体条款见附录5）。

第12条规定在《核燃料废物法》实施后三年内，NWMO应向自然资源部部长提交一项关于加拿大核燃料废物长期管理建议方案的研究，以及顾问委员会对这些方案的建议，并给出加拿大核燃料废物长期管理方案的建议。第12条还要求NWMO研究中所提方案应基于一些基础方案，这些基础方案包括：

① 加拿大放射性废物深地质处置方案（《核燃料废物法》要求NWMO基于AECL在《加拿大核燃料废物处置概念环境影响陈述报告》中所描述的处置概念进行分析，并考虑环境评价专门小组在1998年2月的《核燃料废物管理和处置概念环境评价专门小组报告》中提出的观点）。

② 核反应堆场址贮存方案。

③ 地上或地下集中贮存方案。

第13条规定NWMO应在该研究中阐述已考虑的可能发生的天然或其他事件、信托基金的预计回报率、各核能公司及AECL所有反应堆的寿命以及向其他核燃料废物业主提供废物管理服务而收取的费用额度，最终得到后续年度所需核燃料废物管理总费用的计算公式，并对公式中各项参数的含义和确定方法等有关核燃料废物长期管理财务保证的相关问题进行解释说明。

第14、15条规定了自然资源部部长的职责与权力：如果部长认为有必要，可就研究中提出的方案再次征询公众意见。此外，若部长认为NWMO研究的内容明显不符合第12条和第13条的要求，则可直接责令NWMO修改相应部分，并责令NWMO在规定时间内向其提交修改后的研究报告。

此外，第15条还规定总理应根据部长的建议，从研究给出的各种核燃料废物管理建议方案中选定一种方案，并将其决策在加拿大政府公报上公布（以下简称“总理决策”）。

2.3.4.2　条款解读与执行

《核燃料废物法》第12、13条要求NWMO在该法实施后的三年内，提交加拿大核燃料废物长期管理方案的研究报告，并详细规定了该研究应涉及的内容；第14、15条明确了自然资源部部长的职责。本节从NWMO的职责以及所提交研究报告等方面对各条款进行解读。

（1）NWMO 的职责与服务

根据《核燃料废物法》，NWMO 在核燃料废物长期管理方面的职责包括：

① 长期管理方案研究；

② 开展公众沟通和咨询；

③ 实施由政府选定的管理方案，开展相应的管理、财务和运营活动；

④ 定期向自然资源部部长和社会公众汇报工作。

就《核燃料废物法》实施三年内 NWMO 应提交的长期管理建议方案研究而言，其内容应涵盖对三种基础方案（即加拿大放射性废物深地质处置方案、核反应堆场址贮存方案，以及地上或地下集中贮存方案）的详细研究，阐述方案具体实施方法、不同方案的技术及相应风险、可对核能公司以及其他核燃料废物所有者提供的服务、方案实施计划、财务计划及保障、公众沟通、顾问委员会建议与评价，以及最终结论等内容。

除对核能公司外，NWMO 还应向其他核燃料废物所有者提供服务。

a）向 AECL 提供服务。

NWMO 应向 AECL 提供与其他成员相同的服务，服务的不同阶段采用不同的服务协议：

i. 建造前许可申请阶段：NWMO 与 AECL 所签署的协议中会列出 AECL 的义务和承担的费用。

ii. 建造许可签发后阶段：协议中会列出由 AECL 支付的根据《核燃料废物法》第 9 条设立的信托基金中的许可费用。AECL 按照自然资源部部长批准的费用公式中规定的成本分配比例支付 NWMO 服务费用。

b）向其他核燃料废物所有者提供服务。

除 NWMO 成员（3 家核能公司和 AECL）外，NWMO 还可向其他核燃料废物所有者提供服务，这些所有者包括加拿大当前拥有研究堆的学术机构和未来进入相关市场的其他机构。

如果未来有新的机构进入市场，NWMO 将根据其核燃料废物的性质确定待管理废物的形式和数量，并按照与其成员一致的成本，向新的机构提供服务。

（2）NWMO 的研究

根据《核燃料废物法》第 12、13 条的相关要求，NWMO 的研究的主要内容如下：

① 对建议的每一种方案的详细描述，并指定一个具体实施的经济区域。

② 建议的每一种方案与其他方案的利益、风险和代价比较，并考虑实施该方案的经济区域，以及与该方案相关的伦理、社会和经济因素。

③ NWMO 对建议的每一种方案所能提供的核燃料废物管理服务的描述。

④ 对建议的每一种方案拟定的实施计划，该实施计划至少包括以下 3 个要素：

i．活动的描述；

ii．实施方案的时间表；

iii．NWMO 计划采取哪些方式来避免或明显减小对公众生活方式或社会、文化或经济形势的影响，以及公众咨询计划。

⑤ NWMO 就建议的每种方案对公众（特别是土著居民）开展咨询所获得的意见的汇总。

⑥ 针对研究所建议的每一种方案给出的核燃料废物管理每年所需费用的计算公式，并解释公式中各项假设的含义。公式中的要素包括：

i．预计的核燃料废物管理总费用，应考虑可能合理发生的天然或其他事件；

ii．信托基金的预计回报率；

iii．各核能公司和 AECL 所拥有的核反应堆的预计寿期；

iv．预计向除各核能公司和 AECL 外的其他核燃料废物业主提供废物管理服务而收取的费用额度。

⑦ 针对每种建议方案估算的各核能公司和 AECL 所承担的费用分别占核燃料废物管理总费用的百分比，以及对相应确定方法的解释说明。

⑧ 给出根据《核安全与控制法》，各核能公司和 AECL 已提供的核燃料废物管理财政担保的形式和额度。

根据上述相关要求，NWMO 于 2005 年向加拿大政府提交了题为《选择未来之路——加拿大未来核燃料废物管理》[16]的研究报告，详细阐述了三种基础方案以及新提出的 APM 方案的具体内容、时间计划、预估费用、公众参与情况等方面的研究成果，为加拿大政府对其核燃料废物长期管理方案进行决策提供了有力支撑。

① 方案内容及时间计划。

方案 1：加拿大放射性废物深地质处置方案。

AECL 于 1978—1996 年对加拿大放射性废物深地质处置概念进行了深入研究，NWMO

基于 AECL 的研究成果，在其报告中对该处置方案进行了详细梳理。

该方案是将核燃料废物放置于加拿大地下深处的岩层中，在地下 500～1 000 m 深处建造一个地质处置库，依靠天然和工程屏障将其与人类生活的地表环境相隔离。

将现存核燃料废物从当前的临时贮存设施运送至该处置库，采用耐腐蚀容器包装，放置于在深部岩层挖出的处置单元中（耗时约 30 年）。处置库在接收核燃料废物期间会进行持续的性能监测，之后会对处置单元进行回填和密封。处置库关闭后，会采取最低限度的维护、检查和安全行动；从长远来看，设施的设计将具有被动安全性，不依靠有组织控制来确保安全。

加拿大放射性废物深地质处置方案时间计划见图 2-6。

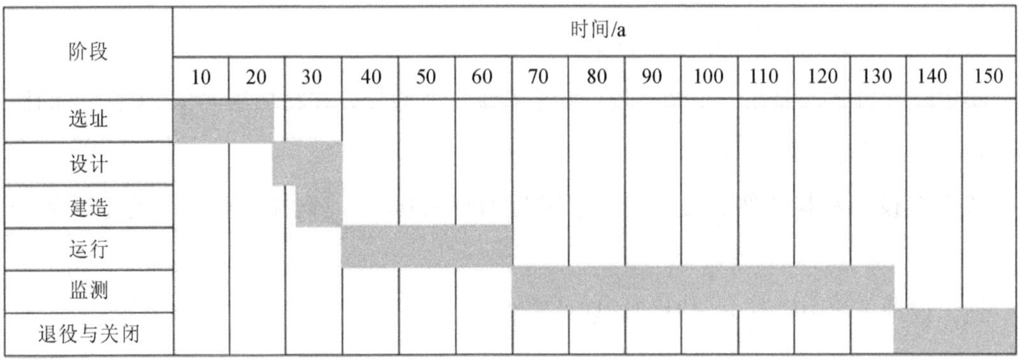

图 2-6　加拿大放射性废物深地质处置方案时间计划[16]

方案 2：核反应堆场址贮存方案。

加拿大的核燃料废物从反应堆中卸出后，会先进行 7～10 年的湿式贮存来降低其衰变热和放射性水平。此后，被转移至反应堆场址干式贮存设施内的容器中。这些干式贮存设施的容器的设计使用年限约 50 年，实际使用年限估计为至少 100 年。

但该管理方案仍面临两个选择：要么对现有干式贮存设施进行扩容，要么在加拿大每一个安全贮存点新建贮存设施。随着时间的推移，这些核燃料废物不得不向新设施和容器转移。根据 NWMO 的预测，大约每隔 300 年就需要对这些设施和组件进行彻底的维修和更换。

核反应堆场址贮存方案时间计划见图 2-7。

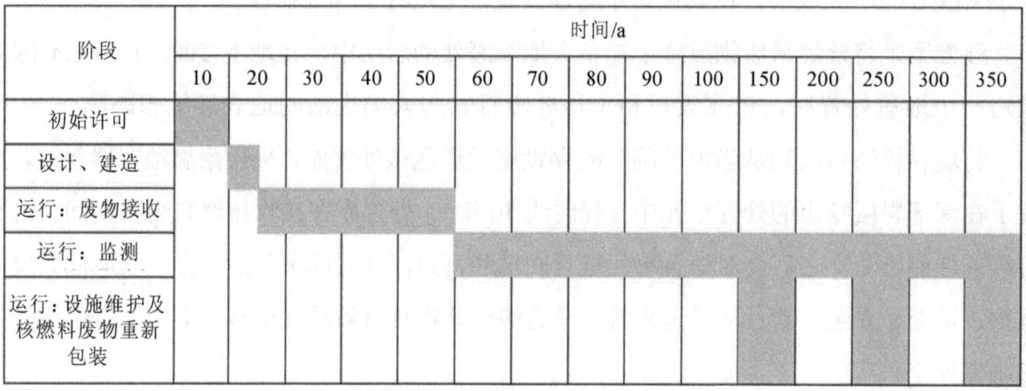

图 2-7　核反应堆场址贮存方案时间计划[16]

方案 3：地上或地下集中贮存方案。

集中贮存方案需要在一个特定场址新建长期贮存设施，并将加拿大 7 个贮存点的核燃料废物转运至该集中贮存设施。

该方案设施及其部件的设计使用年限为 100～300 年，同样需要长期的定时翻修和更换。

地上或地下集中贮存方案时间计划见图 2-8。

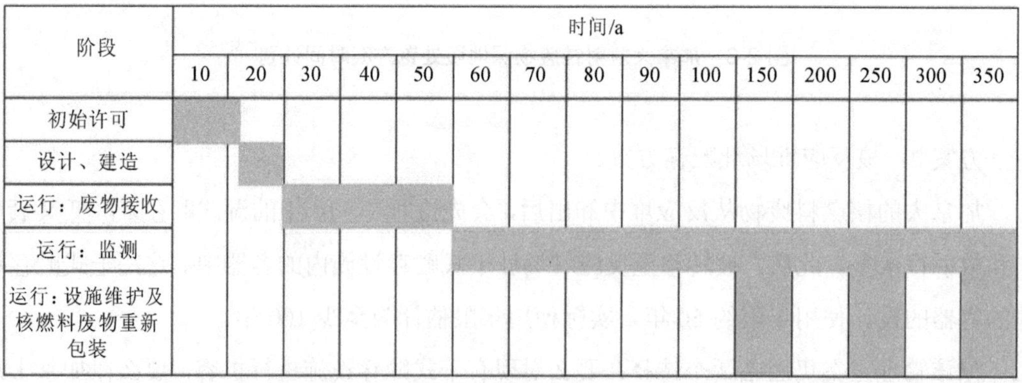

图 2-8　地上或地下集中贮存方案时间计划[16]

方案 4：APM 方案。

基于对 3 种基础方案的研究和公众参与情况，考虑到加拿大核燃料废物的当前和未来存量，NWMO 提出了 APM 方案。

APM 方案计划分 3 个主要阶段来开展工作（图 2-9），其主要特点为：

i．在适宜的岩石结构中最终集中包容和隔离；

ii．是分阶段和具有适应性的决策；

iii．在最终的处置库处置前，可选择浅地层集中贮存；

iv．持续的监测；

v．可回取；

vi．公众参与。

图 2-9　APM 方案阶段计划[16]

APM 方案时间计划见图 2-10。

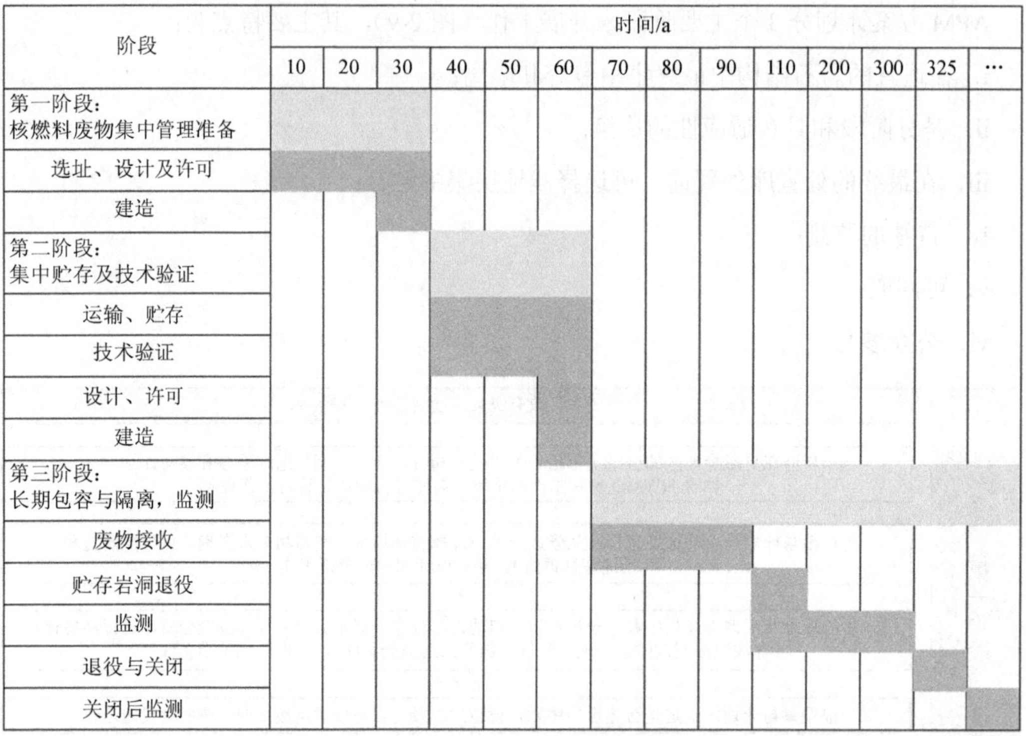

图 2-10　APM 方案时间计划[16]

② 避免和减小影响的措施。

根据《核燃料废物法》第 12 条第 6 款第（c）项的要求，NWMO 应在长期管理建议方案研究中阐述其采取的避免或明显减小对公众生活方式，或社会、文化或经济形势的影响的措施。

NWMO 在其《选择未来之路——加拿大未来核燃料废物管理》研究报告中，详细阐述了应对上述影响的具体措施。NWMO 应对影响的总体策略为：

i. 寻求一个愿意接受核燃料废物长期管理设施的社区；

ii. 与该社区共同制定长期可持续发展战略；

iii. 以公平、公正的方式和所有可能受到影响的群体协作，公开透明地开展工作。

具体的应对措施包括以下 4 个方面（图 2-11）：

i. 信任的建立和维护；

ii. 社区变革；

iii. 社区受益的提高；

iv. 不利因素的避免与最小化。

信任的建立和维护	社区变革	社区受益的提高	不利因素的避免与最小化
• 社区协议 • 替代性纠纷解决 • 社会经济和环境影响监测 • 社区监督 • 公众和土著居民参与	• 影响补助金 • 社区能力建设 • 财产价值保护 • 社区基础设施建设 • 直接经济和实物替代补偿 • 关闭计划	• 优先雇用 • 就业和培训支持 • 经济发展和商业改善 • 职业培训 • 就业支持服务 • 共用物业管理 • 企业捐赠	• 设施设计最优化 • 员工通勤计划 • 提供临时宿舍 • 管理妨害影响 • 道路改善

图 2-11　NWMO 为避免社会和经济影响所采取的具体措施

③ 公众参与。

根据《核燃料废物法》的要求，NWMO 在核燃料废物长期管理建议方案研究期间，开展了大量公众沟通与咨询工作，包括普适性参与活动以及专门的土著居民沟通等，获得了十分宝贵的经验和咨询意见，有力支撑了其建议方案的研究。主要的公众参与活动见图 2-12。

普适性参与活动	土著居民沟通
• 全体公民价值观对话 • 有核社区对话 • 有核社区其他对话 • 国家和区域利益相关方对话 • 线上对话（加拿大皇家大学） • 信息和讨论会 • 研究报告草案沟通对话 • 伦理道德圆桌会议 • 伦理道德研讨会 • 公众态度研究 • 网站信息公开	• 土著民族相关国家协会对话 • 土著民族相关区域、地方组织对话 • 安大略省第一民族持续对话 • 土著居民长者论坛

图 2-12　NWMO 核燃料废物长期管理建议方案公众参与

在普适性参与活动方面，NWMO 开展了全体公民价值观对话，获得了 12 个不同地区共 462 位公民关于核燃料废物长期管理的期望和基本价值观；进行了有核社区对话，获取了各社区在核燃料废物安全贮存方面的观点；开展了有核社区其他对话，通过一些市长和加拿大核能协会，进行了持续的对话和研究；开展了国家和区域利益相关方对话，请这些利益相关方对加拿大核燃料废物管理公共政策进行讨论，并对 NWMO 前期形成的有关沟通对话的报告（《是否提出了正确的问题？》）进行批判性研讨；开展了线上对话，与加拿大皇家大学进行了 4 次线上对话，就核燃料废物管理的风险与不确定性、评价框架、基于风险与不确定性的决策进行探讨，并于 2005 年 7 月 1 日至 8 月 14 日，由加拿大皇家大学组织并邀请感兴趣的加拿大公民就 NWMO《选择未来之路——加拿大未来核燃料废物管理》报告草案（即征求意见稿）进行讨论；举办了信息和讨论会，在加拿大每一个省和地区组织活动，邀请加拿大公民参与 NWMO 核燃料废物长期管理方案的初步描述以及对不同方案拟采用的比较方法进行讨论；开展了研究报告草案沟通对话，在 5 个省共 6 个城市组织了系列讨论会，请与会者对报告提出修改意见；举办了伦理道德圆桌会议和研讨会，确保 NWMO 在研究期间涉及的伦理道德问题得到良好的关注和解决；开展了公众态度研究，通过小组讨论和电话调查的方法，持续跟踪加拿大公民的观点与态度；此外，还将以上全部信息整合后在 NWMO 网站上公开，供社会全体检索、查阅和交流，2003 年 2 月至 2005 年 8 月，NWMO 网站独立访客超过 5 万名，其中 9 925 名访客对网站进行了多次访问，通过网站收到反馈意见 191 份。

在土著居民沟通方面，NWMO 采取了多种措施以建立和土著居民之间的长期积极关系：开展了与土著民族相关国家协会之间的对话，包括成立专门的指导工作组，与第一民族议会（The Assembly of First Nations，AFN）、梅蒂斯全国委员会（Metis National Council，MNC）、土著居民议会（Congress of Aboriginal Peoples，CAP）等共 6 个不同国家协会组织了对话，向其介绍核燃料废物长期管理的背景，请其就相关问题提出意见和建议；开展了包括安大略省梅蒂斯土著协会（Ontario Metis Aboriginal Association，OMAA）在内的多家区域或地方组织的对话，请土著居民就核燃料废物长期管理及未来发展提出建议；开展了与安大略省第一民族的持续对话，并将在 NWMO 向自然资源部提交报告后一直维持该对话；建立了长者论坛，向土著居民中具备传统知识的长者进行咨询，请他们审查 NWMO 自 2002 年成立起所开展的工作、研究报告草案，以及过去两年与其他加拿大公民沟通和咨询的情况，获得了这些土著居民长者对 NWMO 工作的看法，并和这些长者探讨未来能够使其更好地参与相关活动的方式。

（3）选定方案的公布

根据《核燃料废物法》第 15 条的要求，总理应根据自然资源部部长的建议，对加拿大核燃料废物长期管理方案进行决策，并在《加拿大公报》上公布选定方案。

《加拿大公报》是加拿大联邦政府的官方报纸。1841 年以来，《加拿大公报》一直致力于公布新的法规、新的和拟议的条例以及各种政府和公共通告，是加拿大政府征求加拿大公民意见的有效渠道。2007 年 6 月 27 日《加拿大公报》第二部分第 141（13）卷，公布了总理选定核燃料废物长期管理方案的命令（SI/2007-63），具体内容如下[31]：

"总理根据《核燃料废物法》第 15 条的要求，在自然资源部部长的建议下，在 NWMO 根据《核燃料废物法》第 12 条第（1）款的要求于 2005 年 11 月 3 日提交的题为《选择未来之路——加拿大未来核燃料废物管理》的最终研究报告所阐述的几种方案中，选定适应性分阶段管理方案为加拿大核燃料废物长期管理方案。"

同时，对 APM 方案注释说明如下：

"该命令规定，从 NWMO 根据《核燃料废物法》第 12 条第（1）款的要求于 2005 年 11 月 3 日向自然资源部部长提交的题为《选择未来之路——加拿大未来核燃料废物管理》的最终研究报告所建议的多种方案中，选定 APM 方案为核燃料废物长期管理方案。

NWMO 在其研究中建议的 APM 方案包括 3 个阶段：第 1 阶段为集中管理的准备阶段，并对核反应堆场址内贮存的核燃料废物进行维护；第 2 阶段包括可选的过渡集中贮存措施；第 3 阶段为确保废物在深地质处置库中的长期包容和隔离。同时，APM 方案还包括两个重要部分：管理方面能够为社区和公民提供在整个选址过程中的参与机会；技术方面可确保核燃料废物的长期管理能够使用最先进的科技知识。APM 方案为废物的所有者提供了足够的灵活度，使其能够考虑到社会和技术的长期不确定性从而谨慎行事，并使当代人能采取可持续的、道德上和社会上可接受的措施来保护公众，并尊重现在和将来的环境。"

2.3.5　核燃料废物管理组织的报告

2.3.5.1　条款简介

《核燃料废物法》第 16～19 条在 NWMO 的报告方面做出了规定（具体条款见附录 5）。

第 16 条规定了 NWMO 年度报告的提交时限和内容要素，要求 NWMO 在每年度结束后 3 个月内向自然资源部部长提交该年度活动报告。经总理决策后的年度报告内容包括：

① 该年度各核能公司和 AECL 根据《核安全与控制法》所提供财政担保的形式和额度，以及实施加拿大核燃料废物长期管理选定的方案的相关情况。

② 更新的预计核燃料废物管理总费用。

③ 下一年度经费预算。

④ 建议的下一年度核燃料废物管理所需费用的计算公式及公式中各项假设的含义。

⑤ 下一年度要求各核能公司和 AECL 缴纳的资金额度，以及确定这些额度的原则。

第 16 条还规定总理决策后 NWMO 的第一个年度报告，及根据《核安全与控制法》第 24 条规定对总理已选定或批准方案涉及的活动签发了建造或运行许可证后 NWMO 的第一个年度报告中，下一年度核燃料废物管理所需费用的公式及各项假设，以及下一年度要求各核能公司和 AECL 缴纳的资金额度及其确定原则，均须得到自然资源部部长的批准。此外，还规定若部长对预计费用存疑，则应拒绝批准相应的公式或资金，并应令 NWMO 在 30 天内修改年度报告的相应部分并提交修改后的年度报告。

第 17 条规定在不同情况下各核能公司和 AECL 向信托基金存入 NWMO 年度报告中规定资金的时间期限；此外，若总理认为公众利益要求信托基金的款项有必要用于修复不属于因核能公司，以及特殊的、不可预见和不可抗事件造成的损坏时，总理还可根据核能公司的要求，授权其在失效前授权其延缓一年缴纳 NWMO 年度报告中规定的全部或部分资金。

第 18 条规定了 NWMO“三年报告”的提交时限和内容要素。三年报告指第 15 条的总理决策后第三年的年度报告和此后每第 3 个提交年的三年总结报告。三年报告的内容包括：

① NWMO 在过去 3 年内有关核燃料废物管理的活动总结，包括这些活动对社会生活方式，或社会、文化或经济环境带来的显著社会和经济影响分析。

② NWMO 未来 5 年实施选定方案［包括总理根据第 15 条选定或根据第 20 条第（5）款批准的方案］的战略计划。

③ NWMO 未来 5 年实施战略计划的预算。

④ 针对 NWMO 过去 3 年内有关核燃料废物管理的活动总结及未来 5 年实施选定方案的战略计划进行公众咨询的结果。

⑤ NWMO 顾问委员会就 NWMO 过去 3 年内有关核燃料废物管理的活动总结及未来 5 年实施选定方案的战略计划的建议。

第 19 条规定自然资源部部长在接到 NWMO 报告后的 90 天内应签署关于报告的公众声明，在各议会开会的前 15 天对每份报告进行复制并提交至议会。

2.3.5.2　条款解读与执行

《核燃料废物法》第 16 条第（1）、（2）款和第 18 条要求 NWMO 定期向自然资源部部长提交报告，并详细规定了各类报告应涉及的内容要素；第 16 条第（3）、（4）款和第 17 条对各核能公司和 AECL 各年度资金的存入提出了要求；第 19 条明确了自然资源部部长对 NWMO 所提交报告的职责。本节从核燃料废物管理组织报告的要求、年度报告和三年报告的执行情况，以及自然资源部部长公众声明等方面对条款进行解读。

（1）核燃料废物管理组织报告的要求

在总理决策后每个年度结束的 3 个月内，NWMO 应向自然资源部部长提交年度报告，年度报告的内容应包括财务、方案实施情况、废物量预估、次年经费预算等方面；在总理决策之后的每个第 3 年，NWMO 应向自然资源部部长提交三年报告，三年报告的内容应包括过去 3 年的总结、未来 5 年的战略计划及预算，以及顾问委员会的建议与评价等方面。年度报告和三年报告的内容要素见图 2-13。

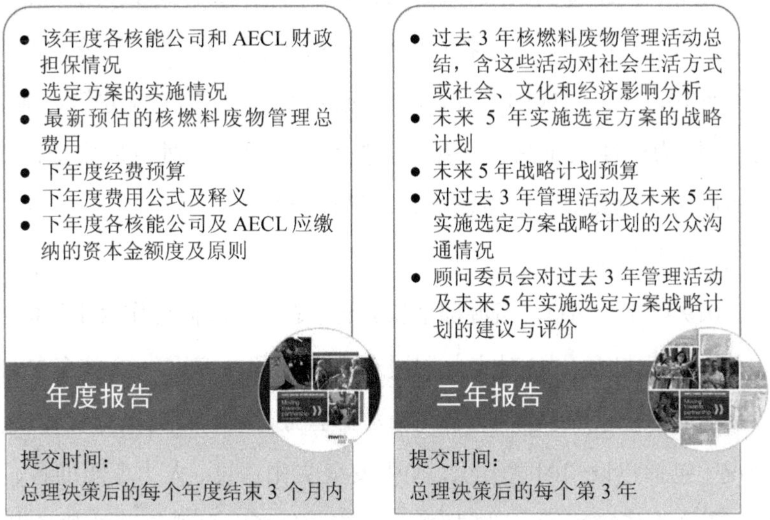

图 2-13　NWMO 报告的时间节点及内容要素

（2）年度报告执行情况

根据《核燃料废物法》第 16 条的要求，NWMO 每年应向自然资源部部长提交年度报告。

以 2018 年年度报告为例，NWMO 于 2019 年 3 月向自然资源部部长提交了题为《迈向合作伙伴关系》[19]的 2018 年年度报告，报告内容包括：① 对土著居民观点的理解与尊重；② 2018 年度主要成就及里程碑；③ 为安全的未来进行的国际合作情况；④ 组织准备情况（包括建立安全文化、人力资源准备、许可申请准备等）；⑤ 不断超越的管理（包括向自然资源部部长提交年度报告、向 NWMO 成员提交报告、董事会构成及职责、顾问委员会构成及相关工作、同行评议等）；⑥ 资金保障（包括当前总费用、下年度经费预算和费用公式等）；⑦ 审计报告和财务报表等。其中经费预算部分，NWMO 董事会批准了 2019 年共计 1.148 亿美元的预算，这些费用由安大略电力公司、魁北克水电公司、新布伦瑞克电力公司和 AECL 分摊，分摊比例依次为 93.34%、2.20%、3.65%和 0.81%。NWMO 年度报告内容全面、完整，很好地满足了《核燃料废物法》的要求。

此外，NWMO 还在 2019 年 12 月发布了关于 2018 年核燃料废物长期管理技术规划的年度报告[32]，详细阐述了 NWMO 在 2018 年期间实施 APM 方案的工作进展，内容涉及核燃料废物的运输系统开发、运输包装材料测试、核燃料废物容器设计、制造和检查及腐蚀研究、封闭焊缝研发、无损检测研发、铜涂层研发、高压实膨润土贮存室研究、水文地球化学研究、氧化还原过程研究、地下物质输运研究、输运模型研究、安大略省北部地震监测、古地震活动研究、白云岩成因研究、自然资源评估、冰川系统建模、地质力学研究、孔隙率岩石的热-水-力学性质研究、处置库模型和参数开发、处置库安全性研究，以及包括安大略省南部在内的相关地区地质调查和环境评价等。

（3）三年报告执行情况

NWMO 于 2019 年 3 月向自然资源部部长提交了题为《迈向合作伙伴关系》[31]的 2017—2019 年三年报告，内容包含：① 对土著居民观点的理解与尊重；② 社会参与情况；③ 场址评价进展；④ 工程、安全和技术研究；⑤ 为安全的未来进行的国际合作情况；⑥ 运输；⑦ 组织准备情况（包括建设学习型组织、加强安全文化建设、人力资源准备、积极性调动、许可申请准备、环境责任等）；⑧ 不断超越的管理（包括向自然资源部部长提交年度报告、向 NWMO 成员提交报告、董事会构成及职责、顾问委员会构成及相关工作、同行评议、APM 方案地球科学评审组、长者与青年委员会、市政论坛，以及环境评审小组等）；⑨ 实施加拿大核燃料废物长期管理计划的社会反馈（持续开展公众参与，获得了大量关于安全性、核燃料废物运输、选址、社区福利，以及土著知识融合等方面的反馈信息）；⑩ 社会、经济和文化方面的考虑；⑪ 2020—2024 年经费预算；⑫ 资金保障（包括当前总费用、下年度经费预算，以及费用公式等）；⑬ 2020—2024 年战略计划；⑭ 审计报告和财务报表；⑮ 顾问委员会 2017—2019 年报告。该三年报告全面清晰地总结了 NWMO 在 2017—2019 年的工作进展，详细阐述了未来 5 年（2020—2024 年）的战略计划，很好地满足了《核燃料废物法》对三年报告的要求。

目前 APM 方案实施处于选址阶段，NWMO 在 2010 年启动选址程序时就有 22 个城市和土著社区表示出了愿意成为处置设施落地点的合作意向。截至 2020 年 1 月，NWMO 通过技术评估和公众参与，将选址范围缩小到两个区域。根据其 2017—2019 年三年报告中阐述的 2020—2024 年战略计划，到 2023 年，NWMO 将继续开展包括现场调查在内的评估，进一步缩小选址范围，确定一个首选场址，并最终确定运输方案框架，提交影响评价项目说明和场址准备申请；到 2024 年，NWMO 将启动详细场址调查，提交影响评价研究报告，启动联邦政府监管程序，并提交实验中心的建造申请。

① 深地质处置设计。

NWMO 拟开发的深地质处置库需确保核燃料废物的长期包容和隔离。其具体建造深度由场址的地质情况决定（拟建约 500 m 深），其设计见图 2-14。其中，地上设施主要提供核燃料废物接收、检查和重新包装，以及将核燃料废物通过主竖井运送至地下的功能。

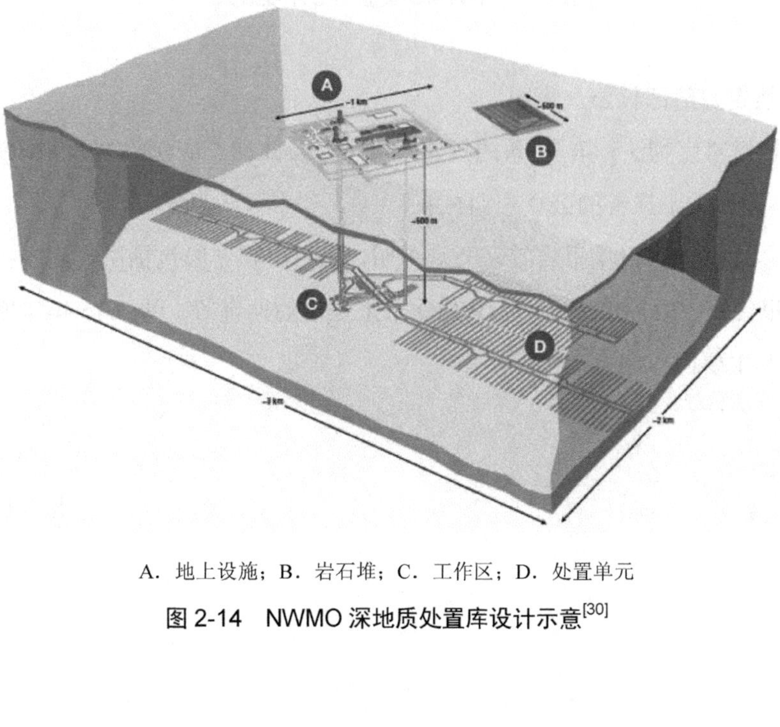

A．地上设施；B．岩石堆；C．工作区；D．处置单元

图 2-14　NWMO 深地质处置库设计示意[30]

② 实验中心。

NWMO 计划在深地质处置库场址选定区域或其附近建造一个地上实验中心（外观效果见图 2-15）。实验中心的主要目的是支持长达数年的技术测试和验证计划，以及正在进行的社区成员讨论，并支撑深地质处置库的建造和运行；之后在适当的情况下，该中心还可作为土著文化、历史、传统和知识分享的枢纽。NWMO 将与该区域包括第一民族和梅蒂斯社区在内的居住者合作设计开发实验中心并共同使用。

图 2-15　NWMO 实验中心外观效果[30]

（4）自然资源部部长公众声明

根据《核燃料废物法》第 19 条的规定，自然资源部部长应在收到 NWMO 提交报告后的 90 天内，签署关于报告的公众声明。

部长对年度报告和三年报告签署公众声明，声明内容一般包括所收到的报告的基本情况、部长对报告的主要评价以及对 NWMO 未来工作的期许等。以 2015 年年度报告的部长声明为例，其主要内容如下[33]：

关于 NWMO 2015 年年度报告的部长声明

NWMO 2015 年年度报告是该组织对过去一年内为推进加拿大核燃料废物长期管理计划所做工作的一份重要的和资料性的记录。

该报告阐述了 NWMO 在社区和政府参与、公众宣传和教育、研究和技术开发以及国际协作方面的活动和成就。同时还强调了 NWMO 为与土著社区接触，并从其伙伴关系、知识和经验中获益而付出的努力。

整个 2015 年，NWMO 的工作持续推进，以确定一个安全并适宜的场址来建造用于加拿大核燃料废物长期管理的深地质处置库和实验中心，并与安大略省的 9 个社区持续探讨其是否有可能成为该设施的落地点。

NWMO 还继续开展了科学和技术合作项目，包括 NWMO 研究人员参与的国内和国际项目，以及支持材料、地质和水文地球化学领域涉及 15 所加拿大大学的研究项目。

公众对核燃料废物安全可靠运输的信心至关重要。NWMO 年内已采取相应的公众参与措施。重要的是，NWMO 要继续就这一重要议题与社区和其他感兴趣的团体联系。

核能已经并将在未来的几十年内持续对减少加拿大的温室气体排放做出宝贵贡献。核能产生的电力占加拿大电力需求的 15%以上，占安大略省电力需求的 50%以上。加拿大核燃料废物长期管理计划的实施将是公众对核能和核工业建立与维护信心的要素。

加拿大政府坚信 NWMO 职责的重要性，并将继续确保该组织履行《核燃料废物法》所规定的职责。

Jim Carr

加拿大自然资源部部长

2016 年 6 月 28 日

2.3.6 方案变更

2.3.6.1 条款简介

《核燃料废物法》第 20 条在方案变更方面做出了规定（具体条款见附录 5），明确在下列两种情况下，NWMO 可提出新方案的建议：

① 当 NWMO 由于超出其能力的技术原因而无法实施选定方案时。

② 当一种新开发的技术方法已通过与核活动有关的国际间政府组织的科学和技术专家审查并得到其支持时。

同时，还要求 NWMO 在提出新方案的建议时，应在其三年报告中说明原因并建议一种新方案，修改完善新方案涉及《核燃料废物法》第 12～14 条的相应内容，并附顾问委员会对新方案的意见。

部长在收到新方案的建议后，如果能够确信该新方案对加拿大而言在技术和经济上均可行，那么部长可向总理提交新方案。总理根据部长的建议，可以批准该新方案，这种情况下，总理的决策将在《加拿大公报》上公布。

2.3.6.2　条款解读与执行

根据《核燃料废物法》第 20 条，当 NWMO 的能力不足以实施原方案时，或当出现了国际上普遍认同的新方法时，NWMO 可在其三年报告中提出方案变更的建议，同时应对新方案进行详细的论述，并向自然资源部部长提交顾问委员会对新方案的意见和建议。自然资源部部长可根据 NWMO 提交的材料组织咨询和评审，如果有充分的论据支撑新方案的技术和经济可行性，则可向总理提出将加拿大核燃料废物长期管理方案变更为 NWMO 所提新方案的建议，总理再根据自然资源部部长的建议进行是否变更方案的决策。方案变更流程见图 2-16。

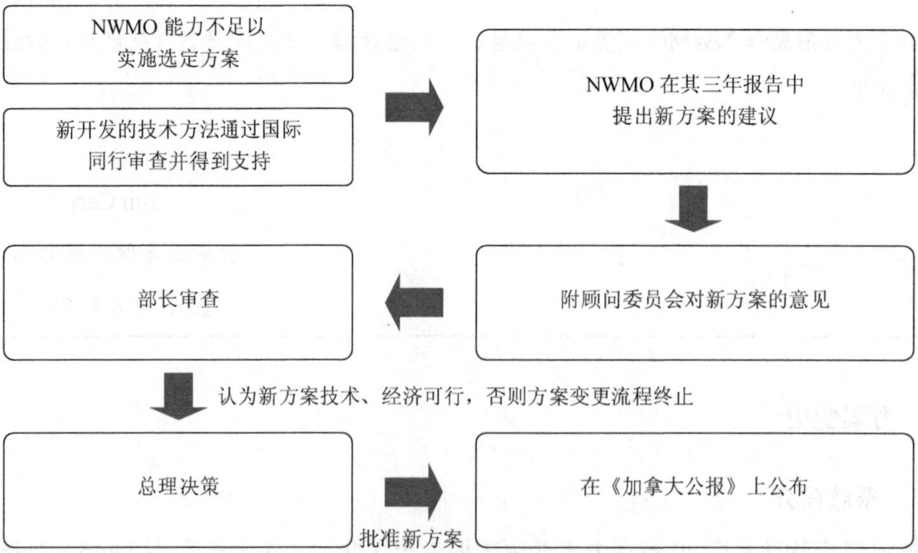

图 2-16　方案变更流程

2.3.7 受益人取款

2.3.7.1 条款简介

《核燃料废物法》第 21 条在受益人取款方面做出了规定（具体条款见附录 5），明确了虽然《核燃料废物法》第 11 条规定仅 NWMO 可从信托基金中取款，但在下列两种情况下，总理还可根据自然资源部部长的建议授权信托基金的某一受益人取走全部或部分信托基金余额：

① NWMO 提出方案变更，总理根据《核燃料废物法》批准了新方案，且信托基金总余额超出实施该新方案预计需要的总费用；

② NWMO 已完成了选定方案的实施。此处，总理根据第 15 条选定的方案，及出现方案变更情况时总理根据第 20 条第（5）款批准的新方案均称为“选定方案”。

2.3.7.2 条款解读与执行

根据《核燃料废物法》第 11 条的要求，信托基金的唯一受益人为 NWMO，只有在总理决策选定核燃料废物长期管理方案并在《加拿大公报》上公布后，NWMO 才可取款。

但对于信托基金可能存在“余额”的情况，第 21 条规定了除第 11 条的情况以外，总理还可授权某一受益人支取信托基金部分或全部余额的两种情况。这两种情况为：① 方案变更后，信托基金余额超出预计所需的全部费用；② NWMO 已完成核燃料废物长期管理方案的全部工作，而信托基金仍有余额。

2.3.8 记录、登记和财务决算

2.3.8.1 条款简介

《核燃料废物法》第 22、23 条在记录、登记和财务决算方面做出了规定（具体条款见附录 5）。

第 22 条规定 NWMO、各核能公司和 AECL，以及拥有信托基金的金融机构，应在各年度结束后将账户记录、登记以及其他文档在加拿大境内至少保存 6 年，以满足提交或提供给自然资源部部长的资料的准确性和完整性的要求；此外，还要求任何人不得在这些账户记录、登记或其他文件中作假或不做记录。

第 23 条规定了财务决算的相关事宜，包括：

① NWMO 应在其各财政年度结束后 3 个月内向部长提交其经独立审计人审计的财务

决算。

② 拥有信托基金的金融机构应在信托基金年度结束后 3 个月内向部长和 NWMO 提交经独立审计人审计的信托基金财务决算。

2.3.8.2　条款解读与执行

根据《核燃料废物法》第 22、23 条的要求，NWMO 应于每年度结束后 3 个月内向自然资源部部长提交经独立审计人审计的信托基金财务决算和财务声明。

以 NWMO 提交的 2018 年年度报告为例，其中一个章节为“审计报告和财务报表”，具体内容包括独立审计人的审计报告、截至 2018 年 12 月 31 日的财务报表、截至 2018 年 12 月 31 日的运营报表、截至 2018 年 12 月 31 日的净（亏损）资产变动表、截至 2018 年 12 月 31 日的现金流报表、相应的附表及其注释和说明，以及各核能公司和 AECL 的财务声明。其中，独立审计报告给出了“确为非营利组织”的结论。

2.3.9　文档公开

2.3.9.1　条款简介

《核燃料废物法》第 24 条在文档公开方面做出了规定（具体条款见附录 5），要求 NWMO 向公众公开以下信息：

①《核燃料废物法》中要求 NWMO 提交给自然资源部部长的研究、报告和财务决算，这些材料应在 NWMO 将其提交给部长的同时向公众公开；

②《核燃料废物法》中要求其他金融机构提交给 NWMO 的财务决算，这类材料应尽可能向公众公开。

2.3.9.2　条款解读与执行

《核燃料废物法》第 24 条要求 NWMO 向公众公开该法中要求提交的研究、报告和财务决算。本节从 NWMO 和 CNSC 的信息公开方面对条款进行解读。

（1）NWMO 信息公开

NWMO 网站是其向公众公开文档信息的重要渠道。NWMO 网站页面简洁凝练，对专业知识的介绍深入浅出，整体设计对公众非常友好。当前 NWMO 网站首页的主要内容见图 2-17，打开网页即可看到 5 个主要模块——“关于我们”“加拿大计划”“安全的方案”“场址选择”和“更多信息”，首页下端可以很清晰地看到公众对加拿大核燃料废物长期管理最关心的几个问题，例如“人类和环境如何得到保护？”“首选的场址如何被选定？”

“NWMO 在实施计划的过程中公众如何参与？”“核燃料废物的运输是否安全？”，点击进入问题模块即可看到相应的回答。此外，点击进入“更多信息”相关模块还可搜索、查询有关 NWMO 及其长期管理方案实施的更多内容，其中“所有问题”模块为公众参与提供了便捷的平台。

为满足《核燃料废物法》的要求，NWMO 还在其网站首页设置了“报告”模块，用于发布由《核燃料废物法》规定要向公众公开的核燃料废物长期管理建议方案研究报告、总理决策后的每一份年度报告、三年报告，以及各年度财务决算情况等。除此之外，“报告”模块还发布了上述研究和报告开发过程中形成的阶段性技术报告、反馈意见、咨询报告，以及各核能公司和 AECL 财务声明等全部文件，以确保其工作的全过程都以公开和透明的方式进行，为核燃料废物长期管理工作的公众沟通和推进起到了良好支撑作用。

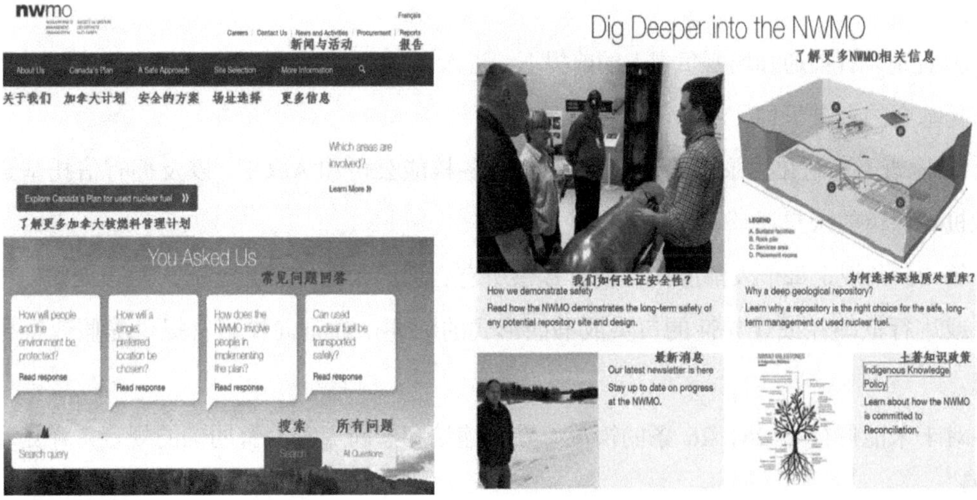

图 2-17　NWMO 网站首页概览

（2）CNSC 信息公开

在 CNSC 的网站可以很容易地检索到关于加拿大核燃料废物的形式、存量、管理政策框架、监管法规体系、长期管理方案，以及相关活动的审查记录等方面的详细信息。除此之外，CNSC 也一直关注公众参与，坚持与可能受到 NWMO 选址活动影响的社区保持沟通，并重点关注对土著居民族群的宣传和联系，为社会公众提供了知情和发表意见的机会与平台，这些工作得到了十分宝贵的反馈意见。

2.3.10　记录和登记的检查

2.3.10.1　条款简介

《核燃料废物法》第 25、26 条在记录和登记的检查方面做出了规定（具体条款见附录 5）。

第 25 条规定了检察官的任命、权力与义务，第 26 条规定了其他人协助并配合检察官的义务。

2.3.10.2　条款解读与执行

《核燃料废物法》第 25 条规定出于核燃料废物长期管理的目的，自然资源部部长可任命其认为合格的任何人为检察官。检察官在正常的工作时间内可以行使以下权力和履行以下义务：

① 在适当提前通知场所负责人的前提下，进入 NWMO、各核能公司和 AECL，以及拥有信托基金的金融机构。

② 检查、复制和摘录任何要求 NWMO、各核能公司和 AECL，以及拥有信托基金的金融机构保留的账户记录、登记和其他文档。

第 26 条规定每个人都应向检察官提供所有合理的帮助，禁止任何人阻止或妨碍检察官，或进行欺骗性或误导性的口头或书面形式的陈述，或是向检察官提供虚假或误导性信息。

对于未能履行第 25、26 条的情况，在“违法和惩罚”部分有明确的规定，详见章节 2.3.11。

2.3.11　违法和惩罚

2.3.11.1　条款简介

《核燃料废物法》第 27～31 条在违法和惩罚方面做出了规定（具体条款见附录 5）。

第 27 条规定了各核能公司和 AECL 未能按期或足额缴纳资金的相关罚则，根据《核燃料废物法》第 10 条第（5）款或第 17 条等的要求，各核能公司和 AECL 未能按期或足额缴纳资金时，属违法犯罪行为，可根据该法即席判决，对该公司就其犯罪行为发生或持续时间内每天处以不超过 30 万美元的罚款；此外，法庭还可以在上述判罚外，再判罚该公司在法庭指定的时间或之前，向信托基金存入资金，这部分要存入的资金数额为该公司未缴纳部分加上利息（利息为银行优惠利率的基础上浮两个百分点），计息至缴纳之日；若该公司拒不履行上述有关计息的判罚，也属违法犯罪行为，法庭可即席判决该公司上述加息判罚20%的罚款。

第28条规定了NWMO未能按要求提交或修改相应的研究和报告等相关的罚则，包括：

① 未能按期、按要求提交报告或其修改文件：根据《核燃料废物法》第12条第（1）款的要求，NWMO未能按期提交加拿大核燃料废物长期管理建议方案的研究报告属违法犯罪行为，法庭可即席判决，对NWMO就其犯罪行为发生或持续时间内每天处以不超过300 000美元的罚款；根据《核燃料废物法》第14条第（2）款的要求，NWMO未能按期根据部长的指令对其研究报告的内容进行修改，或根据《核燃料废物法》第16条第（1）款的要求，NWMO未能按期提交年度报告和三年报告均属违法犯罪行为，法庭可即席判决，对NWMO就其犯罪行为发生或持续时间内每天处以不超过100 000美元的罚款；根据《核燃料废物法》第16条第（4）款的要求，NWMO未能按期根据部长的指令对其年度报告中费用相关内容进行修改属违法犯罪行为，法庭可即席判决，对NWMO就其犯罪行为发生或持续时间内每天处以不超过50 000美元的罚款。

② 未能按要求从信托基金取款：根据《核燃料废物法》第11条第（4）款要求，在部长批准才可取款的条件下，NWMO未经部长批准从信托基金中取款，法庭可即席判决，对NWMO处以不超过100 000美元的罚款。

③ 未能按要求向公众公开文档：根据《核燃料废物法》第24条的要求，NWMO不执行相应文档的公开属违法犯罪行为，法庭可即席判决，对NWMO处以不超过100 000美元的罚款。

此外，第28条还规定了其他人员的相关罚则，包括：

① 任何人违反《核燃料废物法》第26条关于向检察官提供合理的帮助等相关规定，属违法犯罪行为，法庭可即席判决，处以不超过100 000美元的罚款。

② 任何人违反《核燃料废物法》中的任何条款，属违法犯罪行为，法庭可即席判决，处以不超过500 000美元的罚款。

第29条规定了在起诉雇员或代理违反本法的行为时的要求；第30条规定了不应被判定为违反《核燃料废物法》的行为；第31条规定了《核燃料废物法》相关违法行为的诉讼期限。

2.3.11.2 条款解读与执行

《核燃料废物法》第27～30条规定了核能公司与AECL、NWMO以及其他任何相关人员涉及该法的违法犯罪行为及相应的惩罚，这些违法犯罪行为包括未能按要求向信托基金足额存入资金、未能按要求提交相应的报告、未能按要求取款、拒绝向检察官提供合理的帮助或阻止或妨碍检察官等。对《核燃料废物法》涉及的相关违法行为及其惩罚措施的简单梳理见表2-2。

表2-2 违反《核燃料废物法》的行为及判罚

序号	违法行为	对象	判罚
1	未能按要求向信托基金存入资金	核能公司和AECL	逾期每天不超过30万美元的罚款
2	未能按要求向信托基金存入资金	核能公司和AECL	除序号1对应惩罚措施外，可判罚在指定日期之前，向信托资金存入资金未缴纳的部分及其对应银行优惠利率上浮2个百分点的利息
3	不履行第2项惩罚措施的判罚	核能公司和AECL	序号2对应惩罚措施中累计金额20%的罚款
4	未能在三年内提交建议方案研究报告	NWMO	逾期每天不超过30万美元的罚款
5	所提交的建议方案研究报告不符合要求； 或未能按时提交年度报告	NWMO	逾期每天不超过10万美元的罚款
6	年度报告中下一年度的费用公式不足以为总理决策提供足够的资金支持； 或费用公式与下一年度要求各核能公司和AECL缴纳的资金额度不符	NWMO	该违法行为发生或持续时间内，每天不超过5万美元的罚款
7	未经部长批准从信托基金中取款； 或未按要求向公众公开文档	NWMO	不超过10万美元的罚款
8	拒绝向检察官提供合理的帮助； 阻止或妨碍检察官； 向检察官进行欺骗性或误导性的口头或书面形式的陈述； 向检察官提供虚假的或误导性的信息	任何人	不超过10万美元的罚款
9	违反《核燃料废物法》中的任何条款	任何人	不超过5万美元的罚款

2.4 小结

20世纪70年代末至90年代初，AECL在加拿大联邦政府核燃料废物管理计划框架内，就核燃料废物对加拿大放射性废物深地质处置概念开展了为期近 20 年的一系列研究，然而该方案虽然在技术方面可行，却由于在当时未能获得社会公众的广泛支持，最终没能成为加拿大核燃料废物长期管理的选定方案。在此背景下，作为对 2000 年 5 月正式生效的《核安全与控制法》的补充，2002 年 6 月 13 日，加拿大针对核燃料废物发布并实施了《核燃料废物法》，以期通过全面、完整和经济合理的方式来实施核燃料废物的管理。

《核燃料废物法》吸纳了核燃料废物早期管理的国内外经验，在技术、财务以及公众参与和信息公开等多个方面对加拿大核燃料废物的长期管理做出了清晰、详细和明确的规定。该法发布实施后，推进了加拿大核燃料废物安全、完整和经济合理的长期管理方式的形成，引导了一系列良好实践（图 2-18）。

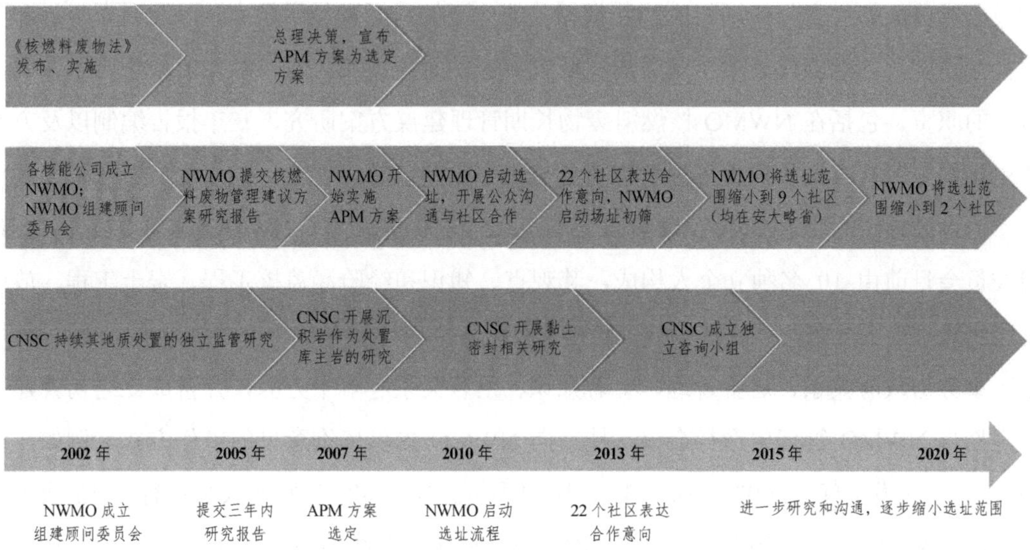

图 2-18　《核燃料废物法》发布实施后加拿大核燃料废物管理主要实践

（1）要求核能公司成立非营利的核燃料废物管理组织，明确了核燃料废物长期管理相关方职责

《核燃料废物法》第 6 条第（1）款要求加拿大各核能公司联合设立一个非营利性质的独立公司，来负责加拿大核燃料废物的长期安全管理，明确了加拿大核燃料废物长期管理的执行者；第 9、10 条要求每个核能公司和 AECL 应独立或联合地在加拿大境内设立信托基金，并按期按规定向信托基金内存款，明确了在“污染者付费”政策框架下，各核能公司及 AECL 应承担的责任；第 12、14、18、24 条规定了应向公众公开的文档信息和公众

咨询相关事宜的要求，明确了核燃料废物长期管理过程中公众参与的重要性和必要性。

为遵循该法的相关要求，加拿大各核能公司共同设立了非营利的独立的 NWMO 来开展加拿大核燃料废物长期管理工作，并由 NWMO 承担包括加拿大核燃料废物长期管理方案研究，向公众（特别是土著居民）开展沟通和咨询，实施由政府选定的管理方案，并开展相应的管理、财务和运营活动，以及定期向自然资源部部长和社会公众汇报工作等职责。

（2）要求核燃料废物管理组织设立覆盖全面的顾问委员会，建立了顾问委员会咨询审查的工作机制

《核燃料废物法》第 8 条要求 NWMO 的领导机构任命一个顾问委员会，并明确该顾问委员会成员能够代表与核燃料废物管理相关的广泛的科学和技术学科，以及公众事务和其他社会科学，并能够代表传统土著居民研究专家的意见；第 12、18、20 条规定了顾问委员会的职责，包括在 NWMO 核燃料废物长期管理建议方案研究、三年报告编制以及方案变更过程中对其方案和报告等进行审查并提出书面建议等。

为遵循该法的要求，NWMO 董事会于 2002 年 10 月成立了 NWMO 顾问委员会。该顾问委员会目前由 10 名独立个人构成，其观点、知识和经验涵盖核工程、岩土工程、放射性废物管理、公众参与、公共事务、核相关社区关系、环境保护、可持续发展、政治科学、市政事务与政府关系、财务管理、土著知识、土著关系等多个方面，并自成立之初就建立了定期与 NWMO 管理层举行会议、持续向 NWMO 提供咨询意见的工作方式。例如，在 APM 方案研发期间（2002—2005 年），顾问委员会与 NWMO 研发人员举行了 13 次正式会议，与 NWMO 董事会成员举行了 4 次会议，对其研究结果的全面性、公平性和公正性、完整性以及透明度等多个方面进行了详细的咨询、审查和评价，良好地记录了会议过程并形成了顾问委员会意见报告。此外，顾问委员会还开展了问题跟踪，以持续支撑其对 NWMO 工作的独立咨询、审查和评价。通过顾问委员会的咨询和审查，NWMO 关于核燃料废物长期管理建议方案的研究成果在全面性、公平性和公正性、完整性以及透明度方面得到了很好的保障。

（3）要求核能公司和 AECL 设立信托基金，建立了核燃料废物长期管理的财务保障

《核燃料废物法》第 9 条要求各核能公司和 AECL 应独立或联合地在加拿大境内设立信托基金；第 10 条规定了各核能公司和 AECL 首次和每年向信托基金存入资金的时限与金额；第 11、17、21 条规定了受益人提取和使用信托基金的条件；第 16 条规定了 NWMO

应在其年度报告中详细说明下一年度各核能公司和 AECL 应向信托基金存入的资金额度及其计算依据；第 22 条规定了有关信托基金账户的财务决算、审计，以及记录保存等问题。

为遵循该法的相关要求，各核能公司及 AECL 自 2002 年起设立了独立的信托基金，并向该信托基金账户中存入资金，以确保加拿大的核燃料废物长期管理具备可支付全部成本的充足资金。截至 2019 年年底，各核能公司及 AECL 存入信托基金总余额约 48 亿美元。该信托基金为加拿大核燃料废物长期管理提供了有力的财务保障。

（4）要求核燃料废物管理组织开展系统研究，明确了加拿大核燃料废物长期管理的选定方案

《核燃料废物法》第 12、13 条对 NWMO 开展加拿大核燃料废物长期管理建议方案研究做出了详细规定，包括提交研究报告的时限、建议方案的参考和研究基础，以及所提出的各建议方案的详细内容、拟实施的经济区域、方案实施计划、NWMO 所提供的服务、公众咨询意见汇总、年度费用等。

为遵循该法的相关要求，NWMO 基于对加拿大 3 种核燃料废物管理基础方案的梳理和研究、先进的废物管理技术研究、公众态度研究，以及顾问委员会咨询和建议情况，于 2005 年向加拿大政府提交了题为《选择未来之路——加拿大未来核燃料废物管理》的研究报告，详细阐述了 3 种基础方案以及新提出的 APM 方案的具体内容、时间计划、预估费用等各方面的研究成果及公众参与情况，为加拿大政府对其核燃料废物长期管理方案进行决策提供了有力支撑。最终 APM 方案经总理决策成为选定方案，明确了加拿大核燃料废物长期管理的技术路线和未来发展规划。

（5）要求核燃料废物管理组织开展信息公开和公众参与，建立了核燃料废物长期管理的公众信心

《核燃料废物法》第 12 条规定了 NWMO 在开展核燃料废物长期管理建议方案研究期间应开展公众咨询的范围，并要求 NWMO 在所提交的研究报告中体现全部公众咨询意见汇总情况；第 14 条规定自然资源部部长如果认为有必要，可针对 NWMO 所提交的核燃料废物长期管理建议方案研究报告中提出的方案再次咨询公众意见；第 18 条规定 NWMO 应就其每一个三年报告中的“过去三年废物管理工作总结”及“未来五年战略计划”部分进行公众咨询，将全部咨询意见汇总并体现在其三年报告中；第 24 条规定 NWMO 应在其向自然资源部部长提交任何该法要求的研究、报告和财务决算的同时，向公众公开以上文件

的全部内容。

早期核燃料废物在加拿大地盾中深地质处置研究未能得到进一步推进的最主要原因，就是该处置概念在当时未能获得社会公众的广泛支持。《核燃料废物法》充分吸取AECL 相关研究的经验，将公众咨询和文档公开写入法律条款，明确了在核燃料废物长期管理过程中信息公开和公众参与的重要性和必要性。

为遵循该法的相关要求，以核燃料废物长期管理建议方案研究期间为例，NWMO 开展了大量包括普适性的参与活动以及与土著居民沟通在内的公众沟通与咨询工作，获得了十分宝贵的经验和咨询意见，为其建议方案研究提供了有力支撑；同时，NWMO 还在其网站上发布了建议方案研究报告、总理决策后的每一个年度报告、三年报告，以及各年度财务决算情况等；除此之外，还在网站上公开了以上研究和报告开发过程中形成的阶段性技术报告、反馈意见、咨询报告，以及各核能公司和 AECL 的财务声明等全部文件，确保其工作的全过程都以公开和透明的方式进行。NWMO 通过良好的信息公开和公众参与，充分建立了公众对其核燃料废物长期管理的信心，使得向自然资源部建议的 APM 方案成为加拿大政府的选定方案并得到稳步推进。

第3章 相关法律

加拿大在核活动的安全监管和事故责任等方面都有专门的法律，自然资源部依据这些法律对铀矿冶、核能开发利用及放射性废物等进行管理，为加拿大核相关活动的开展提供了保障。其中，《核安全与控制法》是核监管领域的基本法律，是对核活动进行安全监管的重要依据；《核能法》集中于规范核能发展事项，主要是加拿大自然资源部部长在核能开发利用中的职能；《核责任与赔偿法》建立了一个可以在加拿大核事故导致民事损害时应用的法律机制。放射性废物监管、涉及放射性废物的事故责任与赔偿都应遵循法律的相关规定。

除核领域的法律有包含放射性废物管理相关内容外，由于放射性废物管理也涉及生态和环境问题，因此也须遵循生态和环境影响领域的相关法律，以降低放射性废物给生态和环境带来的风险。生态和环境方面涉及以下三部法律：《加拿大环境保护法》是加拿大环境立法的基石，它由加拿大环境部发布，关注的重点之一是预防和管理有害物质对环境带来的风险；《影响评估法》为加拿大影响评估提供法律框架，它由加拿大影响评估局（前身为加拿大环境评估局）发布，其目的是通过提供高质量的影响评估来支持可持续发展；《渔业法》是加拿大历史最悠久的法律之一，它由加拿大渔业与海洋部发布，主要目的是为保护鱼类和鱼类栖息地提供法律框架。

3.1 《核安全与控制法》

3.1.1 法律概况

1946 年，加拿大总理批准了《原子能控制法》，该法是加拿大第一部核领域立法，同时设立了原子能控制委员会，即 CNSC 的前身。随着加拿大核相关活动的增长，包括在医学研究和癌症治疗中引入放射性同位素、核能发电、铀矿开采及核技术的工业应用，加拿大都需要新的监管办法来保护健康和安全。监管机构的任务也从关注国家安全扩大至涵盖加拿大人民健康、安全和安保以及环境保护的范围。

1996 年，时任加拿大自然资源部部长 Anne McLellan 在议会提出，用 C-23 号提案即《核安全与控制法》来取代已有 50 年历史的《原子能控制法》。《核安全与控制法》于 1997 年 3 月 20 日经议会通过并发布，是加拿大对核监管体制做出的重大修订。《核安全与控制法》扩大了核行业的监管范畴，包括针对核行业工作人员的健康和安全标准、环境保护措施、核设施相关的安保和公众对许可证审批流程的意见。根据《核安全与控制法》制定的条例同样具有法律约束力。

《核安全与控制法》的基本构成如图 3-1 所示，包括序言、定义、立法目的、适用范围、核安全委员会（设计委员会的设立、目的、成员组成、主席、收费制度、会议制度、附例、官员雇员和承包商、民事责任、指令、权力、决定制定、许可证、记录和报告、分析员和监督员、指定人员、决定和命令的程序、决定和命令的重新确定和上诉、法规以及特殊权力）、犯罪与惩罚、行政罚款、总则、过渡条款、修正条款、有条件修正及生效，具体条款共 127 条。

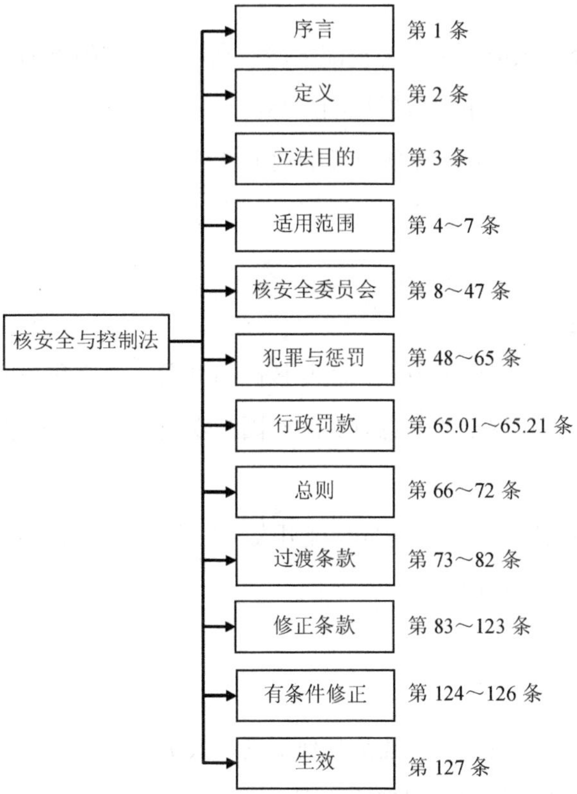

图 3-1　《核安全与控制法》的基本构成

3.1.2　放射性废物管理相关法律条款

在《核安全与控制法》中，定义（第 2 条）、立法目的（第 3 条）、适用范围（第 7 条）、核安全委员会（第 9 条、第 26 条、第 27 条、第 30 条、第 42 条、第 44～46 条）以及犯罪与惩罚（第 48 条、第 50 条）都涉及放射性废物管理的相关规定。具体法律条款内容如下。

3.1.2.1　定义

第 2 条：

核物质是指

（a）氘、钍、铀或原子序数大于 92 的元素；

（b）氘、钍、铀或原子序数大于 92 的元素的衍生物或化合物；

（c）放射性核素；

（d）规定为能够释放核能，或者为核能生产、利用所必需的物质；

（e）核能开发、生产或利用的放射性副产品；

（f）用于开发、生产或与利用核能有关的放射性物质。

3.1.2.2　立法目的

第 3 条：

本法的目的是规定：

（a）以符合加拿大国际义务的方式，将与核能的开发、生产和利用，核物质的产生、拥有和使用，规定的设备和规定的信息有关的对国家安全、人的健康和安全以及环境的风险限制在合理的水平；

（b）在加拿大实施就加拿大同意遵守核能开发、生产和利用的国际管制所采取的措施，包括核武器和核爆炸装置不扩散。

3.1.2.3　适用范围

第 7 条：

委员会可根据条例，暂时或永久豁免任何活动、人员、人员类别或核物质的数量，使其不受本法或条例或其他任何相关规定的约束。

3.1.2.4　核安全委员会

第 9 条：

委员会的目标是

（a）规定核能的开发、生产及利用，以及核物质、规定设备及规定信息的生产、拥有及使用，以便

（i）防止与开发、生产、拥有或利用有关的对环境和人的健康与安全的不合理风险，

（ii）防止与开发、生产、拥有或利用有关的对国家安全的不合理风险，

（iii）遵守加拿大已同意的管制措施和国际义务；

（b）向公众传播关于委员会活动以及（a）项所述开发、生产、拥有和利用影响环境和人的健康与安全的客观科学、技术和管理信息。

第 26 条：

根据条例，任何人不得（除非依照许可证）：

（a）拥有、转让、进口、出口、利用或废弃核物质、规定的设备或规定的信息；

（b）开采、生产、纯化、转化、浓缩、处理、后处理、包装、运输、管理、贮存或处置核物质；

（c）生产或维修规定的设备；

（d）出于本法目的运营剂量测定服务；

（e）预备一个场址建造、运行、改造、退役或废弃核设施；

（f）建造、运行、退役或废弃核动力车辆，或将核动力车辆引进加拿大。

第 27 条：

每位被许可人员和每位规定的人员应该

（a）保留规定的记录，包括执行与本法授权的任何活动有关的人员或在从事该活动的场所的每位人员所接受的辐射剂量的记录，在规定的时间内保留这些记录，并在规定的情况下予以公开；

（b）按规定进行报告并以规定方式提交以下内容

（i）在进行本法授权的活动时使用的任何核物质、规定的设备或规定的信息被盗窃或丢失，

（ii）与本法授权活动有关的任何违法行为，以及针对该违法行为已采取的任何措施。

第 30 条：

（1）为验证本案、条例、根据本法做出的命令或决定或许可条件的遵守情况，监督员可在任何合理的时间凭监督员资质进入并检查

（a）核设施；

（b）核动力车辆或监督员基于合理理由认为正在运输核反应堆、核物质、规定设备或规定信息的车辆；

（c）监督员基于合理理由认为符合本法、条例、根据本法做出的命令或决定、许可证条件所要求的存在核物质的车辆或场所、规定设备、规定信息或记录。

（2）在检查住宅时

（a）监督员应向许可证持有者发出进行检查的合理通知；

（b）如果许可证持有者和监督员不能就检查时间达成一致，检查应在当地时间上午7:00至晚上9:00之间进行；

（c）检查范围应限于住宅中存放核物质、规定设备、规定信息或记录的地方。

（3）监督员可在任何时候以合理的理由进入并检查其认为有以下情况的车辆或地方

（a）受到核物质污染；

（b）核物质的利用、处理、贮存或运输方式可能对环境或人的健康或安全造成不合理的风险；

（c）核设施的运行方式或状态可能对环境或人的健康和安全造成不合理的风险。

第42条：

（1）如果委员会、监督员或指定人员就核物质、规定设备、规定信息或核设施做出命令，那么在无法证明过失或疏忽的情况下，拥有该核物质、规定信息的人员，或规定核设施的拥有人或负责人，有责任支付其他人因遵从该命令而发生的任何费用。

第44条：

（1）经总理批准，委员会可制定条例

（a）尊重核能的开发、生产和利用；

（b）尊重核物质的开采、生产、纯化、转化、浓缩、加工、后处理、拥有、进口、出口、利用、包装、运输、管理、贮存、处置和废弃；

（c）关于规定设备的设计、生产或安装期间的检查、生产、拥有、贮存、进口、出口、利用、退役、废弃和处置；

（d）尊重规定信息的生产、拥有、转让、贮存、进口、出口、利用和公开，以及限制公开；

（e）关于核设施或部分核设施的选址、设计、建造、安装、运行、维护、改造、退役、废弃和处置；

（f）尊重保护环境和人的健康与安全，使其免受与（a）、（b）、（c）和（e）项所述活动有关的任何风险；

（g）关于辐射剂量，包括

（i）确定人员类别，并就每一类别规定该类别人员可能受到的辐射剂量限值，

（ii）规定在何种情况下，某一类别的任何或所有成员可受辐射剂量超过为该类人员所规定的限值，

（iii）制定措施，保护人们免受辐射的影响；

（h）尊重对核能工作人员的保护，包括规定

（i）受雇于核设施或其他生产、利用、拥有、包装、运输、贮存或处置核物质的场所的人员可能履行的职责，以及该人员的雇用条款和条件可能发生变化的方式和情况，

（ii）此类受雇人员须向其雇主或剂量服务机构提供的信息，以测量和监测该人员所受辐射的剂量，

（iii）对此类受雇人员进行体检或化验，以及在何种情况下进行体检或化验，

（iv）此类受雇人员的雇主和该核设施或其他场所的许可证持有者必须采取的措施；

（i）规定由委员会收取的可能用于提供信息、产品和服务或用于建立和维护参与者资助计划的费用；

（j）规定许可证或某类许可证可收取的费用或计算费用的方法；

（k）遵守在生产、利用、拥有、包装、运输、贮存或处置核物质或规定设备的核设施或其他地方雇用的分析员、监督员、核能工作人员和其他人员的资质以及对他们的培训和考核，规定分析员、监督员、核能工作人员和其他人员的考试费用；

（l）遵守（k）项所述人员的认证和取消认证程序，并规定费用；

（m）遵守确保维护国家安全的措施，遵守加拿大在开发、生产和利用核能以及生产、使用、拥有、包装、运输、贮存和处置核物质、规定设备和规定信息方面的国际义务；

（n）遵守为履行加拿大在开发、生产和利用核能方面的国际义务而采取的措施，包括规定应以何种方式和条件向指定人员提供核设施、核物质或规定信息；

（o）确立拥有、利用、包装、运输、贮存或处置核物质或规定设备的人员，或选址、设计、建造、安装、运行、维护、改造、退役或废弃核设施或核动力车辆的人员应遵守的要求；

（p）遵守监督员和指定官员的证书格式；

（q）遵守规定设备的认证和取消认证程序；

（r）建立核设施等级；

（s）遵守剂量测试学服务的操作；

（t）遵守本法要求的通知形式和发出通知的方式；

（u）关于暂时或永久豁免任何活动、人员、人员类别或数量的核物质，使其不受本法、本条例或任何规定的约束；

（u.1）指明违反本法可以进行的违法行为：

（i）违反本法或其任何条例的行为；

（ii）违反根据本法做出的任何命令或决定，或违反任何指明类别的命令或决定；

（iii）没有遵守许可证的任何条款或条件，或任何指明类别许可证的条款或条件；

（u.2）关于每一项违反行为应支付罚金的确定或其确定方法，对个人和其他人员的罚款可能不同；

（u.3）关于根据第 65.05、65.1 条或第 65.13 条规定或授权的文件的送达，包括送达的方式和证明，以及文件被视为送达的情况；

（v）规定本法规定的任何事项；

（w）一般而言，委员会认为出于实施本法的目的和有助于其实现目标的必要事项。

第 45 条：

凡有合理理由相信

（a）受放射性核物质污染超出规定限值的场所或车辆，

（b）发生了可能导致人员或环境受到的辐射剂量超出规定限值的事件，

应立即将污染或事件的位置和情况报告委员会或当局。

第 46 条：

（1）委员会如有合理理由相信任何场所的放射性核物质的污染程度超出规定限度，可按照规定的议事规则举行公开听证会，以判定是否已发生污染。

（2）在举行听证会后，委员会如确信有第（1）款所述的污染，须将污染通知书送交土地注册处或其他记录该场所所在地区土地所有权的办事处，或其他规定的机构。

（3）在举行听证会后，委员会如确信有第（1）款所述的污染，除可根据第（2）款提交通知书外，亦可命令受土地或场所影响的所有人或占用人，或任何其他管理及控制受影响土地或场所的人员，采取规定措施降低污染程度。

3.1.2.5　犯罪与惩罚

第 48 条：

每个有以下行为的人员构成犯罪：

（a）违反条例或许可证去更改，或用于以下目的的任何事物

（i）保护环境或人的健康或安全免受与开发、生产或使用核能或拥有或利用核物质、规定设备或规定信息有关的任何风险，

（ii）在核设施或核物质所处的场所或车辆中，维护国家安全或履行加拿大已约定的国际义务；

（b）公开规定的信息，但符合条例的除外；

（c）任何不遵守许可证的情况；

（d）故意向委员会、指定人员或监督员做出虚假或误导性的书面或口头陈述；

（e）未服从委员会、指定人员或监督员的命令；

（f）未按要求协助监督员或向监督员提供信息，或以其他方式妨碍监督员履行职责；

（g）对协助监督员、指定官员或委员会执行其在本法规定下的职责或向其提供信息的人员，给予纪律处分；

（h）除以规定方式及情况外，终止或变更已接受或承诺接受超出规定辐射剂量限值的核能工作人员的雇用；

（i）伪造根据本法、条例或许可条件保存的记录；

（j）未服从第 58 条至第 62 条中任一条款的命令；

（k）未遵守本法或根据本法制定的任何条例。

第 50 条：

除本法授权外，任何人员持有可用于生产核武器或核爆炸装置的核物质、规定设备或规定信息，即属犯罪。

3.1.3 法律解读

3.1.3.1 定义

在《核安全与控制法》第 2 条定义中，对核物质的范围进行了列举：一是氘、钍、铀或原子序数大于 92 的元素；二是氘、钍、铀或原子序数大于 92 的元素的衍生物或化合物；三是放射性核素；四是规定能释放核能或者生产、利用核能所必需的物质；五是核能开发、生产或利用的放射性副产品；六是用于开发、生产或与利用核能有关的放射性物质。因此，放射性废物也属于核物质的范畴，放射性废物的管理也需要按照核物质的管理要求，即

《核安全与控制法》的相关规定。

3.1.3.2　立法目的

在《核安全与控制法》第 3 条立法目的中，规定要将核物质的产生、拥有和利用对国家安全、人的健康和安全以及对环境的风险限制在合理的水平，这也意味着在放射性废物管理的过程中，要控制其对人和环境的风险来保证安全。

3.1.3.3　核安全委员会

《核安全与控制法》从法律层面对 CNSC 的监管目标、许可证颁发、条例制定等多方面进行了规定。根据《核安全与控制法》，CNSC 开展了多项监管工作，包括制订监管计划、许可、条例，同时注重公众参与，接受国际协定的约束。

（1）监管计划

CNSC 是一个完全独立的委员会，由专业技术人员提供支持，致力于对各类授权核活动的监管，以维护健康、安全、安保和环境。CNSC 的监管目标是仅利用和平目的的核设施和工艺，并使公众了解加拿大核监管制度的效力。为了支持该目标，CNSC 制定了五项监管计划[12]，分别是：

① 核燃料循环计划：监管对象是核燃料循环相关的设施，特别是核加工设施、核废物管理设施以及铀矿。该计划规定了这些设施的全生命周期阶段——从选址、建造和运行到退役（或对某些核废物设施的长期管理）；

② 科学、法规和公众信息计划：将产生的科学技术信息在监管框架内制度化，并公开传播客观的科学技术和监管信息；

③ 核不扩散计划：向加拿大公众和国际社会保证，核能和核物质的开发、生产和利用规定设备和规定信息是安全的，并符合加拿大已同意的控制措施和国际义务。CNSC 负责执行加拿大的核不扩散政策，该政策包含两个长期目标：a. 向加拿大公民和国际社会保证加拿大的核出口不会对核武器或其他核爆炸装置的发展做出贡献；b. 推动建立更有效和全面的国际核不扩散体系；

④ 核物质和规定设备计划：对核物质的利用和运输、规定设备的制造商和用户以及剂量测量供应商进行管理。它包括对拥有核物质和提供剂量测量服务进行许可、监督核物质的安全运输、对运输包装和规定设备进行认证以及监督对 II 类核设施的辐射安全官员的认证；

⑤ 核反应堆计划：在核电站和研究堆的全生命周期阶段——从选址、建造和运行、退役和废弃（一旦运行终止）进行监管。

（2）颁发许可证

《核安全与控制法》将 CNSC 定性为一家独立的监管机构，负责管理加拿大境内核物质的利用，其中也包括放射性废物管理相关的内容。CNSC 需要对拥有、利用、转让、进口、出口、废弃和贮存核物质超出豁免水平的活动颁发许可证。《核物质和辐射装置条例》中规定了核物质的豁免活度浓度和豁免活度。表 3-1 为该条例规定的部分核物质的豁免活度浓度和豁免活度。当放射性废物的活度或活度浓度超出豁免水平，也需经 CNSC 许可。

表 3-1　《核物质和辐射装置条例》给出的部分核物质豁免水平

核物质	活度浓度/（Bq/g）	活度/Bq
Cs-137	1×10^{1}	1×10^{4}
C-14	1×10^{4}	1×10^{7}
I-131	1×10^{2}	1×10^{6}
Pb-210	1×10^{1}	1×10^{4}
Pu-239	1×10^{0}	1×10^{4}
Po-210	1×10^{1}	1×10^{4}
K-40	1×10^{2}	1×10^{6}
Ra-226	1×10^{1}	1×10^{4}
Ra-228	1×10^{1}	1×10^{5}
Rn-220	1×10^{4}	1×10^{7}
Rn-222	1×10^{1}	1×10^{8}
Th-228	1×10^{0}	1×10^{4}
Th-232	1×10^{1}	1×10^{4}
Th-天然	1×10^{0}	1×10^{3}
U-235	1×10^{1}	1×10^{4}
U-238	1×10^{1}	1×10^{4}
U-天然	1×10^{0}	1×10^{3}

在放射性废物管理过程中，若突发事件或污染情况造成人员在受到超出规定限值的辐射剂量时，应当立即将该情况报告给委员会或当局。《辐射防护条例》中规定了以下三种剂量限值：有效剂量限值；等效剂量限值；应急情况下的剂量限值。

① 有效剂量限值。

各许可证持有者须确保在表 3-2 所述期间内，各类人员所接受的有效剂量不超过该表第 3 列列出的有效剂量。

表 3-2 《辐射防护条例》规定的有效剂量限值

人员	时期	有效剂量/mSv
核能工作人员，包括怀孕人员	（a）一年剂量测量期	50
	（b）五年剂量测量期	100
怀孕的核能工作人员	妊娠平衡	4
非核能工作人员	一个自然年	1

② 等效剂量限值。

各许可证持有者须确保，各类人员的器官或组织在表 3-3 所述期间所受的等效剂量不超过该表第 4 列列出的等效剂量。

表 3-3 《辐射防护条例》规定的等效剂量限值

器官或组织	人员	时期	等效剂量/mSv
眼晶体	（a）核能工作人员	一年剂量测量期	150
	（b）其他人员	一个自然年	15
皮肤	（a）核能工作人员	一年剂量测量期	500
	（b）其他人员	一个自然年	50
手足	（a）核能工作人员	一年剂量测量期	500
	（b）其他人员	一个自然年	50

③ 应急情况下的剂量限值。

如果许可证持有者要求其他人员参与紧急情况的控制，那么该持证者须确保其他人员所受的有效剂量不会超出表 3-4 中第 2 列列出的有效剂量，或皮肤所受的等效剂量不会超出表 3-4 第 3 列列出的等效剂量。

表 3-4 《辐射防护条例》规定的应急情况下的剂量限值

行动	有效剂量/mSv	皮肤等效剂量/mSv
采取行动来减少放射性物质释放对公众的剂量影响	100	1 000
采取措施以防止致命或威胁生命或造成永久伤害的辐射对健康的影响	500	5 000
采取措施防止可能严重影响人类和环境的状况的发展	500	5 000

许可证持有者如知悉某人员或某器官或组织所受的辐射剂量可能超过上述剂量限值，则许可证持有者必须：

① 立即将剂量告知当事人和委员会；

② 要求该人员离开任何可能增加剂量的工作岗位；

③ 进行调查以确定剂量大小并确定照射的原因；

④ 确定并采取任何必要措施防止类似事件的发生；

⑤ 在意识到已超过剂量限值后 21 天内，向委员会报告调查结果或调查进展。

（3）制订条例

《核安全与控制法》授予 CNSC 制订条例的权力。下列条例是以 NSCA 为基础发布的：

① 《一般核安全与控制条例》；

② 《行政处罚条例》；

③ 《辐射防护条例》；

④ 《Ⅰ级核设施条例》；

⑤ 《Ⅱ级核设施和规定设备条例》；

⑥ 《核物质和辐射设施条例》；

⑦ 《核物质包装和运输条例》；

⑧ 《铀矿冶条例》；

⑨ 《核安全条例》；

⑩ 《核不扩散进出口管制条例》；

⑪《加拿大核安全委员会成本回收实施细则》；

⑫《加拿大核安全委员会议事规则》；

⑬《加拿大核安全委员会细则》；

⑭《加拿大核安全委员会关于加拿大人健康的指令》。

（4）公众参与

CNSC 通过公开听证会决定是否为主要核设施颁发许可证。CNSC 也通过公开听证会听取各相关方和公众的建议。在公开听证会之后，CNSC 根据文件的性质和复杂性以及相关标准，对事项进行审议并做出决定。除公开听证会外，CNSC 还举办公开会议，以提升公众对核相关事务的参与度。

根据《核安全与控制法》，公开听证会受《加拿大核安全委员会议事规则》约束。如果对所审议的事项感兴趣或掌握可能有用的信息，公众、土著族群和利益相关方都可以参加公开听证会。会上可以用加拿大的正式语言发言，可以是书面陈述，也可以在听证会期间口头陈述。CNSC 通过参与资助计划（PFP）来协助公众、土著族群和利益相关方向其提供有价值的信息。若涉及行政或机密事项，则听证会不向公众开放。

公开会议是为了委员会成员审议与核监管相关的事务，并在某些情况下针对特定或普遍事务做出立法、政策或行政决定，《加拿大核安全委员会章程》概述了公开会议的过程。公开会议通常包括 CNSC 工作人员介绍，然后讨论委员会成员重要发展报告、设施或行业发展或状态报告，以及许可证持有者中期绩效报告。CNSC 的工作人员也可以针对核工业管理相关的主题进行汇报。当某些信息无法在公开会议上讨论时，也可以秘密举行会议。

CNSC 于 2016—2019 年分别针对不同事务举办了公开听证会。除公开听证会外，还于 2017 年举办了公开会议。2016 年 9 月，举办了关于 Saskatchewan 研究委员会（SCR）的 Gunnar 修复项目听证会；2017 年 5 月，举办了关于安大略电力公司西部废物管理设施的听证会（WWMF）；2018 年 2 月，举办了关于安大略电力公司 Pickering 废物管理设施的听证会；2019 年 3 月，举办了关于审议 CNL 申请的听证会。2017 年 4 月和同年 10 月，举办了针对近地表处置设施（NSDF）的公开会议。

（5）联合公约

《乏燃料管理安全和放射性废物管理安全联合公约》（以下简称《联合公约》）是一项具有法律约束力的国际协定，涉及乏燃料和放射性废物管理的各个方面。它代表着缔约方（成员国）在乏燃料和放射性废物管理方面实现并保持一贯的高安全水平的承诺。2018 年，CNSC 代表加拿大政府在《联合公约》缔约方第六次审议会议上提交了其国家履约报告。该报告展示了加拿大在 2014 年 4 月 1 日至 2017 年 3 月 31 日如何继续履行《联合公约》规定的义务，以及关于乏燃料和放射性废物管理的方案，以及上次审议会议后对方案的更新和改进。

3.2 《核能法》

《核能法》于 1985 年制定，1997 年加拿大联邦议会在制订《核安全与控制法》时对《核能法》进行了修订，修订后的《核能法》集中于规范核能发展事项，其主要内容是规定加拿大自然资源部部长在核能开发利用中的职能。

《核能法》的基本构成见图 3-2，具体条款共 21 条，包括序言、定义、部长权力、公司和总则。经多次修订，第 3～9 条、第 12 条、第 13 条、第 16 条、第 17 条、第 20 条、第 21 条现已废除。

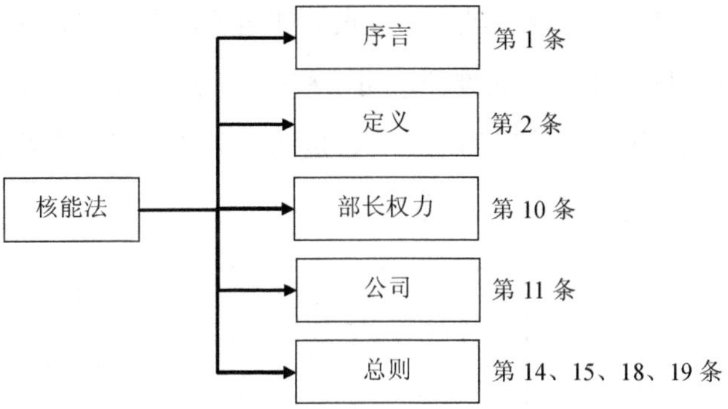

图 3-2　《核能法》的基本构成

《核能法》向指定政府部长授予了以下职权：

① 承担或按指示承担核能相关的调查研究工作。

② 在获得总理批准的条件下，利用、安排利用和准备利用核能。

③ 在获得总理批准的条件下，租赁或通过购买、征用或没收，获取或使用他人获取核物质和任何矿山、核物质的存放或索赔，以及根据《专利法》颁发的与核能和用于开发或准备开发或进行核能研究或调查的任何工程或财产有关的专利权或补充保护证书。

④ 在获得总理批准的条件下，颁发许可证，或以其他方式提供、出售或处置与核能有关的发现和发明以及与之有关的工艺、装置或机器的改进、版权和根据本法获得的补充保护证书，并收取这些许可证、发现、发明、版权和证书的使用费和其他费用。

3.3　《核责任与赔偿法》

3.3.1　法案概况

《核责任与赔偿法》于 2017 年 1 月 1 日生效，取代了 1976 年的《核责任法》。《核责任与赔偿法》受加拿大自然资源部管理，建立了一个可以在核事故导致民事损害时应用的法律机制。《核责任与赔偿法》适用于规定为核装置的核设施，包括核电站、研究堆、核材料加工厂、用于管理核燃料废物和其他放射性废物的设施，不适用于铀矿、使用天然铀的工厂和医院核相关实验室等设施。

《核责任与赔偿法》的基本构成见图 3-3，具体条款共 80 条，包括序言、定义、立法目的、部长任命、不适用范围、女王陛下、核设施和运营商的指定、核事故责任（运营商责任、财政规定、特定权利和义务的维护、司法程序）、核索赔法庭（总理的声明、向议会报告、临时经济援助、核索赔法庭的建立、法庭的权力和责任、索偿、再审和上诉、财务规定）、其他国际义务、犯罪与惩罚、条例。

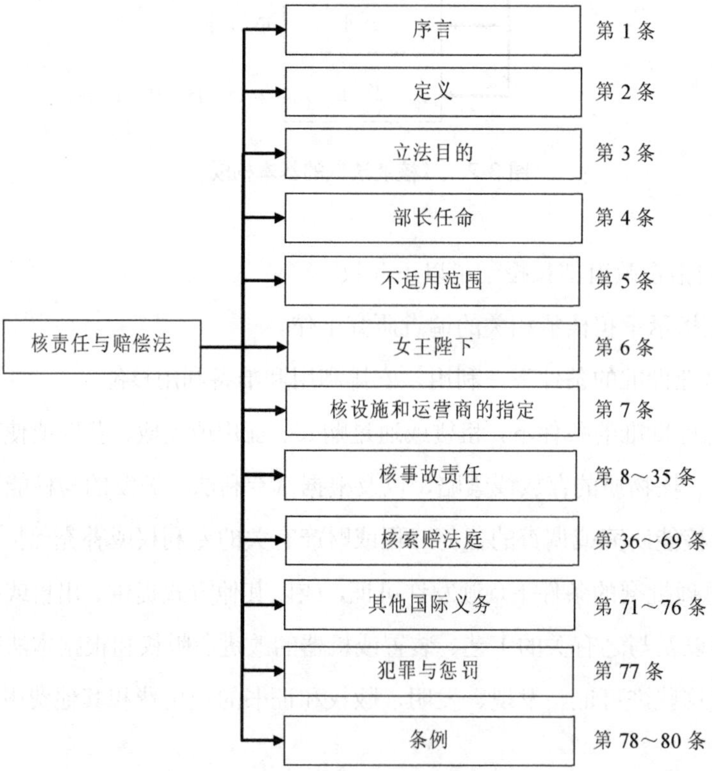

图 3-3　《核责任与赔偿法》的基本构成

3.3.2　放射性废物管理相关法律条款

在《核责任与赔偿法》中，定义（第 2 条）、核设施和运营商的指定（第 7 条）、核事故责任（第 9 条、第 23～25 条、第 27 条、第 30 条、第 35 条）都涉及放射性废物管理的相关规定。具体条款内容如下。

3.3.2.1 定义

第 2 条：

核材料是指：

（a）除天然铀或贫铀外的核燃料，可通过在核反应堆外部单独或与其他材料组合维持核裂变链式反应产生能量的核燃料；

（b）除放射性同位素外，已达到最后制造阶段并可用于任何科学、医疗、农业、商业或工业用途的放射性产品或废物。

放射性产品或废物是指：

（a）在生产或利用天然铀或贫铀以外的核燃料时产生的放射性物质；

（b）因暴露于生产或利用除天然铀或贫铀以外的核燃料所产生或附带的辐射而具有放射性的物质。

3.3.2.2 核设施和运营商的指定

第 7 条：

（1）总理可根据部长的建议，在与加拿大核安全委员会协商后，根据条例指定任何位于《核安全与控制法》签发的许可证核准的、含有核材料的设施或设施的场所。

（2）该条例必须说明核设施的产生，列出核设施上允许存放核材料的设施，并指定第（1）款所述许可证的持有者为核设施的运营商。

3.3.2.3 核事故责任

第 9 条：

（1）运营商——除运营商外，没有人员——对下列行为在加拿大或其专属经济区内造成的损害承担责任

（a）运营商的核设施内或从其核设施释放的任何辐射源发出的电离辐射；

（b）核材料运输过程中产生的电离辐射

（i）从运营商的核设施到将其放置在另一个核设施内，或者直至另一个核设施的运营商根据书面合同的条款承担责任为止，

（ii）[已废除，2015 年，c.4，s.121]

（iii）从运营商的核设施运往非缔约国领土内的人员，直至从运抵该国的运输工具卸下为止，

（iv）经运营商书面同意，在非该运营商设施缔约国的一国领土内的人，自该设施装上

从该国运载至该设施的运输工具之时起；

（b.1）从运营商的核设施运输的核材料发出的电离辐射

（i）在根据书面合同的条款承担责任之前，由在非加拿大缔约国的领土内并根据该国法律被指定或承认运行《核损害补充赔偿公约》附件第 1 条第 1 款（b）项所规定的核设施的人员承担，

（ii）在没有合同的情况下，在该人员负责核材料之前；

（b.2）从核材料运输到运营商核设施的电离辐射

（i）在运营商根据书面合同的条款承担责任后，由在非加拿大缔约国的领土内并根据该国法律被指定或承认为运行《核损害补充赔偿公约》附件第 1 条第 1 款（b）项所规定的核设施的人员承担，

（ii）在没有合同的情况下，在运营商负责核材料之后；

（c）第（a）项所指放射源或第（b）项、第（b.1）项或第（b.2）项所指核材料的放射性特性和毒性、爆炸性或其他危险特性的组合。

（2）在加拿大或其专属经济区内造成的损害，如果损害是根据第 20 条第（1）款采取的与该运营商的核设施或运输有关的预防措施造成的，则运营商和除运营商以外的任何人都不承担责任。

（3）[废除，2015，c.4，s.121]

（4）运营商——除运营商外，没有人员——对下列行为在加拿大或其专属经济区内造成的损害承担责任

（a）从运营商的核设施内或从其核设施释放的任何辐射源发出的电离辐射；

（b）从运营商核设施运输的核材料发出的电离辐射

（i）根据书面合同的条款，由在非加拿大缔约国的领土内并根据该国法律被指定或承认为运行《核损害补充赔偿公约》附件第 1 条第 1 款（b）项所规定的核设施的人员承担赔偿责任之前，

（ii）在没有合同的情况下，在该人员负责核材料之前；

（c）从核材料中发射的电离辐射被运送到运营商的核设施

（i）在运营商根据书面合同的条款承担责任后，由在非加拿大缔约国的领土内并根据该国法律被指定或承认为运行《核损害补充赔偿公约》附件第 1 条第 1 款（b）项所规定的核设施的人员承担，

（ii）在没有合同的情况下，在运营商负责核材料之后；

（d）第（a）项所述放射源或第（b）项或第（c）项所述核材料的放射性特性和毒性、爆炸性或其他危险特性的组合。

（5）运营商——除运营商外，没有人员——对在非加拿大缔约国或在该国专属经济区内造成的任何损害，如果是根据第 21 条第（1）款就该运营商的核设施采取的预防措施造成的，或就该经营者负责的任何运输造成的，应负赔偿责任。

（6）运营商——除运营商外，没有人员——对下列行为在加拿大或其专属经济区内造成的损害承担责任

（a）核材料运输过程中产生的电离辐射

（i）从运营商的核设施到非缔约国领土内的人员，直至从运抵该国的运输工具卸下；

（ii）经运营商书面同意，在非缔约国领土内的人员向运营商交付核设施之日起，该核设施装载在拟从该国运载核设施的运输工具之时起；

（b）第（a）项所指核材料的放射性特性和毒性、爆炸性或其他危险特性的组合。

第 23 条：

如果在向核设施运输或从核设施运输核材料或以运输为目的的贮存过程中发生任何核事件，那么对运输工具或贮存核材料的结构或场所造成的损害根据本法不予赔偿。

第 24 条：

（1）根据本法，运营商对核事故造成的损害的赔偿责任限于

（a）本项生效之日起一年内发生的核事故赔偿 6.5 亿美元；

（b）第（a）项所述年份后一年内发生的核事故赔偿 7.5 亿美元；

（c）第（b）项所述年份后一年内发生的核事故赔偿 8.5 亿美元；

（d）第（c）项所述年份之后发生的核事故赔偿 10 亿美元。

（2）总理可通过条例

（a）修订第（1）款，增加法律责任额；

（b）考虑到核设施的性质及其所含核材料，减少核设施的运营商或某一类核设施运营商的赔偿责任额。

（3）第（1）款并未免除运营商支付的理赔费用、法院费用或赔偿利息。

第 25 条：

如果核事故发生在运输核材料或贮存核材料的过程中，并且不止一家运营商对该核事

故造成的损害负责，则这些运营商的总赔偿责任限于第24条第（1）款所规定的与一家运营商有关的金额。

第27条：

（2）部长可要求《核损害补充赔偿公约》附件第1条第1款第（d）项所规定的，但不是本法第2条所规定的运营商，并在加拿大境内运输核材料，以维持条例所规定的金额，但不得超过第24条第（1）款所规定的金额，以补偿遭受核事故损害的人员。

第30条：

经批准的保险人或第28条第（2）款所规定的替代财政担保的任何提供者，只有至少在暂停或取消前两个月书面告知部长后，才可暂停或取消运营商的保险或替代财政担保，但如果保险或担保涉及核材料的运输，则暂停或取消不得在与之有关的运输期间生效。

第35条：

（3）尽管有第（2）款的规定，如果损害是涉及核材料的核事故造成的，在核事故发生时，核材料已丢失、被盗、丢弃或废弃，则在损失、被盗、丢弃或废弃发生之日起20年后，不得提起诉讼或索赔。

3.3.3 法律解读

（1）法律特征

《核责任与赔偿法》的主要特征包括：

① 加强对核事故造成损害的赔偿和民事责任制度；

② 将核设施运营商的损害赔偿责任从7 500万美元增加到10亿美元；

③ 确定“核设施”及其各自的赔偿额；

④ 根据本法，坚持运营商对核事故造成损害的人员负责。

《核责任与赔偿法》将与核相关民事损害的全部责任施加于核设施运营商。自2017年1月1日起，运营商对此类损害的赔偿金额高达6.5亿美元，这个金额每年都将增加，直至2020年1月1日增加到10亿美元。《核责任与赔偿法》要求运营商至少承担一半的保险责任，这个责任需要经部长审批通过其他财务担保补充。《核责任与赔偿法》还为严重核事故提供建立核索赔法庭，可在加拿大政府认定属于公众利益范畴时考虑损害范围和预估成本解决索赔纠纷。《核责任与赔偿法》的其他特征还包括：

① 扩大可赔偿损害类别以解决环境损害、经济损失和费用相关的预防性措施；

② 较长期的身体伤害索赔提交限制期限（30 年对比目前的 10 年）；

③ 建立细化的准司法赔偿法庭流程，以在必要时替换法院系统，加快索赔付款并确保有效公平的法庭。

（2）保险与赔偿

法律要求所有核设施的运营商都要投保，以确保他们能够就事故造成的民事损害赔偿索赔人。保险金额必须与运营商的责任金额相等。运营商只能从加拿大自然资源部批准的保险公司购买保险。

目前，部长批准的保险公司包括：加拿大核保险协会、核风险保险公司和北苑有限公司。

核设施运营商还可以选择使用其他形式的财务担保（例如，省政府担保、自我保险等）来承担一半的责任。其他形式的金融担保申请必须经部长批准。目前，经部长批准以自保形式使用备用财务担保的运营商包括布鲁斯电力公司和加拿大安大略电力有限公司[34]。

各核设施运营商已与其选择的经批准的保险公司（或经批准的保险公司）签订保险协议来承担责任。经部长批准的标准保险单被所有批准的保险公司用作为运营商的责任提供保险的基础。

经批准的保险公司将为核设施运营商承担大部分风险，但不是全部风险。例如，保险公司目前不为核事故后 10 年以上的人身伤害索赔提供保险。加拿大政府通过核设施运营商和部长之间的赔偿协议为这些风险提供保险。

可赔偿的损害包括：

① 人身伤害、生命财产损失；

② 身体伤害造成的心理创伤；

③ 因上述损害造成的经济损失；

④ 因丧失财产使用权而发生的费用，包括雇员的工资损失；

⑤ 为修复、减少或减轻环境损害而采取的补救措施的合理开支，前提是这些措施是由联邦或省级环境保护局下令采取的；

⑥ 预防措施的合理开支，以及由于这些措施导致的财产使用损失而产生的成本和经济损失（包括工资损失），前提是这些措施是由根据联邦或省立法制订的核应急计划当局建议的。

《核责任与赔偿法》还明确规定，当局在核事故期间采取预防措施所产生的费用不予补偿。例如，疏散中心的管理费用、紧急服务人员的工资和设备费用根据该法不予赔偿。这将确保只为遭受上述可赔损害的索赔人保留赔偿金。

根据《核责任与赔偿法》规定的 30 年身体伤害索赔期限，与旧法律规定的 10 年时效相比有所增加；其他形式损害赔偿请求的期限为 10 年。

《核责任与赔偿法》还规定了一个特殊的赔偿制度，以加快并提供有效和公平的索赔解决方式。通常情况下，个人或企业提出索赔后将直接向运营商的保险公司寻求赔偿。如果对保险公司的赔偿提议不满意，个人或企业可以向法院寻求调解。但是，在发生大额索赔的情况下，加拿大政府可以确定，设立一个特别法庭来处理索赔，以便更好地为公众服务。国家法律委员会详细阐述了这一特别法庭制度的特点和程序。

（3）国际责任

《核责任与赔偿法》反映了核责任领域的现代国际原则。因此，它允许加拿大加入 IAEA 的《核损害补充赔偿公约》，这个公约为解决由于跨境和运输事件引起的损害提供了一个责任和赔偿机制。加拿大于 2017 年 6 月 6 日获得该公约批准文件。作为《核损害补充赔偿公约》的成员国，加拿大承诺使其核责任原则与其他成员国的原则相协调，并对其他成员国因加拿大核事故造成的民事损害提供赔偿。反过来，另一成员国将对该国核事故造成的民事损害提供赔偿。《核损害补充赔偿公约》还规定建立一个资金池，在发生事故时，如果需要，可以用来赔偿公约成员国的损害。

3.4 《加拿大环境保护法》

3.4.1 法律概况

《加拿大环境保护法》是加拿大联邦环境立法的重要组成部分，旨在防止污染、保护环境和人类健康。《加拿大环境保护法》的目标是为可持续发展做出贡献，即在不损害子孙后代满足其自身需求能力的前提下，满足当代发展的需求。

《加拿大环境保护法》的基本构成见图 3-4，其具体条款共 356 条，包括前言；行政职责；定义；约束女王陛下；第一部分：行政部门；第二部分：公众参与；第三部分：信息收集、目标、导则和业务守则；第四部分：污染防治；第五部分：控制有毒物质；第六部分：生物学动态产品；第七部分：污染控制和废物管理；第八部分：与紧急情况有关的环境事项；第九部分：政府运作和联邦及原住民土地；第十部分：执法；第十一部分：杂项；第十二部分：相应的修订、废除、过渡性修订和生效。

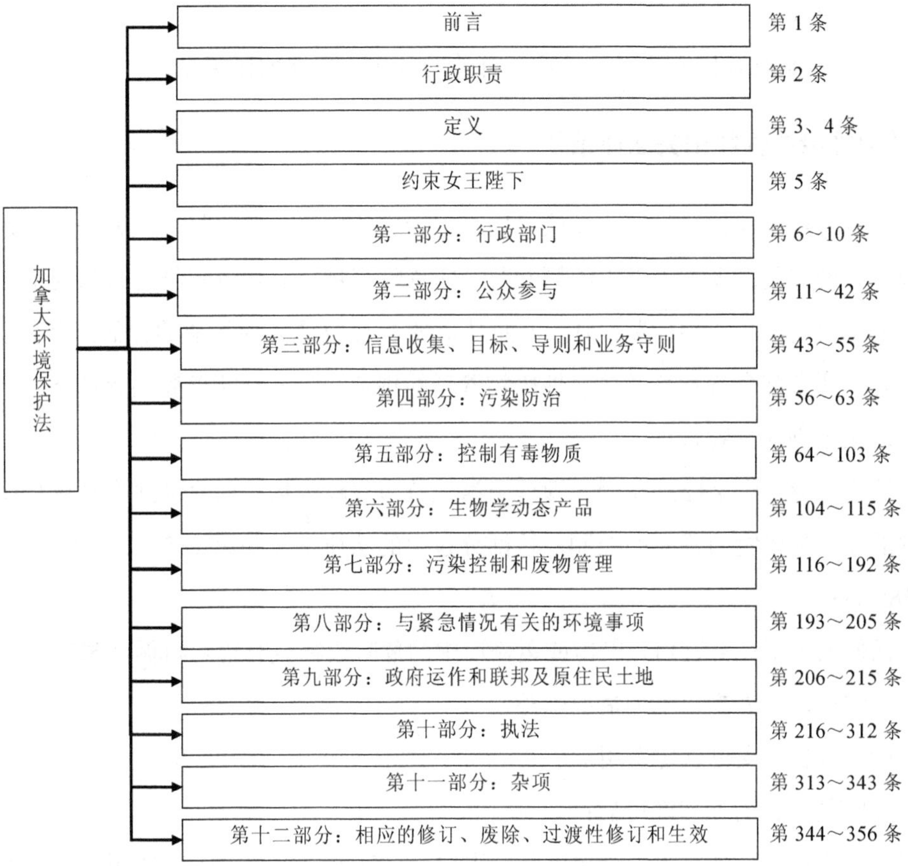

图 3-4　《加拿大环境保护法》的基本构成

在议会对前《加拿大环境保护法》进行广泛审查之后，《加拿大环境保护法》于 2000 年 3 月 31 日生效。与之前的法案相比，《加拿大环境保护法》在保护环境方面进行了重大改进。体现在：

① 污染预防成为国家减少环境中有毒物质工作的基石。

② 制定评估商业物质对环境和人类健康构成风险的程序。

③ 制定管理有毒物质的时间表。

④ 提供各种工具来管理有毒物质、其他污染物和废物。

⑤ 确保最有害的物质被逐步淘汰或不以任何可探测的量释放到环境中。

⑥ 包括管制车辆、发动机和设备排放的新规定。

⑦ 加强该法及其条例的执行。

⑧ 鼓励更多的公民参与决策。

⑨ 允许与其他政府和土著居民进行更有效的合作和建立伙伴关系。

3.4.2 放射性废物管理相关法律条款

在《加拿大环境保护法》中涉及放射性废物管理的内容主要包括两大方面。一方面是第七部分：污染控制和废物管理中的第八节，即危险废物、危险可回收材料和规定要最终处置的非危险废物的移动的控制；另一方面是附录 6 废物或其他物质的评估。除了这两方面的内容外，还有部分条款涉及放射性废物管理的规定，具体法律条款内容如下。

3.4.2.1 污染控制和废物管理

该法第七部分：污染控制和废物管理中第八节为危险废物、危险可回收材料和规定要最终处置的非危险废物的移动的控制，这部分包含的法律条款是第 185～192 条。

第 185 条：

（1）任何人员不得对进口、出口或运输途中的危险废物或有害可再循环材料或规定的非危险废物进行最终处置，下列情况除外

（a）请示部长并支付规定费用后；

（b）在收到部长的下列许可后：

（i）除根据第（4）款发出的许可证外，进口许可证或出口许可证应述明目的地国当局及过境国当局（如适用）已批准该项运输，而目的地司法管辖区当局已对废物或材料授权，

（ii）过境许可证，表明部长已批准该行动；

（c）按照规定的条件。

（2）如果部长认为废物或材料的管理方式不会保护环境和人类健康免受该废物或材料可能造成的不利影响，则部长可根据条例中规定的标准拒绝签发许可证，即使有关当局已经给予授权。

（3）在根据第（2）款拒绝签发进口许可证之前，部长应与目的地管辖区政府协商。

（4）如果部长认为废物或材料的管理方式能够保护环境和人类健康，使其免受废物或材料可能产生的不利影响，如果相关当局通知部长，他们缺乏授权移动、最终处置或回收的法律权限，但不反对，部长可签发许可证。

第 186 条：

（1）为执行有关环境的国际协定，部长经总理批准，并考虑到加拿大的国际义务，可在任何规定的条件下，全部或部分禁止进口、出口或转运第 185 条第（1）款所规定的废物或材料。

（2）任何人不得在进出口或过境过程中弃置第 185 条第（1）款所规定的任何废物或材料。

第 187 条：

在部长收到第 185 条第（1）款第（a）项所规定的废物或材料的拟议进口、出口或过境请示后，部长应在《加拿大公报》上或以部长认为适当的其他方式公布废物或材料的名称或规格，以及

（a）就拟议进口而言，应提供原产地管辖区的名称和进口商的名称；

（b）就拟议出口而言，应提供目的地司法管辖区的名称和出口商的名称；

（c）在拟议过境的情况下，应提供始发地和目的地司法管辖区的名称以及输送机的名称。

第 188 条：

（1）为了减少或逐步停止危险废物或规定的非危险废物的出口以供最终处置，部长可要求危险废物的出口商或一类出口商

（a）在第 185 条第（1）款第（a）项请示的同时，并在其他规定时间，向部长递交一份符合条例的计划；

（b）执行该计划。

（2）凡被要求执行第（1）款第（b）项计划的人员，应在计划的每一阶段完成后 30 天内，向部长递交一份书面声明，说明计划已完成。

（3）部长可拒绝向不遵守第（1）款或第（2）款的出口商签发许可证。

第 189 条：

（1）任何人员不得在加拿大境内移动危险废物或危险可回收材料，除非符合本节和条例，并且该人员支付了规定的费用。

（2）部长应在《加拿大公报》上，或以部长认为适当的其他方式，公布根据本节目的而制定的条例所收到的文件中获得的信息。

第 190 条：

（1）在符合部长规定的条件下，部长可签发许可证，授权以不符合本节规定的方式开展活动，如果部长确信（a）开展活动的方式所提供的环境安全水平至少应与本节规定遵守相同的水平；

（b）就第 185 条第（1）款所述废物或材料的进口、出口或过境而言，该活动与对加拿大具有约束力的国际环境协定相一致。

（2）许可证可以按照可能进行活动的人员以及可能涉及的废物和材料的形式授权。

（3）部长可以撤销许可证，如果

（a）部长认为第（1）款第（a）项或第（b）项不再适用；

（b）条例已修订，并涉及许可证所授权的活动；

（c）许可证持有者不遵守许可证的条件。

（4）部长应在《加拿大公报》上，或以部长认为适当的其他方式，公布根据本节颁发的每个许可证的副本。

第 191 条：

总理可根据部长的建议，为贯彻本节的目的和规定制定一般条例，包括

（a）根据本节和第 10 部分的目的，以及本节中出现的单词和词组的定义，并提供与这些定义相关的准则、测试条款和标准；

（b）遵守第 185 条第（1）款第（a）项所规定的请示及根据本节申请许可证的程序；

（c）根据第 185 条第（2）款的目的制订标准，考虑到加拿大加入的国际协定所产生的义务；

（d）建立废物和材料分类制度；

（e）遵守向部长提供的信息和文件；

（f）遵守有关废物和材料在加拿大境内进出口、过境和运输的条件；

（g）遵守第 188 条第（1）款中规定的计划，同时考虑到

（i）使用最近的适当处置设施的好处，

（ii）产生危险废物的货物数量变化，由出口商或某类出口商处理；

（h）规定本部门应规定的任何事项。

第 192 条：

部长可为本节的目的制定表格。

3.4.2.2 附录 6 废物或其他物质的评估

该法附录 6 为废物或其他物质的评估。具体条款如下。

（1）本附录的适用，应考虑到在某些情况下接受海上处置并不排除进一步努力减少处置必要性的义务。

（2）评估海上处置替代方案的初始阶段应包括对以下方面的评价：（a）所产生的废物或其他物质的类型、数量和相对危险性的评估；（b）生产过程的详细情况和该过程中废物或其他物质的来源；（c）以下减少或预防废物的技术的可行性：（i）重新设计产品，（ii）清洁生产技术，（iii）工艺改造，（iv）输入替代，（v）现场闭环回收。

（3）一般来说，如果必需的审查发现在源头上存在预防废物产生的可能，申请者应（与相关的地方和国家机构合作）制订并实施废物预防策略，其中包括具体的废物减小目标，并规定进一步的废物预防审查，以确保达到这些目标。许可证的签发或更新应符合这一要求。

（4）对于疏浚物，废物管理的目标应是识别和控制污染源。这应通过实施废物预防策略来实现，并要求参与控制点源和非点源污染的有关地方和国家机构之间进行合作。在达到这一目标之前，受污染疏浚物的问题可以通过在海上或陆上的处置管理技术加以解决。

（5）处置废物或其他物质的申请应表明已经适当考虑了以下废物管理选项层次结构，这意味着对环境的影响逐渐增大：（a）再利用；（b）非现场回收；（c）破坏有害成分；（d）有害成分的减少或清除处理；（e）在陆地、空气和水中的处置。

（6）如果可能再利用、回收或处理废物或其他物质，而不会对人类健康或环境造成不适当的风险或带来不相称的费用，则应拒绝发放废物或其他物质的处置许可证。应根据涉及处置和替代方案的风险评估比较，考虑其他处置方式的实用性。

（7）对废物或其他物质的详细描述和特性描述是考虑替代方案的先决条件，也是决定废物或其他物质是否可在海上处置的基础。如果废物或其他物质的特性很差，无法正确评估其对人类健康和环境的潜在影响，则不得在海上处置该废物或其他物质。

（8）废物或其他物质的成分特性应考虑：（a）来源、总量、形态和平均成分；（b）性质：物理、化学、生化和生物；（c）毒性；（d）持久性：物理、化学和生物；（e）生物物质或沉积物中的积累和生物转化。

（9）应编制一份国家行动清单，以便根据候选废物或其他物质及其成分对人类健康和海洋环境的潜在影响，提供一种筛选机制。在选择行动清单中的物质时，应优先考虑来自人类来源的有毒、持久性和生物累积性物质［如镉、汞、有机卤素、石油烃，以及相关的砷、铅、铜、锌、铍、铬、镍、钒、有机硅化合物，氰化物、氟化物、农药或其副产品（有机卤素除外）］。行动清单也可用作进一步预防废物产生的触发机制。

（10）行动清单应规定一个较高的级别，以及一个较低的级别。高级别应尽可能合理地避免对人类健康或代表海洋生态系统的敏感海洋生物造成急性或慢性影响。采用行动清单将可能导致产生三类废物或其他物质：（a）含有特定物质或引起生物反应的废物或其他物质，如果超过相关上限，则不得在海上处置，除非通过管理技术或工艺使其可以处置；（b）含有特定物质或引起生物反应的废物或其他物质低于规定的较低水平，应被视为对海上处置无关紧要的环境问题；（c）含有特定物质的废物或其他物质，或引起生物反应的废物或其他物质，含量低于高级别水平且高于较低级别的水平，在确定其处置适宜性之前，需要进行更详细的评估。

（11）选择处置场所所需的信息应包括：（a）水柱和海床的物理、化学和生物特性；（b）所考虑区域内的便利设施、价值和其他用途的位置；（c）与海洋环境中物质的现有流量有关的与处置的组成流量的评估；（d）经济和操作可行性。

（12）对潜在影响的评估应包括对海洋或陆地处置方案（即影响假设）的预期后果的简明陈述。它为决定是否批准或拒绝拟议的处置方案以及确定环境监测要求提供了依据。

（13）处置评估应酌情整合有关废物特性、拟议处置场所条件、流量和拟议处置技术的信息，并具体说明对人类健康、生物资源、便利设施和其他合法海洋用途的潜在影响。在合理可能的情况下，应根据合理保守的假设，确定预期影响的性质、时间和空间尺度以及持续时间。

（14）应根据对下列事项的比较评估来考虑对每种处置备选方案的分析：人类健康风险、环境成本、危害（包括事故）、经济性和未来用途的排除。如果该评估显示，无法获得足够的信息来确定拟议处置方案可能产生的影响，则不应进一步审议该方案。此外，如果对比较评估的解释表明处置方案较不可取，则不得签发海上处置许可证。

（15）每项评估应在结束时附上一份声明，支持签发或拒绝海上处置许可证的决定。

（16）监测用于验证是否满足许可条件（合规性监测），以及在许可审查和选址过程中所作的假设是否正确，是否足以保护人类健康和环境（现场监测）。这些监测项目必须有明确的目标。

（17）只有在完成所有影响评估并在合理可能地确定监测要求，才可做出签发许可证的决定。许可证的条文须在切实可行范围内尽量减少对环境的干扰和损害，并使利益最大化。任何发出的许可证均须载有数据及资料，指明（a）待处置材料的种类及来源；（b）处置场所的位置；（c）处置方法；（d）监测及报告要求。

（18）应定期审查处置场址，并考虑监测结果和监测计划的目标。对监测结果的审查将表明实地计划是否需要继续、改造或关闭，并将有助于就处置场址的继续、改造或关闭做出决定。这为保护人类健康和海洋环境提供了重要的反馈机制。

3.4.2.3　其他

包括第 6 条、第 65 条、第 77 条、第 127 条、第 129 条、第 205 条、第 209 条。

第 6 条：

（1）为了使国家行动得以开展，并在影响环境的事项上采取合作，避免政府间监管活动的重复，部长应设立一个国家咨询委员会

（a）就根据第 93 条第（1）款拟订立的条例向各部长提供建议；

（b）就政府间有毒物质管理的合作、协调方法向部长提供建议；

（c）就加拿大政府和其他政府共同关心并与本法有关的其他环境事项向部长提供建议。

第 65 条：

（1）在这部分中，对于因人类活动而释放到环境中的有毒物质而言，虚拟消除是指将释放物质的数量或浓度最终降低至低于部长们在第（2）款所述清单中规定的定量水平。

（2）部长们应编制一份名为虚拟消除清单的清单，应具体说明清单上每种物质的定量水平。

（3）当第（2）款所述清单上已规定物质的定量水平时，部长应规定可单独或与任何来源或类型来源的任何其他物质结合释放到环境中的物质的总量或浓度，并在这样做时，应考虑第 91 条规定的任何因素或信息，包括环境或健康风险以及任何其他相关的社会、经济或技术事项。

65.1　在第 65 条中，定量水平是指就某种物质而言，可以使用敏感但常规的采样和分析方法准确测量的最低浓度。

第 77 条：

（4）如果部长们提议对某一物质采取第（2）条第（c）项所述措施，并且部长们确信

（a）该物质符合规定，具有持久性和生物累积性，

（b）该物质在环境中的存在主要是人类活动造成的，

（c）该物质不是自然产生的放射性核素或自然产生的无机物质，

部长们应提议根据第 65 条第（3）款对该物质实施虚拟消除。

第 127 条：

（1）部长可应要求签发许可证，授权处置废物或其他物质的装载，并在符合规定的情况下，其更新不超过四次。

（2）申请必须

（a）采用规定格式；

（b）包含部长为遵守附表 6 可能规定或要求的信息；

（c）附有规定的费用；

（d）附上证据，证明装载或处置场所的申请通知书已在公报或部长指定的其他出版物上刊登。

（3）在根据第（1）款签发许可证或将其续期之前，部长应遵守附表 6，并应考虑到部长认为必要的任何因素。

第 129 条：

（1）加拿大许可证应包含部长认为对保护海洋生物、海洋的合法利用或人类生命必要的任何条件，包括与下列条件有关的条件：

（a）用于装载、处置或焚烧的物质的性质和数量；

（b）授权处置或焚烧的方法和频率，必要时包括授权处置或焚烧的日期；

（c）批准处置或焚烧的装载和贮存物质的方式；

（d）可能进行处置或焚烧的场所；

（e）将物质运至处置场或焚烧场的船舶或飞机应遵循的路线；

（f）对物质的装载、运输、处置或焚烧采取的任何特殊预防措施；

（g）对处置、焚烧和处置场所进行监测，以确定处置对环境和人类生活的影响。

（2）加拿大许可证应指明其在某一特定日期或不超过一年的特定期间内有效。为更确切起见，本款适用于根据第 127 条第（1）款发出的许可证的每次续期。

（3）如果考虑到附表 6 或根据第 333 条设立的审查委员会或该委员会的任何报告后，部长认为可取时，可暂停或撤销加拿大许可证或更改其条件。

第 205 条：

（1）在符合本部分的规定下，在环境紧急情况应急发生前拥有或掌管、管理或控制物

质的人员，须负法律责任

（a）恢复因应急或在应急情况下受损的环境的任何部分；

（b）由加拿大《刑法》或其他公共当局所指的公共部门为防止、修复、补救或尽量减少因应急对环境造成的损害而采取的措施，包括为应对环境应急而采取的措施所产生的开支和费用，并且费用和开支是合理的，以及由这些措施造成的任何损失或损害；

（c）为防止、修复、补救或尽量减少环境应急而采取的措施所产生的开支和费用，只要所采取的措施带来的开支和费用是合理的，以及此类措施造成的任何损失或损害。

第 209 条：

（1）总理可根据部长的建议，制定环境保护条例，包括

（a）建立环境管理体系；

（b）污染防治和污染防治计划；

（c）环境应急、物质的释放和可能的释放，包括对它们的预防、准备、报告，无论是在当时情况下还是在后续阶段，以及为应对这些情况和改善对环境的损害而采取的措施；

（d）为执行第 212 条第（1）款第（a）项及第 212 条第（3）款及第 213 条第（1）款而指定的人员，并规定根据该条拟做出的报告的格式及报告所载的资料；

（e）第 212 条第（1）款第（a）项不要求提交报告的情况；

（f）任何物质；

（g）为执行本部分的目的而需要的其他事宜。

3.4.3 法律解读

在加拿大，联邦政府以及省、地区和土著族群团体共同承担着保护环境的责任——这要求政府为支持加拿大公民的福祉而密切合作。作为加拿大政府环境立法的基石，《加拿大环境保护法》旨在防止污染，保护环境和人类健康。

《加拿大环境保护法》的重点就包括预防和管理有害物质带来的风险。此外，《加拿大环境保护法》还规定了新物质和现有物质对环境和人类健康的影响的评估和/或管理。其中包括生物技术；海洋污染；海上处置；车辆、发动机和设备排放物；燃料；危险废物；环境应急和其他污染源的产品。

《加拿大环境保护法》是一项主要的立法举措，以一系列原则为指导，这些原则可确保为实现以下明确目标而采取一致的方法：

① 通过防止污染为可持续发展做出贡献；

② 促进与各省、地区、土著族群团体和联邦部门的协调行动，以实现最高水平的环境质量，以确保加拿大公民的健康；

③ 管理有害物质带来的风险，并从根本上消除那些被认为是最危险的物质的释放。

这些目标和指导原则共同为加拿大政府的工作以及与公众的协作工作和磋商提供了有力的指导。该法还涉及对监测、报告和研究的要求。

环境部部长对议会负责《加拿大环境保护法》的所有管理工作。环境部部长和卫生部部长共同负责评估和管理与现有物质和新物质有关的风险的任务。该法要求卫生部部长对物质在疾病和健康问题中的作用进行研究。

根据《加拿大环境保护法》开展的工作得到了由环境部部长管理的（全部或部分）其他联邦法律的补充，例如，《渔业法》《加拿大水法》《濒危物种法》《加拿大野生动物法》《加拿大环境评估法》。此外，由其他联邦部门执行的某些专门法案还用于控制农药、化肥以及将某些生物技术产品引入加拿大市场，以减少或防止对环境和人类健康的风险。

3.5　《影响评估法》

3.5.1　法律概况

加拿大政府为了增强公众对评估过程的信心，启动了一个全面的进程来审查现有的环境评估法律和监管程序，并征求加拿大公民对如何改进这一制度的意见，经过审查，制定了《影响评估法》。《影响评估法》由加拿大影响评估局（前身为加拿大环境评估局）发布，并于 2019 年 8 月 28 日生效，取代了《加拿大环境评估法》，为加拿大的影响评估提供法律框架。

《影响评估法》的基本构成见图 3-5，其具体条款共 188 条，包括前言、定义、适用范围、约束女王陛下、目的、禁令、指定现实活动、规划阶段、影响评估、参与者资助计划、成本回收、某些主管部门与项目有关的职责、区域评估和战略评估、加拿大影响评估登记处、行政、部长顾问委员会、土著知识、行政和执法、加拿大影响评估局、年度报告、法案审查、过渡条款。

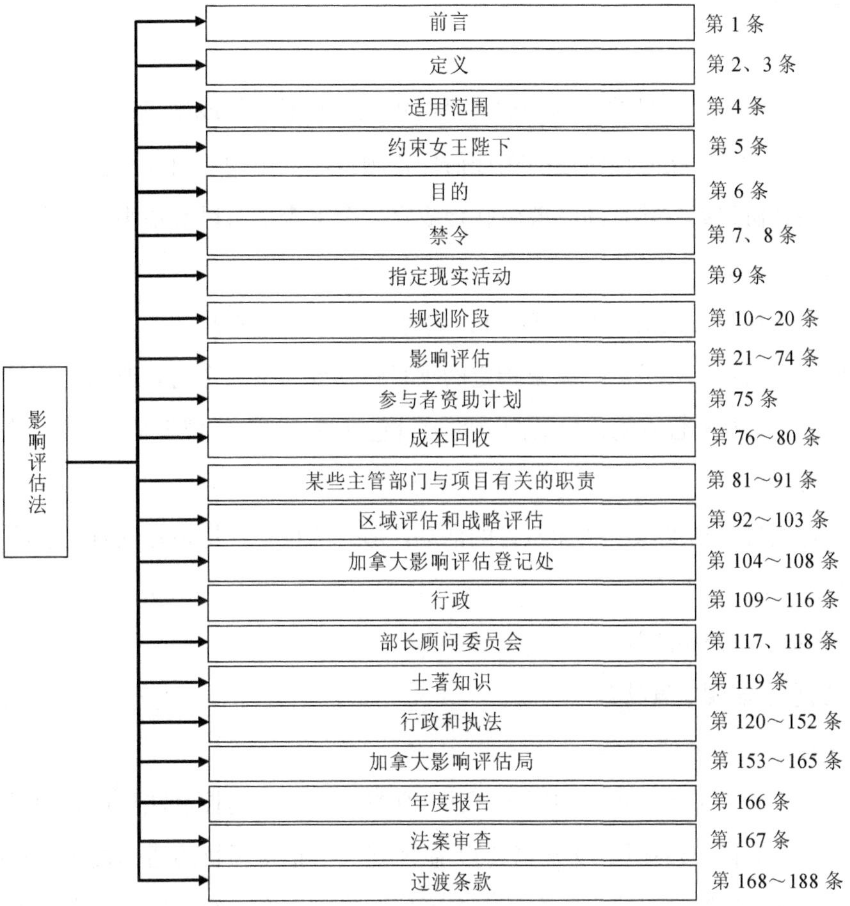

图 3-5　《影响评估法》的基本构成

3.5.2　放射性废物管理相关法律条款

在《影响评估法》中，定义（第 2 条）、影响评估（第 39 条、第 43～46 条、第 50 条、第 51 条、第 58 条、第 61 条、第 67 条、第 72 条）、过渡条款（第 182 条）中都涉及放射性废物管理相关的规定。具体条款内容如下。

3.5.2.1　定义

第 2 条：

加拿大核安全委员会是指根据《核安全与控制法》第 8 条设立的加拿大核安全委员会。

3.5.2.2　影响评估

第 39 条：

（1）当部长将指定项目的影响评估提供给审查小组时，他或她可以与第 2 节定义“管辖权”中第（a）项至（g）项所述的在评估指定项目环境影响方面拥有权力、职责或职能的管理单位签订协议或安排，同时遵循联合成立一个审查小组以及该小组对指定项目进行影响评估的方式。

（2）部长无权与下列机构签订第（1）款提及的协议或安排

（a）加拿大核安全委员会，如果指定的项目包括受《核安全与控制法》监管的活动；

（b）加拿大能源监管机构，如果指定的项目包括受《加拿大能源监管法》监管的活动。

第 43 条：

如果指定项目包括受以下法律监管的活动，那么部长必须将指定项目的影响评估提供给审查小组：

（a）《核安全与控制法》；

（b）《加拿大能源监管法》。

第 44 条：

（1）当部长将一项指定项目的影响评估（包括《核安全与控制法》规定的活动）提供给审查小组时，部长必须在第 19 条第（4）款所述关于指定项目的通知发布在互联网网站之日起 45 天内，与加拿大核安全委员会主席协商确定审查小组的职权范围，加拿大影响评估局必须在同一时期内任命主席和至少两名成员。

（2）根据第（1）款被任命为审查小组成员的人员必须是公正的，并与指定项目不存在相关利益冲突，还必须具备与指定项目的预期效果相关的知识或经验，或者必须了解与评估相关的加拿大土著居民的利益和关注点。

（3）根据加拿大核安全委员会主席的建议，必须从根据第 50 条第（b）款建立的名册中任命至少一名第（1）款中规定的人员。

（4）从名册上任命的人员不得占审查小组成员的多数。

第 45 条：

根据第 44 条第（1）款成立的审查小组进行的影响评估是加拿大核安全委员会为发放审查小组职权范围中提到的许可证而可能使用的唯一评估。

第 46 条：

为了对包括《核安全与控制法》规定活动的指定项目进行影响评估，包括编写一份关于该影响评估的报告，审查小组可行使加拿大核安全委员会授予的权力。

第 50 条：

（1）部长必须建立以下名册：

（b）加拿大核安全委员会成员以及可被任命为根据第 44 条第（1）款成立的审查小组成员的人员名册；

（2）在根据第（1）款第（b）项建立名册时，部长必须与自然资源部部长或总理根据《核安全与控制法》指定的加拿大女王枢密院成员协商。

第 51 条：

（2）根据第 44 条第（1）款成立的审查小组必须根据其职权范围，在报告中说明，根据《核安全与控制法》第 24 条有关指定项目发布的审查小组职权范围中提到的许可证准备的必要的资料，这是报告的主题。

第 58 条：

（3）部长必须在行使第（1）款所述的关于下列审查小组的权力之前，

（a）如果是根据第 44 条第（1）款成立的审查小组，咨询加拿大核安全委员会主席；

（b）如果是根据第 47 条第（1）款成立的审查小组，咨询加拿大能源监管局的首席专员。

第 61 条：

（1.1）在第（1）款中，责任部长：

（a）对于根据第 44 条第（1）款成立的审查小组编写的报告，是指自然资源部部长或总理根据《核安全与控制法》指定的加拿大女王枢密院成员；

（a.1）对于根据第 46.1 条第（1）款成立的审查小组编写的报告，是指自然资源部部长；

（b）对于根据第 47 条第（1）款成立的审查小组编写的报告，是指总理根据《加拿大能源监管法》指定为部长的加拿大女王枢密院成员；

（c）对于根据第 48.1 条第（1）款成立的审查小组编写的报告，是指自然资源部部长。

第 67 条：

（1）部长可以指定决定声明（包含《核安全与控制法》规定活动的指定项目有关的决

定声明）包含的条件，并且部长指定的任何条件都被视为根据该法案第 24 条就指定项目颁发的许可证的一部分。

第 72 条：

（3）在部长修改决定声明的任一部分，包括第 67 条第（1）款中不被视为该款所述许可证的一部分，或撤销该决定声明之前，部长必须主动与加拿大核安全委员会协商。

3.5.2.3 过渡条款

第 182 条：

加拿大核安全委员会或国家能源委员会根据 2012 年法律开始的任何指定项目的环境评估，在本法生效之日之前，尚未根据 2012 年法律第 54 条发布决定声明，则按照 2012 年法律继续进行，如同该法律没有被废除。

3.5.3 法律解读

《影响评估法》增加了监管的确定性和明确性，鼓励对加拿大自然资源部门的投资，扩大了加拿大影响评估局作为负责影响评估的唯一机构和负责重大项目本土咨询的皇家协调员的任务和职责。根据本法，加拿大影响评估局负责评估重大项目对环境、经济、社会、健康潜在的积极和消极影响。本法简化了程序，并改善了与各省和地区的协调，避免在审查项目时重复工作。

根据《影响评估法》，项目的影响评估流程[36]为：

（1）规划

项目进入规划阶段，邀请公众和特别是土著居民提供信息并为规划评估做出贡献。

（2）影响声明

支持者对影响声明的信息和研究有明确的要求，健全的科学知识和土著知识为影响声明提供了依据。

（3）影响评估

评估考虑了拟建项目的环境、健康、社会和经济的潜在影响，包括效益，同时评估和咨询对土著条约权力的潜在影响。机构或审查小组将利用这些信息编制影响评估报告。

（4）决策

公共利益是决策的核心。影响评估报告和官方的磋商结果将通知部长或总理决定项目的不利影响是否符合公共利益。如果是，部长必须为提议者建立条件。决策声明阐述了决策的依据，提供了透明度和问责制。

（5）发表决策

加拿大影响评估局将积极核查决策声明的遵守情况，并纠正不符合项。后续计划的透明度将更高，获取关键文件的机会也将增加，土著社区参与后续计划和监测计划的机会也将增加。

3.6 《渔业法》

3.6.1 法案概况

《渔业法》于 1868 年成为加拿大的首批法律之一，也是加拿大历史最悠久的环境法律之一。由于认识到生产性渔业需要健康的鱼类栖息地，因此，在 19 世纪 70 年代将栖息地保护和防止污染的规定纳入该法。2012 年，对作为商业、娱乐或土著渔业一部分或得到支持的鱼类和鱼类栖息地进行了保护，并简化了监管程序。2019 年，对《渔业法》进行了修订。通过以下方式为养护鱼类、保护鱼类和鱼类栖息地提供一个框架[36]：

① 确保鱼类和鱼类栖息地得到保护，并引入实现这一目标的工具。

② 为行业、利益相关方和土著族群提供确定性。

③ 促进水生资源的长期可持续性。

3.6.2 放射性废物管理相关法律条款

在该法的第 36 条涉及放射性废物管理要求，具体条款内容如下。

第 36 条：

（3）除第（4）款另有规定外，任何人员不得在鱼类经常出没的水域内，或在有害物质或因有害物质沉积而产生其他有害物质可能进入该水域的地方，存放或准许存放任何种类的有害物质。

（4）任何人不得违反第（3）款，在任何水域或地方存放或准许存放

（a）废物或污染物，其数量和条件由总理根据除本法以外的任何法律制订的适用于该水域或地方的条例所授权；

（b）根据第（5）款制订的适用于该水、地方、任何工厂或企业、某类工程或企业的

条例所授权的条件（可包括有关数量或浓度的条件）下，某类有害物质；

（c）根据第（5.2）款制订的条规授权存放并按照该等条例存放的有害物质。

3.6.3 法律解读

放射性废物管理过程中要避免对渔业和水体环境造成影响，放射性废物的处理、贮存、处置对周围环境造成的影响都不应超过条例中规定的水平，超过限值的活动都应取得管理部门的授权。

3.7 小结

加拿大政府在核领域颁布了多部法律来规范核相关活动，其中《核安全与控制法》从监管方面对核设施与活动做出了规定，《核能法》主要内容是规定加拿大自然资源部部长在核能开发利用中的职能，《核责任与赔偿法》建立了一个可以在加拿大核事故导致民事损害时应用的法律机制，上述三部法律都涵盖或涉及放射性废物管理，包含相关法律条款；另外，环境领域的法律也对放射性废物管理提出了要求，从环境安全的角度出发，对可能对环境造成影响的事项提出了限制及要求。

（1）立足不同角度，颁布多部法律，不断完善核监管体系

随着加拿大核能开发利用、铀矿开采、核技术利用、核医学等核相关活动的不断发展，加拿大颁布了《核安全与控制法》来替代《原子能控制法》，以解决新形式下的核领域监管问题，成为加拿大核行业监管的重要法律依据。根据《核安全与控制法》，加拿大设立了 CNSC，负责管理加拿大境内核物质利用。放射性废物属于核物质的范畴，因此，在放射性废物管理的过程中应满足《核安全与控制法》和 CNSC 的监管要求，控制其对国家、公民和环境的风险以确保安全。《核能法》集中于规范核能发展事项，其主要内容是规定加拿大自然资源部部长在核能开发利用中的职能。《核责任与赔偿法》建立了一个可以在加拿大一旦发生核事故导致民事损害时应用的法律机制。由放射性废物导致的核事件或核事故，从而带来的责任与赔偿问题，以《核责任与赔偿法》为依据进行责任划分和确定赔偿金额。

在放射性废物管理过程中，无法避免会给环境带来潜在的风险，放射性废物的管理也要符合环境领域法律对放射性废物的相关规定。《加拿大环境保护法》是加拿大联邦环境

立法的重要组成部分，它的重点之一就是预防和管理有害物质带来的风险；《影响评估法》为加拿大影响评估提供法律框架，加拿大影响评估局负责评估重大项目对环境、经济、社会、健康潜在的积极和消极影响；《渔业法》历史悠久，它的目的是保护鱼类和鱼类栖息地。根据环境领域颁布的法律，超出规定数量的放射性废物的管理需要取得许可，还需要评估放射性废物管理带来的影响，同时禁止超出规定限值的废物排入水体环境，影响鱼类的生长。总的来说，放射性废物的管理也应秉持环境可持续发展的理念。

（2）明确核事故责任，建立核事故的民事赔偿机制

《核责任与赔偿法》第 24 条明确规定了因核事故对加拿大公众造成损害的责任全部由核设施运营方承担，同时规定了运营方对核事故造成损害的赔偿金额逐年递增，最高可达 10 亿美元。该法要求所有核设施的运营方都要投保，保险金额必须与经营者的责任金额一致，以确保他们能够就事故造成的民事损害赔偿索赔人。加拿大加入 IAEA 的《核损害补充赔偿公约》，该公约建立了因跨境运输事件引起损害时应用的责任和赔偿机制。

自 2017 年 1 月 1 日起，运营方对核事故造成公众损害的赔偿金额高达 6.5 亿美元，至 2020 年 1 月 1 日增加到 10 亿美元。但是这一金额并不包含理赔费用、法院费用和赔偿利息。若有多名运营商需要对同一事故承担责任，总赔偿金额也不会超过 10 亿美元。为保证索赔人能成功得到赔偿金，运营商只能从加拿大自然资源部批准的保险公司购买保险，目前只有三家保险公司获得批准，这三家保险公司分别是：加拿大核保险协会、核风险保险公司和北苑有限公司。除了保险外其他形式的金融担保必须经部长批准。目前，经部长批准以自保形式使用备用财务担保的运营商包括布鲁斯电力公司和加拿大安大略电力公司。

（3）不断强化信息公开，持续推进核设施和活动公众参与

《核安全控制法》第 40 条第（5）款中规定 CNSC 需要针对以下内容举办公开听证会：① 委员会或专家小组拟行使颁发、续期、暂时吊销、修订、撤销或更换许可证的权力；② 根据《核安全与控制法》在其管辖范围内的任何其他事项，前提是委员会确信这样做符合公共利益。CNSC 曾多次举办公开听证会来决定核设施许可证延期、许可等相关内容，除此之外，还多次举办公开会议审议与核监管相关的事务，并在某些情况下针对特定或普遍事务做出立法、政策或行政决定，增加公众对核相关事物的参与度。为了保障公众对核事务的参与，CNSC 设有参与资助计划（PFP）来协助公众向 CNSC 提供有价值的信息，进一步加强并保障公众参与。

在CNSC的网站上，提供了全面的铀矿冶、反应堆、核物质、废物、法律法规，以及其他相关资源；对于放射性废物，可以了解加拿大放射性废物的监管政策、放射性废物分类、各类废物的产生量和存量、处理处置设施等历史和更新信息，还提供《乏燃料管理安全和放射性废物管理安全联合公约》的历次国家履约报告、提问和回答情况等详细材料。根据《加拿大环境保护法》中第12条的要求，随着1999年《加拿大环境保护法》的颁布，《加拿大环境保护法》登记处于2000年3月31日启动。该登记处的目标是使查阅与该法有关的最新资料更加容易，同时，加拿大公民可利用该登记处了解联邦政府如何管理《加拿大环境保护法》，并参与该法框架下的决策过程。为了更好地为加拿大公民服务，该登记处不断扩大，目前已包含数千份与该法有关的文件，并随着新文件的增加和用户建议不断改进、变化，充分保证信息公开。

加拿大在其法律体系建设过程中，十分重视公众参与，为此采取了一系列措施保证信息公开和公众参与，促进国家健康持续安全发展。

第4章 对我国放射性废物管理立法的启示

加拿大是世界上最早发展核电的国家之一，放射性废物是发展核电不可避免的产物，经过数十年的时间，加拿大对放射性废物管理的法律体系逐步完善，在专门立法、财务保障机制、信息公开和公众参与等方面值得我国放射性废物管理工作借鉴。

4.1　对放射性废物管理专门立法

继 1991 年我国第一座核电站——秦山核电站投入运行以后，我国核电规模逐步扩大，截至 2020 年年底，内陆地区已有 49 台在运核电机组，超出加拿大在运机组数不止一倍。在核与辐射全领域，我国已先后颁布了《中华人民共和国放射性污染防治法》和《中华人民共和国核安全法》,《中华人民共和国原子能法》正在编制过程中，这几部法律主要从核能、核设施和放射性监管的角度，对包括放射性废物管理在内的设施和活动作出相应规定，这与加拿大相关法律情况是一致的；在加拿大，相应法律主要有《核安全与控制法》《核能法》和《核责任与赔偿法》；除此之外，加拿大还于 2002 年 6 月 13 日颁布了《核燃料废物法》，目的是促进采用全面、完整和经济合理的方式来实施核燃料废物的管理。

加拿大对核燃料废物进行单独立法，反映了放射性废物管理具有一定的复杂性和特殊性。加拿大对核燃料废物的管理策略为长期管理，为了对各个核能公司和 AECL 产生的核燃料废物实施安全、科学、有效的管理，于 2002 年制定了《核燃料废物法》，对成立核燃料废物管理组织、制订废物管理方案、建立信托基金及其使用制度和档案管理等一系列问题作出明确规定。

然而，尽管我国与加拿大的放射性废物分类较为接近，但在各类废物的组成方面，存在明显差异。在加拿大，核燃料废物是高放废物的主要组成部分，因此，对核燃料废物单独立法则明确了高放废物管理的主要问题。在我国，将对大部分乏燃料实施后处理，高放废物主要包括早期的历史遗留废物和后处理产生废物，此外，核电站机组类型较多，运行和退役过程中产生的放射性废物也会面临量多、成分复杂的情况，当前对管理组织机构、财务保障、处置设施建设等方面均不够明确，对于放射性废物管理存在一定困难。

综上，建议我国对放射性废物管理进行专门立法，对现有（也包括制定过程中）法律中对放射性废物管理的未涉及和不详尽之处予以明确，以便于实现对放射性废物的各个环节实施有效管理。

4.2　确定放射性废物管理财务保障机制

“污染者付费”是国际上通用的废物管理原则，放射性废物的产生单位需要负责放射性废物管理工作或者支付相应费用。在加拿大，当前各核电站产生的核燃料废物均贮存于各自厂区暂存设施内，并正在开发公众接受、技术合理、经济可行的方案统一实施长期管理。加拿大《核燃料废物法》中要求各核能公司和 AECL 应独立或联合地在加拿大境内设立信托基金，一方面对于上述各家公司而言，详细规定了首次向信托基金存入资金的时限和金额，以确保具备可支付加拿大核燃料废物的长期管理的全部成本的充足资金，这是极为明确且易于操作的；另一方面对于基金管理而言，该法中规定了受益人提取和使用信托基金的条件，要求核燃料废物管理组织 NWMO 在其年度报告中详细说明下一年度各核能公司和 AECL 应向信托基金存入的资金额度及其计算依据，也考虑了信托基金账户的财务决算、审计，以及记录保存等问题，这一财务保障制定将有助于实现合理收费和资金有效管理。

加拿大还通过《核责任与赔偿法》建立了在事故导致民事损害时应用的法律机制，适用范围包括用于管理核燃料废物和其他放射性废物的设施。该法对核事故责任的认定、核事故损害赔偿限额和赔偿费用的来源作出具体规定，其中，指出核设施营运者须在获得批准的保险公司投保或者采取其他经政府认可的形式的财务担保，为核设施一旦发生核事故情况下的赔偿提供资金保障。

我国在《中华人民共和国放射性污染防治法》第四十五条规定，产生放射性固体废物的单位，应当按照国务院环境保护行政主管部门的规定，对其产生的放射性固体废物进行处理后，送交放射性固体废物处置单位处置，并承担处置费用。放射性固体废物处置费用收取和使用管理办法，由国务院财政部门、价格主管部门会同国务院环境保护行政主管部门规定。上述规定是原则性的，目前尚未提出具体规定，可以在明确放射性废物管理机制的基础上，明确提出对于放射性废物管理的财务保障机制，针对废物产生达到一定量的单位（如核电站等）提出建立废物管理基金的要求；针对市场化运行的废物处理/处置单位，需提出收费机制和标准；若是由国家指定废物管理机构，则应提出资金管理收取和使用原则。

4.3　加强信息公开和公众参与

在加拿大《核燃料废物法》《核安全与控制法》和《加拿大环境保护法》中都提出了信息公开、公众参与以及公众传播的相关规定，在实际操作中，也基本做到了全面公开和公众充分参与。

自 20 世纪 70 年代起，AECL 开展了为期近 20 年核燃料废物在加拿大地盾中深地质处置的研究，该方案由于当时未能获得社会公众的广泛支持而被迫终止。《核燃料废物法》充分吸取 AECL 相关研究的经验，将公众咨询和文档公开写入法律条款。以核燃料废物长期管理建议方案研究为例，NWMO 与可能受到选址活动影响的社区保持沟通，并重点关注土著居民族群的宣传和联系，为社会公众提供了知情和发表意见的机会和平台，获得了宝贵的反馈意见，为其建议方案研究提供了有力支撑；此外，也充分建立了公众对其核燃料废物长期管理的信心。

依据《核安全与控制法》，作为独立于加拿大政府的核监管机构，CNSC 的目标之一是向公众传播关于该委员会活动和核能开发、生产、拥有和利用中影响环境和人的健康与安全的客观科学、技术和管理方面的信息。为此，CNSC 制定了科学、法规和公众信息计划。在 CNSC 的网站上，提供了全面的铀矿冶、反应堆、核物质、废物、法律法规，以及相关资源；对于放射性废物，可以了解加拿大放射性废物的监管政策、放射性废物分类、各类废物的产生量和现存量、处理处置设施等历史和更新信息，还会提供《乏燃料管理安全和放射性废物管理安全联合公约》历次履约报告、提问和回答情况等详细材料，为感兴趣或有信息需求的公众提供了获取相关信息的渠道。

在我国诸多法律中，也同样提到了信息公开与公众参与的要求，例如，《中华人民共和国核安全法》第五章和《中华人民共和国环境保护法》第五章均为信息公开与公众参与，强调了公众获取相关信息和参与及监督的权利。因此，作为基础工作，应首先建立信息公开平台，提供全面的、客观的放射性废物管理相关信息；其次，建立明确的公众参与机制，设置如电子邮箱、问卷调查、座谈会等互动通道；最后，加强相关知识的宣传，使公众了解放射性废物管理的流程及其安全性，以便更好地推动放射性废物管理工作。

4.4 制定放射性废物管理框架和原则

在核燃料循环的各个环节、核武器研发和制造、核技术利用等过程中都可能产生放射性废物，之后将经过必要的处理（有可能是经过多种方式处理，如去污、固化、减容、整备等）直至处置或清洁解控。在整个流程中，将涉及不同的责任主体，而废物管理的整个周期又很长，所以需要制定明确的放射性废物管理的框架和原则，作为对各类放射性废物进行体系化管理的基础。

加拿大政府在 1996 年制定了“加拿大放射性废物管理政策框架”，明确了联邦政府制定政策、实施监督和监管的责任和“污染者付费”的原则，为放射性废物管理确立了明确的体制和财务安排。其中，核燃料废物作为加拿大最主要的高放废物，依据《核燃料废物法》的规定，NWMO 于 2005 年向加拿大政府提交了题为《选择未来之路——加拿大未来核燃料废物管理》的研究报告，详细阐述了 3 种基础方案以及新提出的 APM 方案的具体内容、时间计划、预估费用等各方面的研究成果及公众参与情况；最终 APM 方案经总理决策成为选定方案，明确了加拿大核燃料废物长期管理的技术路线和未来发展规划。对于历史遗留废物，则由加拿大政府承担长期管理责任；20 世纪 50—60 年代的废弃构筑物和设施退役及环境修复所产生的废物的管理费用均由政府资助。

与加拿大废物情况类似，我国当前已有和预计未来产生的放射性废物主要包括历史遗留废物、核燃料循环各环节产生的废物和核技术利用产生的废物，由于我国核电机组数量较多，涉及的废物产生单位也相对较多，相比之下，我国更应确定清晰的管理框架和原则，以使得放射性废物从产生到无害化有清晰的管理流程。

4.5 明确放射性废物管理组织机构与职责

加拿大在“加拿大放射性废物管理政策框架”的基础上指定了负责加拿大放射性废物管理的政府部门和机构，进行明确的责任划分，做到各类放射性废物管理责任的全面覆盖和无缝衔接。

加拿大将自然资源部作为负责制定和实施整个核供应链（包括从铀矿开采到废物的最终处置）联邦政策的主要政府部门，在废物管理方面负责放射性废物政策、法律的制定与实施。CNSC 是独立于政府的核监管机构，依据相关法规标准对核设施（包括废物管理设施）实施监管；在管辖权和责任重叠之处，负责协调监管活动。AECL 的任务是履行政府的废物和退役责任，提供核专业技术和知识，其设立了加拿大核实验室负责管理 AECL 的所有场地。值得一提的是，为执行《核燃料废物法》，加拿大各核能公司共同设立了非营利性质的、独立的核燃料废物管理组织 NWMO，负责加拿大核燃料废物长期管理工作，包括方案研究、公众沟通、财务和运营等工作，向政府提出建议，同时为核能公司和 AECL 提供服务。此外，根据《核燃料废物法》的要求，NWMO 设立了覆盖核燃料废物管理相关知识领域的顾问委员会，建立了顾问委员会咨询审查的工作机制。

我国在放射性废物管理的政府监管层面，由国防科工局作为国务院核工业行业主管部门，负责放射性废物处置选址规划编制和高放废物地质处置研发、选址、设计和建造的组织实施工作；生态环境部/核安全局作为国务院环境保护主管部门，统一负责全国放射性废物的监督管理工作。然而，总体来讲，缺少明确的废物管理机制，且相关方的职责与分工不够清晰；尤其是缺少加拿大的 AECL 和 NWMO 这类独立于废物产生单位和监管部门的执行机构。因此，建议基于我国国情，进一步明确各相关方在废物管理方面的职责与分工，并设立独立的废物管理机构，以实现废物管理各环节的全面覆盖和各方的协调一致。

参考文献

[1] Canada.ca-加拿大政府网站-加拿大核能技术．https://www.nrcan.gc.ca/energy/energy-sources-distribution/uranium-nuclear-energy/nuclear-energy/7711?_ga=2.197527789.374021832.1593697143-372874098.1593697143.

[2] Canada.ca-加拿大政府网站-加拿大铀资源．https://www.nrcan.gc.ca/energy/energy-sources-distribution/uranium-nuclear-energy/uranium-canada/about-uranium/7695.

[3] Canadian National Report for the Joint Convention on the Safety of Spent Fuel Management and on the Safety of Radioactive Waste Management-Sixth Report October 2017.

[4] Canada Radioactive Waste Report 2016- https://www.nrcan.gc.ca/sites/www.nrcan.gc.ca/files/energy/pdf/uranium-nuclear/17-0467%20Canada%20Radioactive%20Waste%20Report_access_e.pdf.

[5] 张弛，宋大虎，刘黎明，等．加拿大核立法研究．核安全，2013，12（03）：57-61.

[6] Managing Radioactive Waste -P-290 http://www.nuclearsafety.gc.ca/pubs_catalogue/uploads/P290_e.pdf.

[7] Http://publications.gc.ca/Collection-R/LoPBdP/LS/371/c27-e.htm.

[8] Statistics Canada. Guide to the Labour Force Survey. Catalogue No. 71-543-GIE. Revised February 2002.

[9] Http://www.candu.org/Pages/安大略电力公司.aspx.

[10] Http://www.candu.org/Pages/NBP.aspx.

[11] Https://www.nwmo.ca/en/Canadas-Plan/Canadas-Used-Nuclear-Fuel.

[12] Http://www.nuclearsafety.gc.ca/eng/waste/high-level-waste/index.cfm.

[13] 宋高阳．浅议英联邦诸王国的主权沿革．法制与社会．2016，11：138-140.

[14] Https://thecommonwealth.org/about-us.

[15] Https://www.nwmo.ca/en/ABOUT-US/How-We-re-Governed/Advisory-Council.

[16] NWMO. Choosing a Way Forward – The Future Management of Canada's Used Nuclear Fuel（Final Study），2005.

[17] 缪文辉．浅析加拿大民族状况和民族政策．黑龙江民族丛刊，2006，2：26-30.
[18] 徐文．多元文化背景下加拿大印第安人政策研究．苏州：苏州科技学院，2012.
[19] NWMO. Moving Towards Partnership – Annual Report 2018. March，2019.
[20] NWMO. Moving Towards Partnership – Annual Report 2019. March, 2020.
[21] NWMO. Moving Forward Together – Annual Report 2008. March，2009.
[22] NWMO. Moving Forward Together – Annual Report 2009. March，2010.
[23] NWMO. Moving Forward Together – Triennial Report 2008 to 2010. March，2011.
[24] NWMO. Learning More Together – Annual Report 2011. March，2012.
[25] NWMO. Learning More Together – Annual Report 2012. March，2013.
[26] NWMO. Learning More Together –Triennial Report 2011 to 2013. March，2014.
[27] NWMO. Progress Through Collaboration – Annual Report 2014. March，2015.
[28] NWMO. Progress Through Collaboration – Annual Report 2015. March，2016.
[29] NWMO. Progress Through Collaboration – Triennial Report 2014—2016. March，2017.
[30] NWMO. Moving Towards Partnership – Annual Report 2017. March，2018.
[31] NWMO. Moving Towards Partnership – Triennial Report 2017 to 2019. March，2020.
[32] Http://gazette.gc.ca/rp-pr/p2/2007/2007-06-27/pdf/g2-14113.pdf.
[33] NWMO. Technical Program for Long-Term Management of Canada's Used Nuclear Fuel – Annual Report 2018. December，2019.
[34] Https://www.nwmo.ca/~/media/Site/Reports/2016/07/08/10/51/Minister_Statement_NWMO_2015AnnualReport_EN.ashx?la=en.
[35] Https://www.nrcan.gc.ca/our-natural-resources/energy-sources-distribution/nuclear-energy-uranium/nuclear-liability-compensation-act/19224.
[36] CEA Agency. https://www.canada.ca/en/impact-assessment-agency/services/policy-guidance/impact-assessment-process-overview.html.
[37] Minister of Fisheries and Oceans. http://www.dfo-mpo.gc.ca/pnw-ppe/policy-politique-eng.html.

附录

附录 1　核燃料废物贮存设施

1.1　Pickering 核电站

Pickering 拥有两个核电站，每个核电站都有 4 台 CANDU 加压重水堆。Pickering A（1～4 号机组）于 1971 年开始运行，持续安全运行至 1997 年，随后电站进入停堆维护阶段；2003 年 9 月，4 号机组恢复商运，2005 年 11 月，1 号机组恢复商运。2010 年 9 月，2 号和 3 号机组完成卸料、干燥并进入安全贮存状态。Pickering B（5～8 号机组）于 1983 年开始运行，并持续运行至今。安大略电力公司计划继续运行 Pickering 核电站到 2024 年。两个 Pickering 核电站产生的核燃料废物在转运到 Pickering 废物管理设施前存放在核燃料废物贮存室至少 10 年。

安大略电力公司 Pickering 废物管理设施位于 Pickering 核电站内；自 1996 年投运以来，设施的主要目的是贮存来自 Pickering 反应堆的核燃料废物。预计 Pickering 废物管理设施将持续运行到最后一台 Pickering 反应堆机组停堆后至少 10 年。Pickering 废物管理设施核燃料废物干式贮存区包括一个干式贮存容器处理厂房和三个贮存厂房。Pickering 核电站核燃料废物干式贮存系统的设计目的是将来自 Pickering 核电站核燃料废物贮存室内湿式贮存设施内的核燃料废物转运到由安大略电力公司设计的包钢混凝土干式贮存容器中。在转运到 Pickering 废物管理设施前，需将每个负载的干式贮存容器排尽，其腔室处于真空干燥状态，并检查容器表面有无松散的污染物，如有必要进行去污处理。

负载有核燃料废物的干式贮存容器进入 Pickering 废物管理设施加工处理厂房后，拆除转运夹，并将盖子密封焊接于干式贮存容器上，随后检查盖子焊缝有无缺陷，进行真空干燥和氦气充填，随后，焊接和检查排水口，并执行氦气泄漏试验；最后，在容器外部有磨损或擦伤的地方补漆，加工处理完成后，在每个容器上加 IAEA 密封件，并放置到贮存区。Pickering 废物管理设施每年可加工处理约 50 个干式贮存容器（19 200 个核燃料废物棒束）。截至 2016 年 12 月，Pickering 废物管理设施共存放了 855 个干式贮存容器。

Pickering 废物管理设施的标称设计容量是Ⅰ期区域内现有的两个贮存厂房可存放约 650 个干式贮存容器或 249 600 个燃料棒束。Ⅱ期区域目前正在建设中，位于 Pickering 核电站东边的综合体内，如附图 1-1 所示。Pickering 废物管理设施Ⅱ期综合体目前包括一个核燃料废物干式贮存厂房（贮存厂房 3），其标称容量为 500 个干式贮存容器，综合体还有更多空间可以设置贮存厂房。Pickering 废物管理设施Ⅰ期和Ⅱ期区域的贮存厂房最终将达到能够放置 3 000 个干式贮存容器的容量，足以存放 Pickering 核电站寿命周期运行期间消耗的所有燃料。Pickering 废物管理设施Ⅱ期区域在其本身设定的保护区内运行。

附图 1-1　Pickering 核电站废物管理设施Ⅰ期（加工处理厂房，贮存厂房 1 和 2，燃料套管贮存厂房）和Ⅱ期（贮存厂房 3，将来的贮存厂房 4）区域

2016 年，安大略电力公司报告从 Pickering 废物管理设施核燃料废物干式贮存容器加工处理厂房释放到空气中的粒子有 1.75×10^5 Bq。释放到水中的氚为 1.98×10^8 Bq，总α/γ为 3.25×10^5 Bq。上述释放量低于从每年 1 mSv 的公众剂量限值推导得出的 Pickering 废物管理设施导出释放限值。然而，需要注意的是，从 Pickering 废物管理设施释放出的活度值是包括在 Pickering 核电站报告的总释放量中的（共包括 6 台运行的 CANDU 机组）。

1.2　Bruce A、 B 核电站

位于安大略省 Kincardine 市的 Bruce 核电基地拥有两个核电站：Bruce A 核电站和 Bruce B 核电站。Bruce A 核电站拥有 4 台 CANDU 加压重水反应堆。目前，4 台机组均在运行中。这个电站从 1984 年开始运行至今。这两个电站产生的核燃料废物在被转运到 Western Waste 废物管理设施前存放在核燃料废物贮存室内至少 10 年。

1.3　Western 废物管理措施

安大略电力公司 Western 核燃料废物干式贮存设施属于 Western Waste 废物管理设施的一部分，于 2003 年 2 月开始运行。设施设计成可为 Bruce A 和 B 核电站核燃料废物提供安全贮存，直至核燃料废物被转运到替代的长期核燃料废物贮存或处置设施。

Western Waste 废物管理设施可同时为 2 000 个干式贮存容器或 768 000 个 Bruce 电力公司产生的燃料棒束提供干式贮存。核燃料废物存放在两用混凝土干式贮存容器中，这种容器与目前 Pickering 废物管理设施和 Darlington 废物管理设施使用的干式贮存容器相同。干式贮存容器加工处理方式与 Pickering 废物管理设施和 Darlington 废物管理设施相似。

Western Waste 废物管理设施每年可处理约 130 个干式贮存容器（或 49 920 根核燃料废物棒束）。

1.4　Darlington 核电站

安大略电力公司运营的 Darlington 核电站包括 4 台 CANDU 加压重水堆，于 1990 年开始商运至今。经过多年的详细规划，安大略电力公司开始对 Darlington 核电站 4 台反应堆开展整修工作。这个设施的中期整修工作将确保核电站能够继续供电 30 年以上。Darlington 核电站整修工作计划于 2026 年完成。

Darlington 废物管理设施（附图 1-2）位于 Darlington 核电站场址，可以在 Darlington 核电站核燃料废物被转运到可选择的长期核燃料废物贮存或处置设施前提供安全的贮存条件。Darlington 核电站产生的核燃料废物在转运至 Darlington 废物管理设施前存放在核燃料废物水池至少 10 年。Darlington 废物管理设施包括一个加工处理厂房和两个贮存厂房，每个贮存厂房的设计容量为可以容纳 500 个干式贮存容器。然而，在另外两个贮存厂房建设完成后，设施的设计贮存容量将达到 676 000 个燃料棒束（约 1 760 个干式贮存容器）。核燃料废物存放在两用（即贮存容器和运输包）混凝土干式贮存容器中，这种容器与目前 Pickering 废物管理设施和 Western 废物管理设施使用的干式贮存容器相同。干式贮存容器的加工处理方式与目前 Pickering 废物管理设施和 Western 废物管理设施运行的干式贮存容器加工处理方式相同。Darlington 废物管理设施每年可加工处理约 60 个干式贮存容器（或 23 040 个核燃料废物棒束）。

附图 1-2 Darlington 核电站废物管理设施航拍图

2016 年安大略电力公司报告从 Darlington 废物管理设施释放到空气中的粒子为 4.00×10^4 Bq，没有报告释放到水里的粒子。这种释放量级低于根据每年 1 mSv 的公众剂量限值导出的 Darlington 废物管理设施到处释放限值。

1.5　Gentilly-2 号核电站

魁北克水电公司运营的 Gentilly-2 号核电站（附图 1-3）拥有 1 台 CANDU 加压重水堆。该电站于 1982 年投入使用，1983 年开始商运。魁北克水电公司于 2012 年年底停止 Gentilly-2 号核电站运行，进入退役阶段。

由于电站已经停止运行，核燃料废物棒束总量不会再上升。电站安全贮存了 129 925 个核燃料废物棒束。核燃料废物最早存放在核燃料废物水池中，在经过至少 7 年的冷却期后被转运到干式贮存设施中，直接在水池中完成将核燃料废物转运到贮存篮的操作，负载的贮存篮随后被转运到一个屏蔽的工作站，在这个工作站内将贮存篮内容物干燥，并将贮存篮盖焊封。在贮存篮相关工作完成后，贮存篮便会被转运到魁北克水电公司核燃料废物干式贮存设施。

附图 1-3　Gentilly-2 号核电站

自 1995 年运行以来，Gentilly-2 号核电站核燃料废物干式贮存设施（附图 1-4）存放了电站运行以来所使用的燃料。魁北克水电公司获得建造贮存其核燃料废物所需的所有 CANDU 贮存（CANSTOR）模块的授权。一个 CANSTOR 模块可存放 12 000 个核燃料废物棒束。

依据退役计划要求，根据需要转运贮存篮，转运工作通常在每年的 4—10 月进行。魁北克水电公司必须确保将这些设施警戒线处的剂量率始终保持在每小时 2.5 μSv 的授权限值内。

附图 1-4 Gentilly-2 号核电站核燃料废物干式贮存设施

1.6 Point Lepreau Generating Station

新布伦瑞克电力公司运营的 Point Lepreau 核电站拥有 1 个 CANDU 加压重水堆。电站于 1982 年开始运行。目前电站满功率运行，且在 2012 年秋季完成了大修，这次大修结束后电站可继续运行 25～30 年。

Point Lepreau 核电站产生的核燃料废物最初存放在核燃料废物贮存室至少 7 年，然后转运到核燃料废物干式贮存设施（附图 1-5），也就是放射性固体废物管理设施 II 期区域。自 1990 年运行以来，核燃料废物干式贮存设施为 Point Lepreau 核电站产生的核燃料废物提供地上混凝土罐贮存空间。设施被授权可建造 300 个混凝土罐，共可以贮存 180 000 个核燃料废物棒束。为处理大修后电站延长的运行寿命而产生的更多的核燃料废物，已经准备了一块地，以多建造 300 个混凝土罐，具体的数量根据未来的需求而定。

在报告期间（2014 年 3 月 31 日到 2017 年 3 月 31 日）28 个混凝土罐已经装满并密封。报告期结束时，设施共建造了 220 个混凝土罐，其中 190 个已经装满并密封。根据 Point Lepreau 核电站核反应堆电力输出情况，每年约有 5 000 个核燃料废物棒束被转运到干式贮存设施。

附图 1-5　Point Lepreau 核电站核燃料废物干式贮存设施区域

1.7　Douglas Point Generating Station

Douglas Point 反应堆核燃料废物干式贮存设施（附图 1-6）位于 Bruce 核电基地。位于 Douglas Point 的 CANDU 原型反应堆于 1968 年开始运行，并在运行 17 年后永久停堆。AECL 负责 Douglas Point 反应堆的退役工作，目前这项工作由 CNL 在国有承包经营（GoCo）模式下执行。

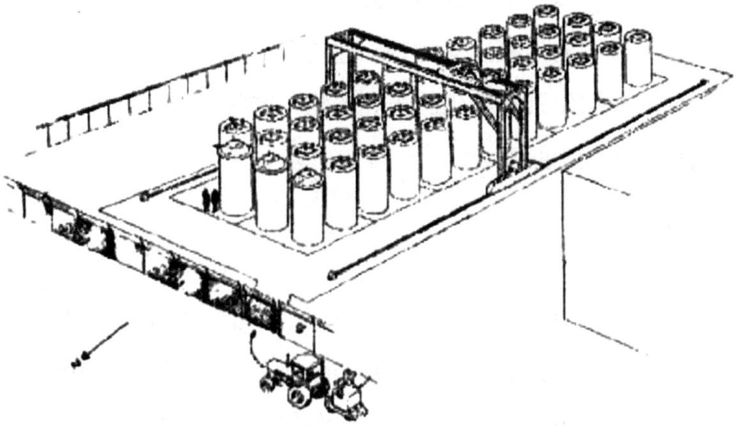

附图 1-6　Douglas Point 反应堆核燃料废物干式贮存设施

退役工作于 1986 年开始，到 1987 年年底共有约 22 256 个核燃料废物棒束被转运到混凝土罐中。干式燃料贮存罐空气采样计划证实安全贮存和监测以及接近零释放的持续趋势。这种持续的监测证实了设施始终维持在安全贮存和监测状态。

1.8　Gentilly-1 号核电站

Gentilly-1 号核电站于 1972 年 5 月开始运行，并于 1972 年实现了两次短暂的满功率运行状态，随后，到 1978 年以前断断续续共运行了 183 个有效的满功率运行天数。Gentilly-1 号核电站的退役工作由 AECL 负责；这项工作目前由加拿大核实验室在国有承包经营模式下执行。

1984 年，AECL 开始了为期两年的退役计划，在此期间共有 3 213 个核燃料废物棒束被转运至混凝土罐。干式核燃料废物贮存罐空气采样计划证实安全贮存和监测以及接近零释放的持续趋势。

1.9　CRL 废物管理 G 区

CNL 运营的 CRL 实验室废物管理 G 区是一个包含混凝土罐的核燃料废物干式贮存区。安大略省水电局（Ontario Hydro）从 1962 年负责运营核动力示范反应堆直至其 1987 年退役（现在由安大略电力公司运营）。作为退役计划的一部分，这块场地已在 12 个干式贮存混凝土罐中存放了来自 Bruce 核电站、Pickering 核电站和 Douglas Point 核电站的 68 个发燃料棒束，以及来自核动力示范反应堆的 4 886 个燃料棒束。

两个混凝土罐是在现有的混凝土支撑垫上建造的，用于存放在 CRL 实验室新加工处理设施中单独加工放射性同位素时产生的焙烧废物。这些混凝土罐处于延期停机状态，与其他专用的同位素设施系统相匹配。

1.10　Whiteshell 实验室

Whiteshell 实验室于 20 世纪 60 年代早期在曼尼托巴省 Pinawa 建成，用于为 CANDU 较高温度型反应堆执行核研究和开发活动。最初的研究重点是 1965 年开始运行的 Whiteshell 1 号冷却反应堆。Whiteshell 1 号反应堆持续运行到 1985 年。

Whiteshell 实验室于 20 世纪 70 年代早期编制了一份混凝土罐贮存设施计划，以论证干式贮存是核燃料废物水池贮存的一个可行的替代方案。

由于论证计划的成功，因此建造了混凝土罐贮存设施（附图 1-7）以存放所有剩余的 Whiteshell 1 号反应堆的核燃料废物。此外，在经过 Whiteshell 屏蔽设施内照射后检查，来自 CANDU 电站的核燃料废物棒束也存放在这个设施内。设施存放了来自 Whiteshell 1 号反应堆和 CANDU 反应堆的 2 268 个核燃料废物棒束。1975 年以前反应堆运行产生的部分核燃料废物存放在废物管理区。

附图 1-7　Whiteshell 实验室混凝土罐贮存设施

1.11　CRL 废物管理 B 区

NRU 研究堆是一个重水研究堆。其核燃料废物棒最初贮存在研究堆的水池中。经过一定时间的放射性衰变和冷却后，核燃料废物被转运到位于 CRL 实验室废物管理 B 区的瓦洞。加拿大 NRU 堆于 2018 年 3 月 31 日终止运行。约 30 个相关的厂房和构筑物以及主反应堆设施将在 2021 年移交退役，废物管理将进入贮存监管模式。

附录2　中、低放废物管理设施

2.1　Pickering 废物管理设施——燃料套管贮存

Pickering 废物管理设施（附图 2-1）包括核燃料废物干式贮存区和用于存放 Pickering 核电站（1～4 号机组）换管活动的反应堆堆芯部件废物的燃料套管贮存区。燃料套管贮存区位于 Pickering 保护区内，以贮存监管模式运行。

附图 2-1　Pickering 废物管理设施以及燃料套管贮存区（左侧）和核燃料废物干式贮存区（右侧）

燃料套管贮存区运用干式贮存模式（钢筋重混凝土制成的圆柱形桶）来贮存燃料套管。贮存区设计容量为 38 个干式贮存模块。模块的设计可以提供足够的屏蔽以满足设施外剂量率要求，并确保工作人员剂量率合理可行尽可能低。目前，燃料套管贮存区拥有 34 个负载的干式贮存模块，2 个空模块和可增加额外 2 个模块的空间。燃料套管贮存区地面铺有一层防渗膜，属于低维修率地面。排水系统将贮存区的径流水导向 Pickering 5～8 号机组排水口。滤污池的设置可实现定期取样。

2.2 Western 废物管理设施——中、低放废物贮存

Western 废物管理设施属于加拿大安大略电力公司所有并运营，位于安大略省 Kincardine 附近的 Bruce 核电基地。Western 废物管理设施由两个不同区域组成（附图 2-2）：

① 中、低放废物贮存区。

② 核燃料废物干式贮存区。

中、低放废物贮存区为安大略省核电站（Pickering、Darlington 和 Bruce）以及由安大略电力公司或其前身安大略水电局（Ontario Hydro）运营的其他设施产生的放射性材料提供安全运输、加工处理和贮存服务。中、低放废物贮存区由多个厂房组成，例如，废物减容厂房和运输包装维修厂房。这个设施所用的贮存构筑物包括地上低放射性废物贮存厂房、整修废物贮存厂房、四相腔室、地下容器、地下沟槽和瓦洞。废物减容厂房接收低放废物，并将它们分为可加工处理流和不可加工处理流。废物减容厂房还可以在贮存前通过压实或焚化进一步加工处理部分废物。这个厂房由下列主要区域组成：

① 放射性废物焚烧装置包括放射性废物焚烧炉、辅助系统和设备以及一个主动排水坑。

② 压实区域包括一个箱形压实机和民用维修间。控制和机械维修车间位于运输包装维修厂房内，用于执行维修和设备维护工作。

③ 材料搬运、贮存和分类区对来料和加工处理的废物进行搬运、分类和临时贮存。焚化炉和压实区入口也包括在内。

④ 控制室坐落于主要工作控制中心。所有中、低放废物贮存区系统和运行报警均在控制室内监控。

⑤ 货运场建造了一个不会受天气影响的区域，以接收和装载低放废物。

⑥ 通风设备区域包括进气过滤器、进气风机、加热线圈、排气过滤器和排气风机。厂房通风和放射性焚烧炉排气的放射性气体流出物监视器也位于这个区域。

⑦ 电气和贮存室包括电气开关和监测控制中心，以及非废物产品的贮存。

安大略电力公司制定了放射性焚烧炉、废物减容和运输包装维修厂房主动通风的气体放射性释放，以及这块场地地表和地下排水释放的导出释放限值（DRL）。非放射性流出物必须符合安大略省环境与气候变化部颁布的 Western 废物管理设施场地环境合规。从运营到现在，放射性和非放射性流出物均符合规定要求。

Western 废物管理设施放射性废物安全搬运、加工处理和贮存要求结合设计特征、程序、政策和监测大纲。必要的大纲应关注单独区域以及整个设施的辐射防护、职业健康和安全、环境防护和监测。

Western 废物管理设施的中、低放废物贮存区在 2015 年接收了约 2 900 m^3 的放射性废物。年度总量可能由于各核电站维修活动情况的不同而有很大的差异。废物随后经过加工处理并放置到适当的贮存结构内。目前，估计有 94 000 m^3 的中、低放废物临时存放在现场。

中、低放废物贮存区内有两个整修废物贮存厂房。这些厂房存放了 BruceA 1 号和 2 号机组整修产生的废物。其中一个厂房存放有特别设计的混凝土和钢制箱子内的燃料套管，另一个厂房存放有蒸汽发生器。将来整修废物贮存构筑物的施工进度计划将根据需要以及动力反应堆许可证持有者制定的核电厂整修计划执行。

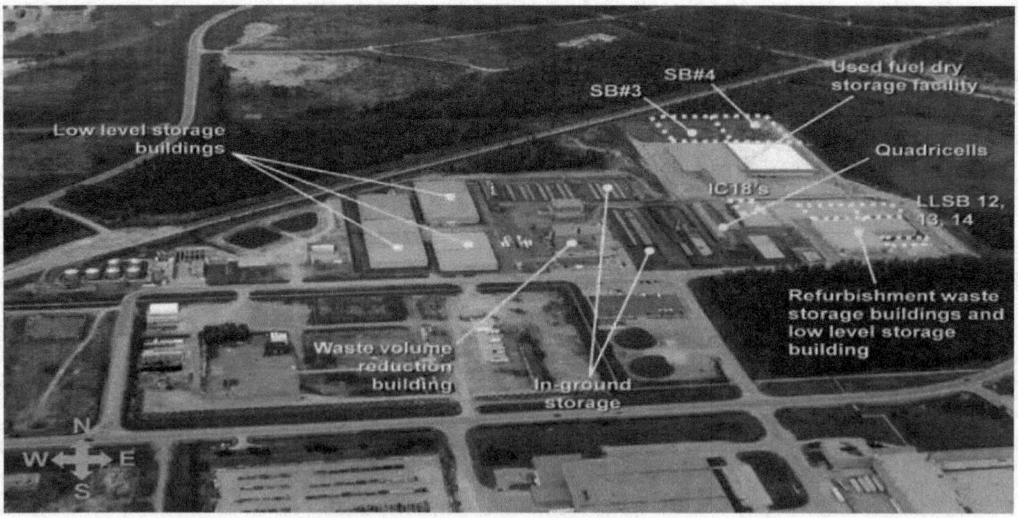

附图 2-2　Western 废物管理设施

2.3　Bruce 放射性废物 1 号运行基地

放射性废物 1 号运行基地属于安大略电力公司所有和维护，位于 Bruce 核电基地。设施存放了 Douglas Point 反应堆和 Pickering 1～4 号机组早期运行寿期产生的中、低放废物。这个设施大部分最早的废物于 20 世纪 90 年代后期和 21 世纪早期被送回和放置在 Western 废物管理设施。少量废物仍存放在附有混凝土盖子的钢筋混凝土沟槽内和地下独石以及有内衬的瓦洞内。

设施目前是以管理模式运营的，且不再接收新废物。安大略电力公司监测和维护现场和构筑物，未经 CNSC 书面批准，不得将新废物运送入设施。

2.4　Hydro-Québec 废物管理设施

魁北克水电公司的放射性固体废物管理设施（SRWMF）由两个独立的设施组成，设施内安全存放了 Gentilly-2 核电站产生的放射性材料（附图 2-3）。两个设施均由多种类型的钢筋混凝土贮仓组成。

附图 2-3　Gentilly-2 核电站放射性固体废物管理设施

较高剂量率的中放废物，如过滤器，被存放在 A 型贮仓内。B 型贮仓也可用于存放中放废物，但相较于 A 型贮仓内存放的中放废物，剂量率较低。C 型贮仓用于存放低放废物。

放射性固体废物管理设施Ⅱ期于 2013 年获得试运行授权。Ⅱ期最初用于存放整修废物；然而，这个装置还被用于存放退役活动产生的放射性废树脂和中放废物或低放废物。

目前，低放废物产量低于每年 10 m^3。2016 年收集并分析的放射性固体废物管理设施地表水径流样本显示氚浓度为 26～1 040 Bq/L。2016 年放射性固体废物管理设施围栏处的平均剂量率为 0.05 μSv/h。公众监管剂量限值为每年 1 mSv。

2.5 Point Lepreau 固体放射性废物管理设施

Point Lepreau 固体放射性废物管理设施包括用于存放运行过程中产生的固体放射性废物的Ⅰ期区域、用于存放核燃料废物的Ⅱ期区域和用于存放大修产生的固体放射性废物的Ⅲ期区域（附图 2-4）。

附图 2-4 Point Lepreau 核电站贮存库贮存构筑物

减容策略于 2010 年 12 月执行，即将可加工处理的放射性废物运送至位于美国田纳西州橡树岭的 Energy Solutions 公司的熊河加工处理设施（Bear Creek Processing Facility）。通过这个方法运送了装运的可焚烧废物和返回的灰，实现减容约 80∶1，同时，熔融的放射性金属废物可用于美国核工业屏蔽作用，因此没有送回至新布伦瑞克电力公司。Ⅰ期地表径流样本的平均氚浓度约为 390 Bq/L。根据热释发光剂量计的读数，Ⅰ期围栏处的平均剂量率约为 0.11 μSv/h。公众监管剂量率为 1 mSv/a。

Ⅲ期区域包括以下贮存构筑物：

① 贮存库。Ⅲ期贮存库是与Ⅰ期相同的混凝土结构，用于存放大修产生的大量低放废物。两个贮存库构筑物共有约 890 m^3 的贮存空间。截至 2017 年 3 月 31 日，大约有 871 m^3 的贮存库贮存空间已被占用。

② 燃料套管容器。Ⅲ期燃料套管容器（附图 2-5）为混凝土结构，用于存放来自 Point Lepreau 核电站反应堆大修产生的中放废物，主要是反应堆部件。5 个构筑物共有约 165 m^3 的贮存空间。截至报告期结束时，共有约 140 m^3 的换管容器贮存空间被占用。

Ⅲ期区域地表径流样本的平均氚浓度约为 274 Bq/L。根据热释发光剂量计的读数，报告期内Ⅲ期围栏处的平均剂量率约为 0.11 μSv/h。公众监管剂量率为每年 1 mSv。

附图 2-5　Point Lepreau 核电站燃料套管废物容器

2.6　退役反应堆场地的放射性废物管理

Douglas Point 核电站、Gentilly-1 核电站和核动力示范反应堆处于停堆、部分退役和贮存监管期（附图 2-6）。由于这些设施含有放射性物质（包括退役活动产生的放射性废物）设施目前获得的是 WMF 许可证。

（1）Douglas Point 核电站废物管理设施

Douglas Point 核电站废物管理设施位于安大略省 Kincardine 的 Bruce 核电基地。在经过 17 年的运行后，这个 CANDU 原型动力反应堆于 1984 年永久停堆。退役活动于 1986 年开始，核燃料废物棒束于 1987 年年底被运送到混凝土容器。Douglas Point 核电站退役活动由 AECL 负责，目前，这项工作由 CNL 在国有承包经营（GoCo）模式下执行。

存放的废物包括活化腐蚀产物和裂变产物。废物存放在反应堆和辅助厂房内。每种废物的来源如下：

① 反应堆部件内的活化产物和生物屏蔽层。

② 沉积在慢化剂表面的放射性活化产物和裂变产物。

③ 来自存放在地下储罐内的热运输和慢化剂系统的离子交换树脂。

④ 辅助厂房存放的受污染土壤。

⑤ 燃料贮存室的受污染钢制桶。

⑥ 从反应堆厂房到接收贮存室的燃料转运隧道内存放的中放废物。

持续执行日常排放和环境监测工作，以确保设施安全运行。

附图 2-6　Douglas Point 反应堆、核动力示范反应堆和 Gentilly-1 反应堆设施

（2）Gentilly-1 废物管理设施

Gentilly-1 废物管理设施坐落于魁北克水电公司内 Gentilly-2 核电站边界内。Gentilly-1

核电站于1972年5月开始运行，并在同一年实现了两次短暂的满功率运行状态。截至1978年以前断断续续共运行了183个有效的满功率运行天数，随后，决定执行一些改造和维修。因此，电站于1980—1984年进入维护状态，在此期间，初步制订了一份退役计划，使Gentilly-1步入安全可持续停堆状态，以便贮存监管。Gentilly-1的退役活动由AECL负责，目前这项工作由CNL执行。

存放的废物包括活化腐蚀产物和裂变产物。每种废物类型的来源如下：

① 反应堆部件内的感生放射性和生物屏蔽层。

② 沉积在排放的热运输和慢化剂表面的放射性腐蚀产物和裂变产物。

③ 受污染土壤。

④ 来自热运输和慢化剂系统的离子交换树脂。

⑤ 由于运行和较早的退役活动产生的干燥的、低放射性受污染设备和材料容器。

Gentilly-1废物管理设施没有气体释放物。持续执行日常排放和环境监测测量工作，以确保设施安全运行。

（3）Nuclear Power Demonstration废物管理设施

核动力示范反应堆废物管理设施坐落于安大略省Rolphton，包括退役的核动力示范电站。电站于1962年开始运行，到1987年退役，当时的安大略水电局（目前是安大略电力公司）在AECL的协助下将电站退役到稳定的临时贮存状态。在达到稳定状态后，安大略水电局于1988年9月将核动力示范反应堆废物管理设施移交给加拿大原子能有限公司。此后，各种非核辅助设施，例如：行政管理大楼、培训中心、泵房和两个大型仓库被拆除，垃圾被运离场地以便再利用、回收或废弃。

核动力示范反应堆废物管理设施分为核区和非核区。存放的废物包括感生放射性产物、活化腐蚀产物和部分裂变产物。移除核燃料废物和重水后，核动力示范反应堆剩余放射性包括：

① 反应堆部件内的活化产物和生物屏蔽层（即反应堆周围的混凝土墙）。

② 排放的热运输和慢化剂系统内的放射性腐蚀产物。

③ 辅助系统内少量放射性物质，设施核区内存放的设备和材料。

持续执行日常排放和环境监测测量工作，以确保设施安全运行。

自2015年转换为国有承包经营模式后，AECL正在寻求通过CNL的工作关闭核动力示范反应堆场地。AECL仍拥有该场地，由CNL负责设施，该设施目前处于CNSC颁布的退役废物设施许可证下的退役贮存监管期。核动力示范反应堆场地目前包括少量构筑物，包括主反应堆厂房、柴油发电机、警卫室和通风烟囱。部分临时构筑物也被用于支持退役项目。

2.7　加拿大原子能有限公司（AECL）核研究和试验机构设施

AECL 目前在加拿大拥有一个研究设施：位于安大略省乔克河（Chalk River）。之前，AECL 有另一个研究设施，位于曼尼托巴省的 Whiteshell 实验室，这个实验室目前处于退役过程中。2015 年完成国有承包经营模式转换后，经过与 AECL 协商后确定由 CNL 运营这些场地。这两个场地产生的放射性废物存放在各场地的废物管理设施。

（1）CRL

CRL 实验室基地位于安大略省伦弗鲁郡（Renfrew）渥太华西北方 160 km 渥太华河岸。基地占地约 4 000 hm^2，位于 Corporation of the Town of Deep River 公司边界内。渥太华河从西北方向流向东南方向，形成基地西北方边界。CRL 实验室东南方边界与 Petawawa 军备处相邻。

CRL 实验室基地建于 20 世纪 40 年代中期，拥有多种反应堆运行的历史，主要活动与研究相关。基地大多数核设施和相关的支持性设施和厂房位于相对较小的工业厂区，紧邻渥太华河，位于基地东南角。放射性和非放射性废物的管理区在 CRL 实验室边界内，位于西南到东北走廊。CRL 实验室废物管理区可为一些没有其他方式管理废物的机构，例如：大学、医院和工业用户，提供部分收费的废物管理。

CRL 实验室废物管理区可管理以下 8 种废物类型：

① 核反应堆运行废物（包括燃料和反应堆部件）、反应堆清理材料（如树脂和过滤器）、因日常运行受到放射性污染的垃圾和其他材料。

② 燃料制造设施废物（包括铸坯用的二氧化锆和石墨坩埚）、过滤器和其他垃圾，如手套、工作服和擦拭巾。

③ 同位素生产废物，包括主要受钴-60 和钼-99 污染的一般放射性废物。

④ 同位素使用废物，包括主要受钴-60 和钼-99 污染的一般放射性废物。

⑤ 热室运行废物（包括清理材料）、受污染的空气过滤器、受污染的设备和废弃的照射样本。

⑥ 去污和退役废物，包括各种具有可变物性和化性性质以及放射性性质的受污染废物。

⑦ 处理受污染土壤和地下水时产生的固化废物。

⑧ CRL 和厂外杂物，包括不属于上述废物类别的放射性废物（例如，放射性同位素实验室和工作间产生的废物）。

液体废物，例如，闪烁液、受放射性污染的润滑油、受多氯联苯污染的废物和同位素生产废物，也交由 CRL 实验室废物管理运行处理。废物管理区每年接受 15～20 m^3 的相关废物并通过商业处置服务处置。

此外，废物处理中心还处理 Chalk River 实验室基地产生的活性液体废物。经过液体废物蒸发器处理后，监测处理后的流出液，并将其排放到处理下水管，最终排放到渥太华河内。

（2）废物管理 A 区

CRL 实验室基地首批放射性废物于 1946 年设置在现在被称为废物管理 A 区的位置。在废物管理 A 区，固体和液体形式的废物被直接丢入挖出的沙沟内。1952 年以前，运行规模不大也没有记录，直至 NRU 实验堆事故清理时产生了必须接受快速且安全管理的大量放射性废物。当时，约 4 500 m^3 的液体废物（含有 330 TBq 的混合裂变产物）排入挖掘的地沟内。这个行动后，分别于 1954 年和 1955 年执行了少量排污工作（分别为 6.3 TBq 和 45 TBq 的混合裂变产物）。废物管理 A 区不再接收废物。

这个区域有两个放射性液体废物罐接收瓶装液体，并根据记录的观察结果，认为安放时瓶子被蓄意破坏。放射性液体处置罐预计受到约 3.7×10^{13} Bq 的锶-90 和约 100 克钚。罐内的放射性液体于 2013 年回收，并运送到厂外的服务提供方进行加工处理。这些放射性液体废物罐内液体回收工作尽可能降低了罐内污染物释放的可能性和后果。

废物管理 A 区位于一个沙脊的西侧，分别在邻近下砂岩层、中砂岩层和上砂岩层发现 3 个地下蓄水层。地下水最初向南流。随着地下蓄水层沙子变厚，流向变为南—东南方向。废物高于废物管理 A 区地下水位，但由于渗透作用，污染物进入地下水，形成一个面积约为 38 000 m^2 的受污染烟羽。迄今为止，收集的地下水监测数据显示，部分样本槽内含有总β（活度浓度 10～7 740 Bq/L）、总α（活度浓度 0.13～2.5 Bq/L）和锶-90（活度浓度 5～3 800 Bq/L）。定期观察地下水烟羽情况，以监测烟羽迁移和识别与预期条件的偏差。对废物管理 A 区周边的日常地下水监测（即靠近烟羽源头处）结果表明，相关条件稳定或转佳，废物管理 A 区周边地下水污染水平普遍保持在相似浓度，或随着时间的推移逐渐降低。

可渗透反应墙（即 South Swamp 地下水处理系统）于 2013 年建造完成。这个处理系统旨在拦截从废物管理 A 区流出的锶-90 通过上砂岩层蓄水层流入其邻近的地下水处理系统。

（3）废物管理 B 区

继废物管理 A 区后，于 1953 年建设废物管理 B 区，作为 CRL 固体废物管理场地。这块场地位于一个被沙子覆盖的高地上，距离废物管理 A 区以西约 750 m（附图 2-7）。早期的低放废物贮存实践与废物管理 A 区所用的相同，即放置在无衬里的地沟内并用沙填料覆盖，这一区域目前位于基地北侧。此外，这一区域还有大量部件和材料填埋场。

1955—1959 年使用沥青衬里和加盖的地沟放置固体中放废物，随后这个方法被建于场地沙地地下但高于地下水位的混凝土贮仓所替代。废物管理 B 区于 1963 年停止使用沙沟填埋低放废物，而改用混凝土贮仓和废物管理 C 区。

使用混凝土构筑物存放不满足沙沟接收准则，但不要求大量屏蔽的固体废物包。早期的混凝土贮仓是长方形的。这些长方形的混凝土贮仓在 1979 年被圆柱形构筑物所替代并一直沿用至今。

圆柱形贮仓由可拆卸金属模板制成，以在混凝土基座上形成波浪状钢筋混凝土墙。圆柱形混凝土贮仓最大容量为 110 m^3，但典型的存放废物容量约为 60 m^3。

具有较高危害性的废物也存放在废物管理 B 区的工程设施内，即瓦洞。瓦洞用于存放需要比混凝土贮仓可提供的更多屏蔽的放射性材料。存放的材料包括受照射的燃料、热室废物、实验燃料棒束、不可用的放射性同位素、放射性离子交换柱、放射性排气系统过滤器和钼产生过程中产生的裂变产物废物。废物管理 B 区新的瓦洞阵于 2010 年建造，并于 2011 年投入使用。

从废物管理 B 区延伸出数个地下水污染烟羽。位于东侧的一个烟羽含有来自位于场地北端的无衬里沙沟的有机化合物（例如，1,1,1-三氯乙烷、三氯甲烷、三氯乙烯）。定期调查“可溶解烟羽”，以监测污染物迁移和识别与预期条件的偏差。对废物管理 B 区东北方向周边的地下水执行的日常监测结果显示相关条件稳定，随着时间的推移，废物管理 B 区周边地下水污染水平普遍仍保持在相似浓度。

第二条来自废物管理 B 区西北角的烟羽主要含有锶-90。这条烟羽源头位于未衬里的沙沟西段。对废物管理 B 区西北方向周边（烟羽源头附近）的地下水执行的日常监测结果显示相关条件转佳，随着时间的推移，废物管理 B 区周边地下水污染水平下降。这条烟羽污染物迁移效应因烟羽处理系统，即 Spring B 处理厂而有所缓解。这个自动化处理设施将地表水和地下水中的锶-90 去除，这些锶-90 是烟羽流经途中释放到一系列泉水生物圈的。这个处理系统去除了流入液中大部分锶-90 活度。2013 年，Spring B 处理厂处理了 1 308 m^3 地下水，去除了 1.60 GBq 锶-90，并将输入活度浓度从 1 258 Bq/L（平均值）降低到 2.0 Bq/L（平均值）。自 Spring B 处理厂接近其设计寿命末期时，新处理系统的概念设计于 2013 年完成。新设施将于 2017 年开始建造，完工后的设施经过调试后，将于 2018 年夏季移交废物管理运营。

钼是在废物管理 B 区地下水检测出的另一种污染物。对地下水常规监测的结果显示，随着时间的推移，钼污染水平保持稳定。经过考量，认为废物管理 B 区内不同类型的废物贮存构筑物是这种污染物的污染源。

附图 2-7　位于 Chalk River 实验室基地的废物管理 B 区

（4）废物管理 C 区

CRL 废物管理 C 区于 1963 年建成，接收有害半衰期少于 150 年的低放废物和不能确定未受污染的废物。早期运行包括在平行的地沟内插入楔形的原状沙条。1982 年，这个系统改为使用“连续地沟”法，以更有效地运用可用空间。1983 年，部分平行地沟被高密度聚乙烯防渗膜覆盖。

1993 年，在废物管理 C 区南端附件建造了一个扩建工程，并于 1995 年开始接收废物。随着连续地沟和/或其扩建工程被回填和做成景观美化，从疑似储备土壤中得到的材料用于减缓坡度，以保证废物管理 C 区地面适用于重型设备行进。储备土壤中的材料满足特定验收准则。

除沙沟废物外，非放射性酸、溶剂和有机液体废物也放置在沙沟指定地段或C区西角的特定地坑内，尽管这一实践已经停止。在2004年年底以前，受污染的污水、污泥也放置到沙沟内进行处置。

自2006年以来，额外的废物存量，包括污水污泥，被限制存放在临时地上密封容器内。新的大件材料垃圾填埋场于2010年完工，存放在废物管理C区地面容器的污水、污泥于2010年年底被转运到废物管理J区。2012年和2013年，存放在废物管理C区地面的材料，即NRU实验堆堆垛件，被移走以准备进行废物管理C区工程覆盖处理。NRU实验堆堆垛件被重新装在专门设计的PacTec袋中，并转运到WMA H（废物管理H区）进行地面贮存。2013年，在废物管理C区覆盖有使用了土工织物和土工膜的工程覆盖层，以尽可能降低大气水分渗透入存放的废物。

废物管理C区地下水监测数据显示从这一区域散发的烟羽。尽管在部分深孔内监测到较高浓度的有机化合物，但主要污染物仍是氚。对地下水的日常监测结果显示，随着时间的推移，氚污染水平仍保持稳定。

（5）废物管理D区

废物管理D区于1976年建成，以存放已知或疑似受到污染，但不需要封闭的废旧的或多余的设备和部件如，管道、容器和热交换器。在过去的3年内，大部分遗留材料或通过返送回所有和通过厂外金属回收利用处置这两种方式移走。

混合废物贮存设施由3个专为安全短期贮存和搬运混合液体废物（即具有化学和放射性、危害性的废物）设计的相互连接的、工程构筑物组成。构筑物有两个配有适当泄漏包容和通风装置的贮存室，以及具有通风柜、排气和泄漏包容能力的取样或膨胀区。

基地由一个有栅栏的建筑体组成，并围有一块砾石地面的区域，部件放置在这个区域内。如果部件受到表面污染，工作人员必须适当包装这些部件，以免包装受到表面污染。

2014年开始的一场积极的清理活动将外部建筑体全部清理干净，除整洁存放的海运集装箱外。2016年，存放在从先前低放射性废物管理办公室补救活动获得的Butler建筑物内的材料已被移装到现代标准的贮存容器中，以便将其运送到拟议的近地面处置设施中处置。废物管理D区的所有贮存方式均是地上贮存。这一区域不允许填埋，在拟议的近地面处置设施投入运行前，这个废物管理区还提供临时贮存服务。

（6）废物管理 E 区

废物管理 E 区接收的废物有疑似受到和已受到轻微污染的土壤和建筑材料，以及 1977—1984 年产生的其他非根际土和建筑碎片。废物材料被用于建造旨在接收疑似受污染材料的废物管理 E 区的道路，将替代废物管理 C 区但不投入运营。

（7）废物管理 F 区

废物管理 F 区于 1976 年建成，用于存放来自安大略省霍霍港（Port Hope）、阿尔比恩山（Albion Hills）和渥太华受污染的土壤和矿渣。存放的材料包含有低水平的镭、铀和砷。处置工作于 1979 年完成，尽管为评估可能的放射性和化学污染物迁移的监测和监督工作仍在继续，但这个场地目前已经关闭。

（8）废物管理 G 区

废物管理 G 区于 1988 年建成，用于存放地上混凝土罐内核动力示范原型反应堆全部核燃料废物存量。目前，这个区域共有 12 个核动力示范反应堆燃料罐和 2 个煅烧废物罐。这 12 个核动力示范反应堆罐中，共有 11 个已经充满，另一个是空罐，作为备用。煅烧废物罐用于存放在 CRL 新的同位素专用设施中分离出来的放射性同位素加工处理过程中产生的废物。然而，和其他同位素专用设施系统一样，这两个煅烧废物罐目前仍是空的且处于延续停运状态。目前，没有计划建造更多煅烧废物罐。

（9）废物管理 H 区

废物管理 H 区于 2002 年开始运行。这个区域设置有模块化地上贮存构筑物和屏蔽的模块化地上贮存（SMAGS）构筑物。在存放到模块化地上贮存构筑物（附图 2-8）和屏蔽模块式地上贮存前，干燥的低水平废物需要经过包装，且在某些情况下还需压实后放置在钢制容器中。2014 年 3 月，CNSC 批准在 CRL 建造 6 个屏蔽模块式地上贮存构筑物。首批三个屏蔽模块式地上贮存构筑物已经完工并投入运行。余下的三个屏蔽模块式地上贮存构筑物建造工程已被推迟，以等待拟议的近地面处置设施可用。目前正等待管理批准，一旦设施投入运行，满足拟议的近地面处置设施废物验收准则的废物将被直接运送到该设施，存放在模块化地上贮存构筑物和屏蔽模块式地上贮存的适当的废物将被送至该设施进行处置。随后，屏蔽模块式地上贮存将被用于存放不适合在拟议的近地面处置设施处置的废物。

在计划建造拟议的近地面处置设施时，废物管理 H 区内原本用于建造第 4～6 个屏蔽模块式地上贮存的区域已被备制成压实的砾石硬面层，以便临时存放已经装入容器中的废物。

附图 2-8 废物管理 H 区内模块化地上贮存构筑物

（10）废物管理 J 区

CRL 废物管理 J 区新的大件材料填埋场于 2010 年建造完成。这个填埋场被设计成可长期管理 RL 污水处理厂产生的脱水的污水、污泥。设施由内衬有不渗透的土工织物层和半渗透黏土层的工程填埋场组成。废物沥出液会被收集并在分析后进一步加工处理。全部步骤（共四步）都完成后，大件材料填埋场将能够存放 CRL 产生的 100 年的污水、污泥，并能够确保以环保的方式长期管理废物。自 2004 年起，脱水的污水、污泥被存放在废物管理 C 区内的滚装容器中，这些容器的内容物于 2010 年年底被安全放置到大件材料填埋场。

（11）液体分散区

当建成第一批渗透坑，以通过从 NRU 实验堆控制棒水池管道接收放射性液体后，于 1953 年开始形成液体分散区。渗透坑位于东侧和南侧被湿地围界、西侧被废物管理 A 区围界的区域内的小型沙丘上。

1 号反应堆地坑是一个天然的封闭洼地，在 1953—1956 年使用，用于存放放射性水溶液。分散液包括估计 74 TBq 的锶-90，以及各种其他裂变产物和约 100 g 的钚（或表示成钚的其他α粒子发射体）。1956—1998 年，使用包括原先存放在废物管理 A 区的受污染设备和车辆在内的固体材料以及从放射性区域挖掘的潜在受污染土壤回填地坑。

继 1 号反应堆地坑后，于 1956 年建造 2 号反应堆地坑。建造一条管道以转运 NRU 实验堆控制棒水池中的水。分析储水箱中水样本中的可溶性和总 α、可溶性和总β粒子锶-90、氚、铯-137 和铀。

化学品地坑也是在 1956 年建造的，用于接收来自场地（除反应堆外）放射性实验室的放射性液体废物。化学品地坑的建造与 2 号反应堆地坑相似，即用砾石回填基坑并通过管道供应废物。

洗衣房排出物地坑于 1956 年建造，这是液体分散区最后一个设施。如其名称的含义一样，这个洗衣房排出物地坑用于接收从放射性区域洗衣房和去污中心排出的污水，但仅为此使用了一年。记录的存量为 100 GBq 混合裂变产物。

自 2000 年以后，液体分散区便停止使用，且目前没有关于这个区域的未来使用计划。两团地下水烟羽从液体分散区流出，预计是从分散设施流出的。一条从反应堆地坑流出的烟羽含有氚，这是这团烟羽唯一大量释放出的核素。对反应堆地坑周围地下水的常规监测显示，自分散运行停止后，氚污染水平已大大降低。地下水监测还监测出其他放射性污染物，但浓度较低，且随着时间的推移呈下降趋势。

第二团烟羽是从化学品地坑流出的，主要担心的污染物是锶-90。对化学品地坑地下水的常规监测结果显示条件转佳，地下水污染水平呈下降趋势。通过烟羽处理系统，也就是化学品地坑处理厂，来缓解这种污染物迁移效应。这个设施去除了地下水中大量的锶-90，这些地下水是从地坑附近烟羽宽面分布的 4 个收集井中收集的。2013 年，化学品地坑处理厂处理了 2 550 m^3 的地下水，去除了 2.1 GBq 锶-90，并将输入活度浓度从 743 Bq/L（平均值）降低到 3.5 Bq/L（平均值）。

目前的地下水处理设施已经运行了近 20 年，接近其设计寿期限。考虑到许多近期的发展情况，这一特定区域的战略正被重新审视。随着拟议的近地面处置设施计划将于 2020 年投入使用，以及拟议的土地使用工作的继续和临时土壤清理水平，未来这一区域可能会执行早期污染源移除相关工作或继续抽出处理工作。在继续使用目前的处理方法的同时，进一步评估其他处理方法的可行性。

（12）酸、化学品和溶剂地坑

这三个小型地坑位于废物管理 C 区北部，被统称为酸、化学品和溶剂地坑。地坑建于 1982 年，并持续运行到 1987 年。这 3 个地坑分别用于存放非放射性酸、化学品和溶剂废物。存放酸的地坑接收了约 11 000 L 液体废物（盐酸、硫酸和硝酸）以及少量固体废物（碳酸钾粉末、酸性蓄电池和柠檬酸）。存放溶剂的地坑接收了约 5 000 L 混合溶剂、油品、烃类溶剂和丙酮，存放化学品的地坑则接收了较少的废物。

（13）废液储罐场

废液储罐场存放了 7 个埋在地下的不锈钢储罐，里面存放中等水平放射性废液。其中，3 个相连的储罐里面存放了来自燃料棒贮存间的离子交换再生溶液。3 个储罐中有 1 个是空储罐，当其他两个储罐中任意一个出现泄漏时，可将泄漏储罐内的溶液倒入该空储罐内。

另外 4 个相连的储罐里面存放了酸浓缩液，主要来自 1949—1956 年的燃料后处理工艺。最近一次溶液倒入废液储罐场内任一储罐中的时间是 1968 年；自此就没有再倒入过任何溶液。4 个储罐中有 1 个是空储罐，作为其他储罐泄漏的事故备用罐。

2012 年发起了储罐 40D 防漏项目，以降低其储存结构老化产生的环境泄漏风险。储罐 40D 是一个单壁直接埋地的储罐。该防漏项目的目标是在任何泄漏发生之前将储罐内容物移出，从而保护环境。截至 2014 年，该储罐内超过 80%的液体内容物被移出和处理，直至所有剩下的都是细粉砂泥。2017 年计划使用更高的过滤效果来进一步降低容量。

进一步的减少危害活动正在进行中，退役计划结合考虑了在 2020 年建成近地表处置设施。截至 2026 年，将完成该储罐场内存放废液的移出和处理，相应产生的废产物如果不适合在上述近地表处置设施内直接处置，则转运至中间贮存，然后储罐场退役。

（14）硝酸铵分解厂

硝酸铵分解厂建于 1953 年，用于分解来自燃料处理厂的废液中的硝酸铵。发生数次泄漏事件（释放）后，分解厂于 1954 年关停，随后拆除，很多设备就地埋入地下。

正如对这类设施所预料的，硝酸盐分解厂建筑物场地会放射出污染物烟羽，主要担心的污染物是锶-90。对建筑物场地周边地下水的定期监测表明，地下水中污染水平的稳定状态随着时间的推移继续保持稳定。

通过使用烟羽处理系统（墙幕处理系统）来缓解污染物迁移的效应，该系统利用安装在一直延伸至烟羽流径的不渗透边界旁边的地上斜发沸石区，实现非能动运行。该非能动处理系统能去除流出物中大部分的锶-90 放射性活度。2013 年，该系统实现锶-90 减少排放 53.1 GBq，进料活度浓度从 2 590 Bq/L（平均值）降至 1 Bq/L（平均值）以下。自 1998 年起，该处理系统已经减少锶-90 排放共 5.64×10^{11} Bq。

（15）硝酸钍地坑

1955 年，来自 CRL 场地铀-233 提炼装置大约 20 m^3 的废液被排放到一个地坑内。废液溶液中含 200 kg 硝酸钍、4 600 kg 硝酸铵、10 g 铀-233，锶-90、铯-137 和铈-144 均为 18.5 Bq。该地坑用石灰填埋来中和酸和让钍沉淀，然后用土覆盖。

（16）玻璃砖实验

1958 年，作为把高水平放射性废液转换为固体的方法调研项目的一部分，共 25 块含混合裂变产物的半球形玻璃砖（每块重 2 kg）被埋入地下水位以下。1960 年，又埋入 25 块含放置过的裂变产物的玻璃砖。埋入这些玻璃砖的目的是试验玻璃固化的废物在天然地下水环境中浸出情况下保留内部裂变产物的性能如何。此后，玻璃砖被取出，转运至废物管理区域内进行贮存。

（17）大件贮存区

大件贮存区在 1973 年之前一直被使用，用于贮存来自控制区的大件设备。该区域已经完成主体清洁，减少了日后的责任。贮存区的清洁工作于 2013 年 11 月完成。

（18）排放

CRL 废物管理区的运作导致放射性和非放射性污染物被排放到环境中。大多数的排放都是历史上的。这些排放来自已经停用的实践做法，例如，中水平废液的分散、中水平固体和液体废物的沙沟处置等。这些排放污染了现场的土地、地下水和地表水，还导致污染物场外释放到渥太华河中。

场外水体中的污染物浓度远低于针对饮用水和水生生物保护设定的标准。对从 CRL 场地排放的气态和液态流出物，已经设立了导出释放限制。此外，CRL 还制定了为导出释放限制一小部分的管理水平值，其接近正常运行水平。管理水平值用于提供及时提醒，提醒发生了高于预期的排放和及时开展调查。

（19）CRL 废物管理中心

CRL 废物管理中心负责处理 CRL 设施产生的已被或疑似被放射性污染的湿固体废物和废水。该中心还负责处理 CRL 接收的来自场外废物产生单位接收的少量放射性废液。

湿固体废物经过捆包后，转运至位于废物管理 B 区的混凝土贮仓内进行贮存。每年产生的捆包数量为 50～150 个，每个捆包体积为 0.4 m^3。除了这些数量，废物处理中心自身也产生固体废物，包括一次性防护服、纸张和清洁材料，经过压实、捆包后贮存在废物管理 B 区。每年处理的废液量为 1 500～4 000 m^3。这些废液主要包括来自去污中心、化学放射性排水系统和反应堆放射性排水系统的废液。对来源于历史运行而遗留贮存的少量浓缩废液，使用离子交换介质进行预处理，以便在废物处理中心最终处理前减少其放射性含量。处理设施包括一台浓缩废液的废液蒸发器和一套废液固定系统，该系统使用沥青基质在废物桶内固定浓缩废液，然后将废物桶贮存在废物管理 B 区。

来自废物处理中心的放射性核素通过屋顶通风口释放到大气中。对屋顶通风口进行监测，监测项目包括颗粒物总α活度、颗粒物总β活度、氧化氚和碘-131。来自废物处理中心的经处理的液态流出物，经过取样检测总α活度、总β活度和氧化氚之后，排放至工艺排水口。液态流出物也有定期监测，监测项目包括固体悬浮物、总磷、硝酸盐、酸碱度、电导率、有机碳、化学需氧量、溶剂可提取物、金属、挥发性有机物和半挥发物。

（20）Whiteshell 实验室

Whiteshell 实验室是一家目前正在进行退役的核研究和试验机构，位于曼尼托巴省，在温尼伯河东岸，距离温尼伯市东北部大约 100 km。由众多核/非核设施和活动构成，现场的主要设施包括 Whiteshell 1 号反应堆、屏蔽设施、研究实验室、放射性液体和固体废物管理区域和设施，放废管理设施包括用于研究堆核燃料废物干式贮存的混凝土罐贮存综合设施。

其中一个废物管理区的位置距离 Whiteshell 实验室主体场址东北部大约 1.5 km（公路距离 2.7 km）。该废物区大小约为 148 m×312 m，面积共 4.6 hm^2。废物管理区，自 1963 年投运，为低、中放废物提供贮存，设施包括：

① 有机废液焚烧炉。

② 低放废物贮存仓。

③ 低放废物无内衬土沟。

④ 低放废物/中放废物贮存仓。

⑤ 中放废物地下混凝土贮仓。

⑥ 高放废物/中放废物地下混凝土竖井。

⑦ 废液储罐。

从水文角度而言，废物管理区位于地下水排泄区，意味着地下水径流主要从地下含水层向上至地表。对挖掘深度有限制，以确保不会穿透不透水黏土层。

焚烧设施用于焚烧实验室废溶剂，先前被用于焚烧 Whiteshell 1 号反应堆运行、停运和清洁产生的冷却剂有机废物。

1963—1985 年，低放废物被埋入长约 60 m、宽约 6 m、深约 4 m 的无内衬地沟。地沟填满后，用至少 1.5 m 厚的开挖料覆盖。废物管理区内有 25 个填满的地沟。低放废物地沟贮存方式于 1985 年停止使用，转而使用专设的低放废物地上贮存仓。

低放废物贮存仓采用混凝土建造而成，外形尺寸为长 26.4 m、宽 6.6 m、高 5.2 m，壁厚 0.3 m，每个总体积达 805 m^3。已经建造了一个屏蔽模块化地上贮存（SMAGS）构筑物，用于贮存日后退役产生的低放废物。

中放废物使用地下或部分地下贮存仓进行贮存。这些贮存仓外形尺寸各不相同，采用钢筋混凝土建造而成，壁厚 0.25 m。从 1963 年至 20 世纪 70 年代中期（70 年代中期开始使用地上混凝土罐），Whiteshell 实验室使用地下混凝土竖管来贮存高放废物/中放废物货包。这些竖管采用钢筋混凝土建造，壁厚 0.2 m，底部整体厚度为 0.3 m，衬有镀锌钢管，并安装了厚约 0.9 m 的可拆除混凝土屏蔽塞供进入使用。

2.8　Energy Solutions 公司

Energy Solutions 公司，原来叫 Monserco 有限公司，自 1978 年开始运营，管理低水平放射性材料的操作和处理。位于安大略省宾顿市一座总面积为 12 000 m^2（相当于 130 000 平方英尺）的废物管理设施内，Energy Solutions 承包了从核电站、医院、高校和研究机构收集低放废物和轻微污染金属的业务。废物主要包括个人防护用品以及操作或处理放射性材料的建筑物或设施退役/拆除过程中产生的其他废物。放射性材料可以在宾顿市的废物管理设施内进行分拣和重新打包，或者直接装运至 Energy Solutions 公司其他设施进行焚烧处理或回收利用（金属熔融）。相应产生的灰返运至 Energy Solutions 公司，然后再运至相关持有许可证的加拿大废物管理设施进行长期贮存。通过金属熔融处理的玷污金属，在核电行业内回收利用，因此可消除长期责任。

宾顿市废物管理设施从事的活动和经营业务包括：

① 废物处理和运输。

② 玷污工具/设备的检查和去污。

③ 监测和无条件放行。

④ 贮存。

⑤ 放射性密封源的维修保养。

⑥ 响应服务。

2.9　Cameco Blind River and Port Hope 废物及副产品管理

出于环境和经济上的原因，节约资源和废物材料回收利用是运营的一个主要组成部分。在加拿大矿业能源公司 Cameco Blind River 提炼厂（附图 2-9），氧化氮空气排放物回收后转化为硝酸，进行再利用。在 Port Hope 转化设施，正在进行的回收利用项目包括厂内回收空气排放物中的氢氟酸进行再利用，以及生成和销售硝酸铵副产物作为商品肥料。在 Port Hope 燃料制造设施，燃料芯块碎屑得到回收和再加工。

附图 2-9　Cameco Blind River 提炼厂

铀提炼、转化和燃料制造工艺中有好几种工艺物料流，里面含有数量达到经济回报程度的天然铀。这些产物在铀水冶厂进行再处理，以回收铀成分。

布兰德河提炼厂和 Port Hope 转化设施的废物管理项目对所有受玷污的废料进行收集、清洁和监测，实现向商业回收利用机构的豁免。无法回收利用或不满足严格放行标准的物料，可焚烧成灰烬或打包后在持有许可证的废物设施内进行处置。无法清洁打包的不可回收物料主要是保温材料、沙土和一些废金属。

加拿大政府已经同意容纳来自 Port Hope 转化设施的在 Cameco 成立之前现场早期运营产生的 150 000 m^3 废物。这些废物包括 Port Hope 区项目下的桶装放射性废物、玷污土壤和退役废物。

附录 3　历史废物——受污染场地

在 20 世纪 70 年代发现由早期实践（20 世纪 30—50 年代）造成的极低水平铀和镭污染的场址，自 1982 年以来一直由低水平放射性废物管理办公室（LLRWMO）进行监督。由 AECL 负责低水平放射性废物管理办公室，CNL 代表 AECL 交付这项工作。

目前正在开展活动来量化加拿大（非 Port Hope 区域）历史遗留低放废物责任的范围，并为其制订排放计划。一个关键的目标是，到 2026 年，加拿大核实验室将通过安全执行修复项目，大大地减少或消除责任，促进符合 AECL 提供的政策方向的历史遗留低放废物的经济有效的长期管理。

3.1　Port Hope 区域对历史遗留低放废物进行长期管理的举措

2001 年 3 月 29 日，加拿大政府（由自然资源部部长代表）与安大略省 Port Hope、霍普镇（Hope Township）和克拉灵顿（Clarington）签署了一项关于为历史低放废物建造长期废物管理设施的协议，用于清理 Port Hope 区域的受污染场地。废物包含约 200 万 m^3 的低放废物和受污染土壤，其中镭-226、铀和砷为主要污染物。

通过这项协议，加拿大政府开始了 Port Hope 区域举措（PHAI），以评估和落实一个长期的解决方案来管理 Port Hope 区域废物。Port Hope 项目需要对 Port Hope 各受污染场地的废弃物进行清理和长期管理。格兰比港（Port Granby）项目涉及在克拉灵顿市现有的格兰比港废物管理设施中落实放射性废物的长期管理方法（附图 3-1）。

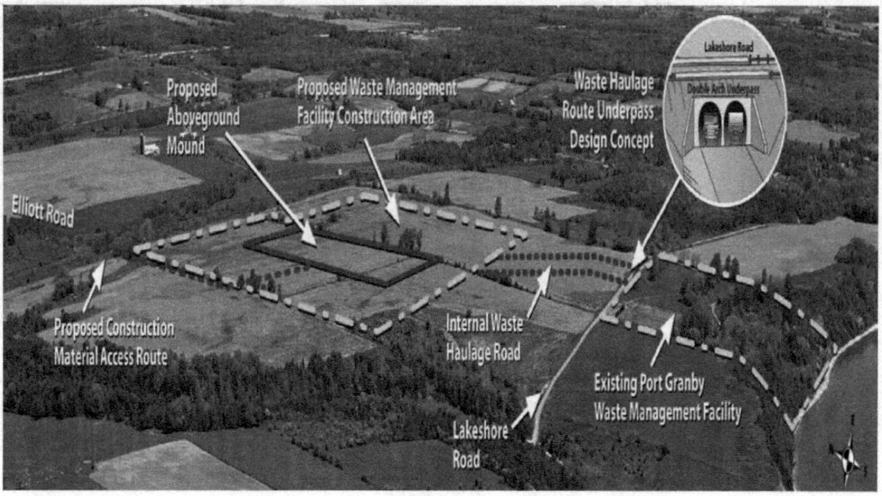

附图 3-1　格兰比港概念图

这两个项目都由 AECL 负责，但由 CNL 在政府拥有、承包商运营模式下交付。目前正在建造单一用途的设施，以管理每个清理项目产生的废物：Port Hope 长期废物管理设施和格兰比港长期废物管理设施。Port Hope 长期废物管理设施，预计设计能力为 180 万 m^3，计划接收来自该地区的各种废物。这些包括来自 Port Hope 市的主要无许可证场地的废物，包括垃圾填埋场和海港。其他废物，如受污染的道路和私有资产的土壤，以及来自加拿大矿业能源资源公司（Cameco）接受废物管理设施的废物以及 Cameco Port Hope 转化设施的规定历史遗留废物也将包括在内。按照市政当局的要求和协议的规定，也将社区内根据低水平放射性废物管理办公室工作范围临时管理的合并场地和临时储存地点的废物，以及非放射性污染工业废物包括在内。

Port Hope 长期废弃物管理设施正在建设中，作为 Port Hope 市现有的接受废物管理设施内的扩建场地，现有设施目前含有约 50 万 m^3 的低放废物和受污染土壤。已于 2012 年 11 月 15 日完成了该项目的环境评估过程，委员会向 Port Hope 项目颁发了为期十年的 AECL 许可证。该项目以及格兰比港长期废物管理设施正在分阶段进行。

Port Hope 项目目前正处于实施阶段（第二阶段），其中包括新长期废物管理设施和相关的水处理厂的建设，Port Hope 区域现有设施和受污染场地的修复，以及随后关闭长期的废物管理设施。水处理厂的施工已于 2016 年竣工，目前正在进行调试。包容堆的建设工程于 2016 年夏季展开，首个单元将于 2017 年年底竣工，预计将于 2018 年开始在其中投放社区内的废物。

格兰比港长期废弃物管理设施（预计设计容量为 60 万 m^3）将仅接收克拉灵顿市的现有格兰比港废物管理设施的废物。这些废物的选择场地是在现有设施的西北部，远离安大略湖的海岸线，已完成了该项目的环境评估过程。

该项目目前正处于实施阶段（第二阶段），其中包括新长期废物管理设施和相关的新型先进水处理设施的建设，现有设施的退役和修复，以及随后关闭长期的废物管理设施。

在完成 Port Hope 和格兰比港项目后，将对长期的废弃物管理设施进行封顶，这些项目将进入长期的监测和监督阶段（第三阶段）。

3.2　Port Hope 受污染场地

已经在 Port Hope 发现了若干受污染的场地，其中一些场地是主要的无许可场地，道路、市政公路备用土地和市政、私人和商业资产也存在一小部分污染土壤。这些场地被统称为小型场地。还有一些许可的和无许可的临时储存和合并场地。尽管这些场地目前还没有获得 CNSC 的许可。在实施 PHAI 期间随时出入这些场地是安全的。一旦 Port Hope 长期废物管理设施准备接收这种废物，PHAI 将予以修复。

《建设监控计划》（一个低水平放射性废物管理办公室与 Port Hope 的市政当局之间的管理大纲）包含了对这些场地的开发（可能包括道路维修、基础设施修理和维护、资产重建和景观美化以及私人或商业资产开发或翻新等一般活动）。

需要市政建筑许可证的项目被转交给低水平放射性废物管理办公室进行审查和采取行动。这一行动通常会进行施工区挖出物的放射性监测。如果已识别出需要清除的受污染土壤，则可以接收到松树街（Pine Street）扩建临时储存场地（一个 CNSC 许可的储存设施，容量大约为 12 000 m^3）。从长远来看，这种材料将被放置在 Port Hope 长期废物管理设施中。

附录 4　铀矿冶废物管理设施

4.1　Key Lake

位于 Key Lake 的尾矿管理旨在隔离和贮存来自水冶过程的废渣，从而保护公众和环境免受任何未来影响。涉及固体围护和水处理，使水达到能够排放环境的可接受标准。水处理期间移除的废金属沉淀物在尾矿管理设施中作为固体处置。

1983—1996 年，来自 Key Lake 水冶厂的废物都在地上尾矿管理设施进行处理，尾矿管理设施的覆盖面积为 600 m×600 m（36 hm^2），深 15 m。尾矿管理设施建造于地下水位以上 5 m 处，使用了专设堤防进行周界包容和改造过的膨润土衬垫密封底部，并将尾矿与周围土壤基础设施隔离。

自 1996 年以来，掘光矿物的 Deilmann 露天矿坑一直作为尾矿管理设施使用。尾矿管理设施于 1996 年 1 月进行调试，它用于贮存 McArthur River 混合矿石水冶过程中产生的尾矿和来自 McArthur River 和 Key Lake 的特殊废物。尾矿管理设施在掘光矿物的矿井底部基岩上建造了底部排水层。尾矿都堆积在该排水层上，同时水被持续泵出以促进上方覆盖尾矿的固体固结。

最初，尾矿通过陆上沉积存放到矿井内，其间利用底部排水层和天井抽运系统将尾矿块中的水提取出来，后来通过让矿井部分充水将该设施更改为水下沉积。

利用水下混凝土导管系统将尾矿沉积在水下，就放置和氡析出的衰减而言这样做是有好处的。在该系统中，利用称为“天然包围”的包容策略将尾矿放置在掘光矿物的矿井内。在尾矿放置期间，通过排水层和周围的地下水井移动尾矿和表面的残留水。从尾矿块体中提取的残留水收集进行处理。固结的尾矿相对于其周围较高渗透性的区域而言形成了低渗透性块体。

退役后，地下水将沿着阻力最小的方向流动（即沿着尾矿周围而不会穿过尾矿），这样最大限度地降低了环境影响。2016 年年底，Deilmann 尾矿管理设施（附图 4-1）含有尾矿 5.98×10^6t（干重）。

附图 4-1　位于 Key Lake 的 Deilmann 尾矿管理设施

4.1.1　废石管理

废石管理设施包含两个特殊废物贮存设施和三个废石贮存区域。废石处置区域主要包含良性岩石，因此，没有包容系统或渗流收集系统。特殊废物含有低水平的铀和其他潜在污染物，因此该物料包容在由下衬垫和渗流收集系统构成的专设设施中。来自特殊废物区域的物料正回收用来与优质 McArthur River 矿石混合，作为 Key Lake 水冶厂的给料。所有其他废石区域都处于关闭状态。

为了降低 Deilmann 北部废石堆相关的退役责任，大约挖掘出了 130 万 m^3 富镍废石并在 Gaertner 矿井中进行处置。

4.1.2　受污染的工业废物

受污染的工业废物要么回收利用，要么在地上尾矿管理设施内堆填。来自这些物料的沥出液通过地上尾矿管理设施的渗流收集系统进行收集并送回水冶厂用作工艺补给水或处理后释放到环境中。

4.2　Rabbit Lake

4.2.1　尾矿管理

Rabbit Lake 地上尾矿管理设施面积约为 53 hm^2，并包含大约 6.5×10^6 t 的尾矿，这些尾矿是在 1975—1985 年堆积的。这些尾矿均来自原始 Rabbit Lake 矿床的加工。地上尾矿管理设施内的尾矿在南北端通过填土坝包容，在东西沿侧通过天然基岩脊包容。地上尾矿管理设施目前正在进行长期稳定化和渐进的填筑。

原来的 Rabbit Lake 露天矿坑在 1986 年通过可渗透包围技术转变成了尾矿管理设施。自从该设施调试以来，Rabbit Lake 矿井内尾矿处理设施一直用作 Rabbit LakeB 区、D 区、A 区和鹰角（Eagle Point）矿山［附图 4-2（a)、(b)］的尾矿库。2016 年年底，Rabbit Lake 矿井内尾矿处理设施含有 9.13×10^6t（干重）尾矿。

在尾矿沉积前，在矿井底部和墙体上放置由沙子和碎石组成的可渗透包围。可渗透材料可以让尾矿中包含的过剩水量排放到内部渗流收集系统，同时也可以收集周边围岩中包含的水分，这样可以在运行期间维持朝向设施的水力梯度。收集到的水分会在处理后再排放到环境中。在执行最终退役并恢复到正常的水文地质条件后，地下水将优先通过可渗透的包围物流过，而不是流经低渗透性的尾矿。污染物排放限于通过尾矿/可渗透包围物表面的扩散。

附图 4-2（a）　Rabbit Lake 矿井内尾矿管理设施-1

附图 4-2（b）　Rabbit Lake 矿井内尾矿管理设施-2

4.2.2　废石管理

Rabbit Lake 场址含有许多净废石贮备和矿化废石贮备，这些废石都是自 1974 年以来在开采各种现场矿床的过程中产生的。一些废石已经用作建筑材料。例如，废石用来建造公路和用作 Rabbit Lake 矿井内尾矿管理设施的可渗透包围物。鹰角矿山的特殊废物贮备在带有衬里的贮存垫上，直至作为回填料送回地下。一些废石堆在它们各自的矿井内用作回填料和覆盖料。主要由 Rabbit Lake 沉积物构成的一个石堆已经修整轮廓并重建植被。

目前预计掘光矿物的采矿场在完成采矿和回填后在鹰角矿山表面将没有废石。A 区（28 307 m^3 净废物）和 D 区（200 000 m^3 主要为湖底沉积物）废石堆已进行平整、修整轮廓和重建植被。B 区废石堆包含约 560 万 m^3 的废料，堆放覆盖面积为 25 hm^2。B 区石堆通过专设覆盖装置修整轮廓和填筑，然后覆盖装置上再覆盖 1 m 厚带有植被和排水沟的冰碛以促进受控径流。所有来自 A 区（69 749 m^3）、B 区（100 000 m^3）和 D 区（131 000 m^3）露天矿坑的特殊废物都被送回矿井中并覆盖几层废石和/或干净冰碛，然后才能向掘光矿物的矿井中注水。

在 Rabbit Lake 矿井内尾矿处理设施附近的 West 5 废石堆贮存了大约 $6.89\times10^6 m^3$ 的废石（主要是砂岩），还有一些基岩和表土冰碛。矿化废物呈 4 个石堆（630 000 m^3）贮存在 Rabbit Lake 水冶厂附近。来自这些区域的径流和渗流均收集在 Rabbit Lake 矿内尾矿管理设施中。

4.2.3　受污染的工业废物

来自鹰角矿山和 Rabbit Lake 水冶厂的放射性及其他受污染物料都在受污染的垃圾填埋场进行处置，该垃圾填埋场位于 Rabbit Lake 地上尾矿管理设施的西侧。预计 2016 年放置在该场址的未压实废物有 3 970 m^3。

4.3　McClean Lake

4.3.1　尾矿管理

McClean Lake 是过去 17 年间在北美洲建造的唯一一个铀水冶厂。水冶厂和尾矿管理设施在工人和环境保护方面都采用了最先进的技术，用于加工优质的铀矿石。矿体（John Everett Bates 矿井）的露天开采始于 1995 年。在矿石被运走贮备起来后，该矿井被开发为尾矿管理设施［附图 4-3（a）和（b）］。通过采用诸如以下的关键特征，从运行期间和长远的角度对尾矿管理设施的设计进行了性能上的优化：

在水冶厂工艺中产生浓缩尾矿（添加石灰、氯化钡和硫酸铁），以去除溶液中潜在的环境污染物并产生从地质技术和地球化学角度而言稳定的尾矿；

附图 4-3（a）　McClean Lake 水冶厂运营场址左侧建造的 John Everett Bates 尾矿管理设施

附图 4-3（b）　位于 McClean Lake 的 John Everett Bates 尾矿管理设施

通过持续监测的管套管包容系统将水冶厂的尾矿运输到尾矿管理设施；

在掘光矿物的 John Everett Bates 矿井内执行尾矿的最终水下放置，以将尾矿长期、安全地包容在地下设施内；

使用天然包围作为长期从固结尾矿堵块周围转移地下水的最佳方法；

从钻井浮船上利用水下混凝土导管将浓缩尾矿放置到矿井内水面以下，这种方法最大限度地降低了细粒材料和粗粒材料的分离，预防了尾矿的冻结并通过水覆盖使氡析出增强了辐射防护；

在整个矿井周边使用降水井，以在运行期间维持液压控制的同时最大限度地降低洁净地下水的流入（即维持水位使得地下水流向矿井）。

利用底部滤层排水（排水供给疏干巷道和天井）收集和处理尾矿固结期间排放的孔隙水：

① 通过钻井浮船和管套管装卸系统回收矿井水；

② 退役时使用净废石和冰碛覆盖对矿井进行完全回填。

2016 年年底，John Everett Bates 尾矿管理设施含有尾矿 1.953×10^6t（干重）。

4.3.2　废石管理

McClean Lake 的露天矿坑开采已经逐步开发了多个矿坑，并且现已包含 John Everett Bates、Sue A、Sue B、Sue C 和 Sue E 矿坑［附图 4-4（a）和（b）］。2008 年 11 月 26 日已经在最近的露天矿坑 Sue B 完成了采矿。自 Sue B 开采结束以来，McClean Lake 还没有出现过露天矿坑开采。

从 John Everett Bates 和 Sue C 露天矿坑运走的绝大多数废物是表土材料或砂岩。表土和净废石贮备库位于矿井附近。废石贮备垫是用表土建造的。来自 Sue C 和 John Everett Bates 矿井的特殊废物在采矿期间先行贮备，然后开采结束后再回运到 Sue C 矿井。

来自 Sue A 矿井的所有废物（不包括表土）也存放在掘光矿物的 Sue C 矿井内。考虑到依据砷含量分离特殊废物方面的不确定性，这种方法是保守的。根据产生酸的可能性、放射性含量（使用矿石扫描仪）和关键的无放射性污染物（砷，使用 X 射线荧光扫描仪，该扫描仪已经在 Sue A 采矿期间经过成功测试并后续落实到了分离程序中）将废石分离成净废物和特殊废物。来自 Sue E 矿井的特殊废物也放置在掘光矿物的 Sue C 矿井内，而净废物放置在单独的 Sue E 废石贮备库。

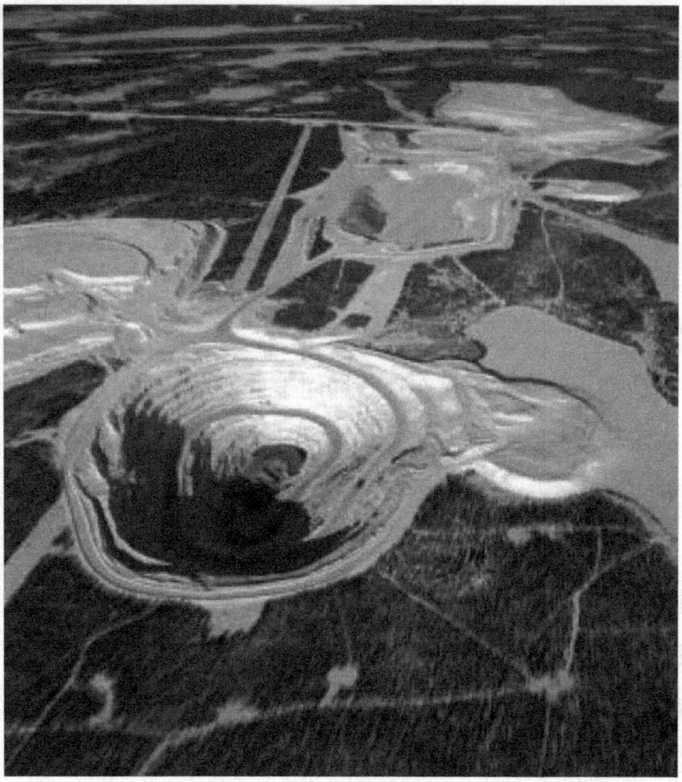

附图 4-4（a）　位于 McClean Lake 的 Sue 矿区

附图 4-4（b）　位于 McClean Lake 的 Sue E 矿井

所有从 Sue B 矿井运走的物料都归类为特殊废物，并放置在海平面以上 400 m 标高下方掘光矿物的 Sue E 矿井内。截至 2013 年年底，McClean Lake 的总计废石存量为 5.170×10^7 t 净废物（主要是废石）和 1.020×10^7 t 矿化废物（特殊废物）。

4.3.3 受污染的工业废物

受化学或放射性污染的废料产自 McClean Lake 运营场址的采矿、水冶和水处理区域。所有受污染的物料收集在黄色的垃圾大铁桶内，这些铁桶分布在场址周围，后续存放在尾矿管理设施周围受化学和放射性污染材料的垃圾填埋场。该垃圾填埋场在 John Everett Bates 尾矿管理设施的液压控制区域范围内。在最终场址退役期间，这些物料将被挖掘出来并存放在 John Everett Bates 尾矿管理设施内。现有的受污染废物的临时垃圾填埋场是在 2008 年 9 月扩建的。该扩建区域覆盖面积约 2 089 m^3。该区域平均深度 3 m，提供了 6 267 m^3 的额外贮存空间。2013 年年底—2016 年年底，大约有 1 965 m^3 的废物堆放在该垃圾填埋场。

4.4 Cigar Lake

4.4.1 尾矿管理

Cigar Lake 没有水冶厂，不产生尾矿。Cigar Lake 的矿石在 McClean Lake 水冶厂加工。

4.4.2 废石管理

Cigar Lake 有 5 个处于运营状态的废石贮存垫。目前的存量来自在该场址执行的开采试验和矿山建设活动。废石被归类为净废石、可能产生酸的废石或矿化废石。可能产生酸的废石和矿化废石临时贮存在专门设计的带有衬里的包容贮存垫上。来自这些贮存垫的沥出液会包容在内并收集在矿山水处理厂进行处理。在可能的情况下，净废石或良性废石将用作现场的填料或建筑材料。尽管一些产生酸的废石可能用作矿山的回填料，但是希望大部分此类物料都最终运输到 McClean Lake 矿山场址在掘光矿物的矿井内处置。

4.4.3 受污染的工业废物

受污染的工业废物贮存在 B 贮备库和其他批准的贮存区，其中 B 贮备库是用于贮存可能发生酸性反应的废石的贮备库之一。这些物料将最终在掘光矿物的矿山腔室和巷道回填期间进行地下处置。2016 年放置在这些场址的未压实废物有 207 m^3。

4.5 McArthur River

4.5.1 尾矿管理

McArthur River 没有水冶厂，不产生尾矿。

4.5.2　废石管理

在 McArthur River 运营场址，生产采矿、开发采矿和勘探钻井过程会产生废石。废石被归类为净废石、可能产生酸的废石或矿化废石。可能产生酸的废石和矿化废石临时贮存在专门设计的带有衬里的包容贮存垫上。来自这些贮存垫的沥出液会包容在内抽运到废液处理设施。分离出来的净废石放置在没有沥出液包容和控制系统的废石堆处置。

矿化废石被船运到 Key Lake 运营场址，并用作 Key Lake 水冶厂矿石进料的混合材料。可能产生酸的废物进行压碎筛选处理，粗粒材料用作地下混凝土回填操作的骨料。净废物用于现场和 McArthur River 与 Key Lake 之间运料路的一般道路养护。

4.5.3　受污染的工业废料

矿山井架的旁边有一个转运区，用于受污染物料的分类和临时存放。受污染物料经船运输到 Key Lake 运营场址，在那里通过地上尾矿管理设施处置。

附录5　《核燃料废物法》

简略标题

1．本法可简称为《核燃料废物法》。

释义

2．本法采用了下列定义。

“经济区域”指加拿大统计局在 2000 年 1 月 31 日发布的《劳动力调查导则》中描述的经济区域。

“部长”指自然资源部部长或加拿大女王枢密院中可作为总理指定的担任本法中部长职能的类似成员。

“核能公司”指：

（a）安大略电力公司、魁北克水电公司、新布伦瑞克电力公司和其他拥有商业核反应堆发电、产生核燃料废物的实体；

（b）（a）款中公司的任何继任者或受让者；

（c）加拿大原子能有限公司的任何受让者，这些受让者包括根据 1970 年《加拿大法修订案》A-19 章和《原子能控制法》第 10 条第（2）款的任何合资或独资公司。

“核燃料废物”指从商业或研究用核裂变反应堆中取出的辐照过的燃料棒。

“银行优惠利率”指银行对其最信赖借贷客户短期商业贷款每天收取的利率，它由加拿大银行在每月的结算日确定和公布。

“废物管理组织”指根据第6条建立的公司，无论该公司具体如何命名。

本法的目的

3．本法的目的是为总理根据废物管理组织的建议对加拿大基于全面、完整和经济合理方案的核燃料废物管理进行决策而提供一个框架。

本法的适用范围

4．本法在女王陛下的加拿大领地或省的范围内有效。

5．本法适用于拥有核燃料废物的核能公司和加拿大原子能有限公司。

核燃料废物管理组织

6.（1）各核能公司应成立一个公司，在本法中是指废物管理组织，并以非营利性质开展下列工作：

（a）向加拿大政府提出核燃料废物管理方案的建议；和

（b）实施根据第15条选定的或根据第20条第（5）款批准的方案。

（2）只要成立了废物管理组织，每个核能公司应成为其成员或股东并保持不变。

（3）任何情况下，废物管理组织都不是女王陛下在加拿大的一个代理机构。

7．废物管理组织应无歧视地并以合理的费用向其下列成员或股东提供总理根据本法第15条选定或根据第20条第（5）款批准的方案中的核燃料废物管理服务，包括：

（a）加拿大原子能有限公司，和

（b）不是废物管理组织的成员或股东，但在加拿大领地内产生核燃料废物的所有业主。

8.（1）废物管理组织应设立一个顾问委员会，该顾问委员会应：

（a）审查第12条第（1）款所列的研究和第18条要求提交给部长的三年报告；和

（b）就这些研究和报告向废物管理组织提出书面意见。

（2）委员会成员应由废物管理组织的领导机构任命。领导机构尽其所能以确保顾问委员会成员：

（a）能代表与核燃料废物管理相关的广泛的科学和技术学科；

（b）代表核能方面的专家意见，包括：

（i）公众事务，和

（ii）如果需要，包括其他的社会科学；

（b1）代表传统土著居民研究方面的专家意见；和

（c）包括总理根据本法第 15 条选定或第 20 条第（5）款批准的方案而受影响的经济区域的当地和地区政府、土著居民组织指派的代表。

财政

9.（1）每个核能公司和加拿大原子能有限公司，应独立或联合地在加拿大境内设立信托基金。该信托基金应设立于根据议会法或省立法规定成立的金融机构或专设的金融机构内，而不能是某核能公司直接或间接拥有某类特定股份中已发行股票 10%以上的金融机构。

（2）本条中拥有信托基金的金融机构应在加拿大境内保留所有与信托基金有关的文件。

10.（1）本款中提到的所有实体，可直接或通过第三方，应在本法实施后不晚于 10 日内向根据第 9 条第（1）款设立的信托基金存入下列相应数额的资金：

（a）安大略电力公司，500 000 000 美元；

（b）魁北克水电公司，20 000 000 美元；

（c）新布伦瑞克电力公司，20 000 000 美元；和

（d）加拿大原子能有限公司，10 000 000 美元。

（2）本款中提到的所有实体，可直接或通过第三方，应每年在不晚于本法实施周年日前向根据第 9 条第（1）款设立的信托基金存入下面相应数额的资金：

（a）安大略电力公司，100 000 000 美元；

（b）魁北克水电公司，4 000 000 美元；

（c）新布伦瑞克电力公司，4 000 000 美元；和

（d）加拿大原子能有限公司，2 000 000 美元。

（3）在部长批准第 16 条第（3）款第（a）项中资金之日，终止使用第（2）款。

（4）在第（1）款或第（2）款中提到的日期前未足额缴纳的部分要征收累计利息，利率为银行优惠利率加两个百分点。计息期从第（1）款或第（2）款提到的日期开始直至存入资金的前一天。

（5）第（1）款或第（2）款中提到的任何实体，可直接或通过第三方，应从第 15 条规定的总理决策之日起 30 天内，向根据第 9 条第（1）款设立的信托基金存入资金。适用的数额是指第（1）款或第（2）款数额的基础上再加一定额度，一般是所加的额度等于利息。

11.（1）只有废物管理组织可以从根据第 9 条第（1）款设立的信托基金取款。

（2）只有出于实施总理根据第 15 条选定或根据第 20 条第（5）款批准的方案的目的时，包括避免或明显减小对公众生活方式或社会、文化或经济形势的影响，废物管理组织才能取款。

（3）在第 15 条中所指的总理决策之日后，废物管理组织可以第一次取款，并只能用于根据《核安全与控制法》第 24 条规定签发建造或运行许可证后的相关活动。

（4）如果部长认为废物管理组织已违反第（2）款或第（3）款的规定从信托基金中取款，部长可以要求废物管理组织将来从信托基金中取款时要预先得到部长的批准。

核燃料废物管理组织的研究

12.（1）本法实施后三年内废物管理组织应向部长提交一项包含下列内容的研究：

（a）其建议的核燃料废物管理的各种方案，以及顾问委员会对这些方案的建议；

（b）对应采取何种方案的建议。

（2）下列每种方法必须至少是一种方案的唯一基础：

（a）在加拿大地盾内的深地质处置，要基于加拿大原子能有限公司在《加拿大核燃料废物处置概念环境影响陈述报告》中所描述的处置概念，并考虑环境评价专门小组在 1998 年 2 月《核燃料废物管理和处置概念环境评价专门小组报告》中提出的观点；

（b）在核反应堆厂址贮存；

（c）在地上或地下集中贮存。

（3）研究必须包括对建议的每种方案的详细描述并且必须指定一个实施的经济区域。

（4）建议每种方案必须包括该方案与其他方案的利益、风险和代价比较，并考虑实施该方案的经济区域，以及与该方案相关的伦理、社会和经济因素。

（5）建议每种方案必须包括对第 7 条中废物管理组织所提供的核燃料废物管理服务的描述。

（6）建议每种方案必须包括一个拟定的实施计划，至少要有：

（a）活动的描述；

（b）实施方案的时间表；

（c）废物管理组织计划采取哪些方式来避免或明显减小对公众生活方式或社会、文化或经济形势的影响；

（d）公众咨询计划。

（7）废物管理组织应就建议的每种方案咨询公众的意见，特别是土著居民的意见。研究必须包括废物管理组织所收到意见的汇总。

13.（1）研究必须针对建议的每种方案给出一个计算核燃料废物管理每年所需费用的公式。报告必须解释公式中的各项假设。公式必须包括下列各项：

（a）预计的核燃料废物管理总费用，必须考虑合理可能发生的天然或其他事件；

（b）根据第 9 条第（1）款设立的信托基金的预计的报率；

（c）各核能公司和加拿大原子能有限公司所拥有的核反应堆的预计寿命；

（d）预计向各核能公司和加拿大原子能有限公司以外的其他核燃料废物业主提供废物管理服务而收取的费用额度。

（2）研究必须针对每种建议方案估算各核能公司和加拿大原子能有限公司所承担的费用分别占核燃料废物管理总费用的百分比，并解释相应的百分比是如何确定的。

（3）研究必须给出根据《核安全与控制法》各核能公司和加拿大原子能有限公司已提供的核燃料废物管理财政担保的形式和数量。

14.（1）如果认为有必要，部长可以就研究中提出的方案咨询公众意见。

（2）如果部长认为研究明显不符合第 12 条和第 13 条的要求，部长应直接指令废物管理组织修改相关部分，并在部长规定的时间内向其提交修改后的研究。

15. 总理，应根据部长的建议，从研究给出的各种核燃料废物管理建议方案中选定一种方案，总理的决策应在加拿大政府公报上公布。

核燃料废物管理组织的报告

16.（1）废物管理组织应在每年度结束后 3 个月内，向部长提交一份该年度活动报告。

（2）第 15 条所指的总理决策之后的年度报告必须包括：

（a）该年度各核能公司和加拿大原子能有限公司根据《核安全与控制法》所提供财政担保的形式和数量，以及实施根据第 15 条总理选定或根据第 20 条第（5）款批准的方案的相关情况；

（b）更新的预计核燃料废物管理总费用；

（c）下一年度经费预算；

（d）建议的下一年度计算核燃料废物管理所需费用的公式并解释公式中的各项假设；

（e）下一年度要求各核能公司和加拿大原子能有限公司缴纳的资金额度，以及确定这些额度的原则。

（3）下列条件下，第（2）款第（d）项中的公式和第（e）项中的每笔资金都要得到部长的批准：

（a）第15条或第20条第（5）款中所指的总理决策后的第一个年度报告中；

（b）根据《核安全与控制法》第24条规定对总理已选定或批准方案涉及的活动所签发的建造或运行许可证后的第一个年度报告。

（4）如果部长

（a）不能确信第（2）款第（d）项中的公式能为实施总理根据第15条选定或根据第20条第（5）款批准的方案提供足够的资金；或

（b）不能确信第（2）款第（e）项中的每笔资金与第（2）款第（d）项中的公式相符。部长应拒绝批准第（3）款中的公式或资金，并应指令废物管理组织修改年度报告的相关部分和在30天内向部长提交修改后的年度报告。

17.（1）每个核能公司和加拿大原子能有限公司，直接或通过第三方，应在下列规定的时间内向根据第9条第（1）款所设立的信托基金存入年度报告规定的相应资金：

（a）如果第16条第（3）款中的内容没有得到部长的批准，则是在第16条第（1）款所指的年度报告提交给部长30天内；或

（b）如果第16条第（3）款中的内容得到部长的批准，则是在批准后30天内。

（2）虽然有第（1）款规定，但如果总理认为公众利益要求该笔款项要用于修复不属于核能公司原因造成的损坏，及特殊的、不可预见和不可抗事件造成的损坏，则总理可以根据核能公司的要求在本款所指的30天失效期前授权其延缓一年缴纳第（1）款中规定的全部或部分资金。

18．本法中“三年报告”是指第15条的总理决策后第三年的年度报告和此后每第三年的年度报告，必须包括：

（a）在过去三年内核燃料废物管理的活动总结，包括这些活动对社会生活方式，或社

会、文化或经济环境带来的显著社会和经济影响分析；

（b）未来五年实施总理根据第 15 条选定或根据第 20 条第（5）款批准的方案的战略计划；

（c）未来五年实施战略计划的预算；

（d）过去三年中第（a）款、第（b）款所列事项公众咨询的结果；

（e）顾问委员会就第（a）款、第（d）款所列事项的建议。

19. 在接到报告后 90 天内，部长应签署关于报告的公众声明。

19.1 部长接到报告后应在各议会开会的前 15 天对每份报告进行复制并提交议会。

方案变更

20.（1）如果放射性废物管理组织由于超出其能力的技术原因而无法实施总理根据第 15 条选定的方案，则废物管理组织应在其三年报告中报告此事并建议一种新方案。

（2）如果一种新开发的技术方法已通过与核活动有关的国际间政府组织的科学和技术专家审查并得到其支持，则废物管理组织可以在其三年报告中提出基于该方法的核燃料废物管理新方案。

（3）当根据情况需做这样的调整时，第 12 条第（3）至第（7）款、第 13 条和第 14 条涉及的内容应根据第（1）款或第（2）款提出的方案做相应调整。新方案应附有顾问委员会意见。

（4）如果部长确信第（1）款或第（2）款中的新方案对加拿大而言在技术和经济上都可行，那么部长应向总理提交新方案。

（5）总理根据部长的建议，可以批准根据第（1）款或第（2）款提出的新方案，这种情况下，总理的决策应在《加拿大公报》上公布。

受益人取款

21. 虽然有第 11 条第（1）款的规定，但总理可根据部长的建议授权信托基金的某一受益人取走全部或部分信托基金余额，条件是：

（a）总理已根据第 20 条第（5）款批准了新方案，且信托基金总余额超出实施该方案预计需要的总费用；或

（b）废物管理组织已全部实施了总理根据第 15 条选定或根据第 20 条第（5）款批准

的新方案。

记录、登记和财务决算

22.（1）废物管理组织、各核能公司和加拿大原子能有限公司，以及拥有信托基金的金融机构，在相关年度结束后，应将账户记录、登记以及其他文档在其加拿大的营业地点至少保存六年，保存的形式和包含的信息要满足能验证提交或提供给本法所指部长的资料的准确性和完整性。

（2）任何人不得在第（1）款要求保留的账户记录、登记或其他文件中作假或不做记录。

23.（1）废物管理组织，应在该组织财政年度结束后三个月内向部长提交经独立审计人审计后的财务决算，审计的费用由废物管理组织支付。

（2）每个拥有信托基金的金融机构，应在信托基金年度结束后三个月内向部长和废物管理组织提交经独立审计人审计过的信托基金财务决算，审计的费用由金融机构支付。

文档公开

24. 废物管理组织应向公众公开：

（a）本法中要求提交给部长的研究、报告和财务决算，在提交给部长的同时应向公众公开；和

（b）按照第 23 条第（2）款提交给废物管理组织的财务决算，要以尽可能可行的方式向公众公开。

记录和登记的检查

25.（1）出于本法的目的，部长可以任命其认为合格的任何人为检察官。

（2）为确保符合本法，在正常的工作时间内，检察官可以：

（a）进入第 22 条第（1）款所指单位的任何场所，但要适当地提前通知该场所的负责人；

（b）检查、复制和摘录任何第 22 条第（1）款要求保留、自己认为是合理的账户记录、登记和其他文档。

（3）如果在进入本条中所指的任何场所之前或之后被要求，检察官应向场所负责人出

示部长任命其为检察官的证据。

26.（1）每个人都应给检察官提供所有合理的帮助。

（2）禁止任何人阻止或妨碍检察官，或进行欺骗性或误导性的口头或书面形式的陈述，或是向检察官提供假的或误导性的信息。

违法与惩罚

27.（1）如果核能公司或加拿大原子能有限公司违反第10条第（5）款或第17条就属违法犯罪行为，可即席判决处以在犯罪实施或持续时间内每天不超过300 000美元的罚款。

（2）如果按照第（1）款判处一个实体有罪，法庭可以在除了第（1）款的判罚外，再判罚该实体在法庭指定的时期或之前，向信托基金存入资金。要存入的资金数额为未缴纳部分加上利息，利息在银行优惠利率的基础上增加两个百分点，计息日期直至缴纳之日。

（3）不履行第（2）款的判罚属违法犯罪行为，可即席判决处以与该判罚中累计金额相当20%的罚款。

28.（1）如果废物管理组织未在第12条第（1）款规定的时间内提交建议方案的研究，属违法犯罪行为，可即席判决处以在犯罪实施或持续时间内每天不超过 300 000 美元的罚款。

（2）如果废物管理组织未执行第14条第（2）款中部长的指令或是在第16条第（1）款规定的时间未提交活动报告，属违法犯罪行为，可即席判决处以在犯罪实施或持续时间内每天不超过100 000美元的罚款。

（3）如果废物管理组织未执行第16条第（4）款中部长的指令，属违法犯罪行为，可即席判决处以在犯罪实施或持续时间内每天不超过50 000美元的罚款。

（4）如果在第11条第（4）款要求部长批准才可取款的条件下，废物管理组织未经部长批准从信托基金中取款，或不执行第 24 条，属违法犯罪行为，可即席判决处以不超过100 000美元的罚款。

（5）任何人违反第26条的规定，属违法犯罪，可即席判决处以不超过100 000美元的罚款。

（6）任何人违反本法中的任何条款，属违法犯罪，可即席判决处以不超过500 000美元的罚款。

29．在起诉雇员或代理违反本法的行为时，应充分证明违法是由被指控的雇员或代理实施的，无论其是否被确定或已经被起诉违法。

30．如果确认是正当不苟地全面执行了本法或是阻止违法，则任何人都不应被判决是因为违反本法而犯罪。

31．与本法有关的违法，可在产生诉讼标的或部长开始关注该诉讼标的不晚于两年的时间进行诉讼调查。

缩略语

AECA	原子能控制法案
AECB	原子能控制委员会
AECL	加拿大原子能有限公司
ALARA	合理可行尽可能低
AMP	行政处罚
AMPR	行政处罚条例
APM	适应性分阶段管理
ASDR	放射性废物贮存区
CANDU	加拿大氘-铀
CANSTOR	CANDU 贮存
CANUTEC	加拿大交通应急中心
CEAA 2012	2012 年加拿大环境评估法
CEA Agency	加拿大环境评估局
CINFR	一类核设施条例
CNL	加拿大核能实验室
CNEA	加拿大国家能源联盟
CNSC	加拿大和安全委员会

COG	坎杜业主集团
CRL	Chalk River 实验室
CSA	加拿大标准协会
DDP	详细退役计划
DGR	深地质处置库（安大略电力公司）
DIAND	加拿大印度事务和北部发展部
DRL	衍生释放限值
DSO	Darlington 贮存外包装
DWMF	Darlington 废物管理设施
ECCC	加拿大环境与气候变化委员会
EMA	应急管理法案
EMS	环境管理体系
ERA	环境风险评估
EWL	加拿大能源西部有限公司
FERP	联邦应急响应计划
FNEP	联邦核应急计划
GAST	可透气性密封试验
GNSCR	核安全与管制总则
GoCo	政府拥有、承包商运营
GSR	国际原子能机构一般安全要求
HEU	高富集铀
HLW	高放废物
IAEA	国际原子能机构
ICRP	国际放射防护委员会
IEMP	独立环境监测大纲
ILW	中放废物
IPPAS	国际实物保护咨询服务
IRRS	综合监管审查服务
JRP	联合审查小组

KI	碘化钾
LCH	许可证条件手册
LEU	低富集度铀
L&ILW	中/低放废物
LLRWMO	低水平放射性废物管理办公室
LLW	低放废物
MACSTOR	模块化风冷式贮存
MAGS	模块式地上贮存
MPMO	重大项目管理办公室
N/A	不适用
NB EMO	NB Power 应急措施组织
NB Power	NB Power 电力公司
NCA	核能合作协议
NEA	核能法案
NFWA	核燃料废物法
NLCA	核责任和赔偿法
NLLP	核遗留责任方案
NPD	核电示范
NPMO	北方项目管理办公室
NRCan	加拿大自然资源部
NRU	国家研究通用
NSCA	核安全与控制法
NSDF	近地表处置设施
NSERC	加拿大自然科学与工程研究理事会
NSR	核安保条例
NSRDR	核材料与辐射装置规定
NSSR	国家密封源登记表
NWMO	核废物管理组织
OAE	审计与道德办公室

OPG	安大略发电集团
OSART	运行安全审查团队
OSCQ	Hydro-Québec 公民安全组织
PDP	初步退役计划
PFP	参与者资助计划
PHAC	加拿大公共卫生署
PHAI	Port Hope 区域举措
POST	封闭后分析
PTNSR	核材料包装与运输条例
PWMF	Pickering 废物管理设施
QA	质量保证
RMC	皇家军事学院
ROR	监管报告
RPR	辐射防护条例
RWC	Darlington 换管废物容器
R&D	研究与开发
SLOWPOKE	加拿大安全低功率关键试验
SMAGS	屏蔽模块式地上贮存
SMART	具体、可以衡量、可以达到、切合实际且及时
SRC	萨斯喀彻温省研究委员会
SRWMF	放射性固体废物管理设施
SSR	国际原子能机构特定安全要求
SSTS	密封源跟踪系统
TLD	热释光探测器
TMA	尾矿管理区域
TMF	尾矿管理设施
TRIUMF	三所大学介子研究所
UMMR	铀矿山与水冶厂条例
UNENE	大学核工程卓越网

VLLW	极低放废物
VSLLW	极短寿命低放废物
WMA	废物管理区
WMF	废物管理设施
WWMF	西部废物管理设施
ZED-2	零能量氘-2

下篇

德国放射性废物管理法律概述

第1章 德国放射性废物管理概况

1.1 核能利用现状

1960 年德国第一个实验性核电厂 VAK（16 MWe）投入运行。1966 年，第一个商用沸水堆 KRB – A（250 MWe）在 Gundremmingen 投入运行，1968 年，第一个商用压水堆 KWO（350 MWe）在 Obrigheim 投入运行。从 1970 年起，建造了更高功率（1 300 MWe）级动力反应堆（PWR 和 BWR）。1975 年，第一个该功率级的核电厂 KWB – A（1 225 MWe）在 Biblis 投入运行，最后一个该功率的核电厂则于 1989 年投入运行。

1998 年，德国联邦政府决定通过可控方式逐步淘汰核能商业发电的应用。2002 年 4 月 22 日，“关于结构性淘汰核能在商业发电的使用的法令”为德国的核能利用确立了新的边界条件。有条不紊地淘汰核能商业发电是《原子能法》（AtG）的目的之一。

2010 年，联邦政府决定延长在役核电厂的使用期，但 2011 年 3 月的日本核事故导致核能使用风险被重新评估。结果，伴随着 2011 年 8 月 6 日第 13 次修订的《原子能法》，德国终止了 8 座核电厂的运行授权，对于仍在运行的 7 座核电厂，运行授权将在 2015—2022 年年底逐步终止，如果达到表 1-1 所示发电量则可能更早到期。

随着核电利用的逐步淘汰，德国总发电量中核能的占比从 2010 年的 22.2%下降到 2016 年的 13.1%。

运行中和已经退役的德国核电厂地理位置参见图 1-1。

表 1-1　基于《原子能法》第 13 次修订案的发电容量及执照到期时间

核电厂	自 2000 年 1 月 1 日起的发电容量/(TW·h)	开始商业运行时间	运行执照到期时间
Obrigheim	8.70	01.04.1969	—
Stade	23.18	19.05.1972	—
Biblis Block A	62.00	26.02.1975	06.08.2011
Neckarwestheim I	57.35	01.12.1976	06.08.2011
Biblis Block B	81.46	31.01.1977	06.08.2011
Brunsbüttel	47.67	09.02.1977	06.08.2011
Isar 1	78.35	21.03.1979	06.08.2011
Unterweser	117.98	06.09.1979	06.08.2011
Philippsburg 1	87.14	26.03.1980	06.08.2011
Grafenrheinfeld	150.03	17.06.1982	31.12.2015
Krümmel	158.22	28.03.1984	06.08.2011

核电厂	自 2000 年 1 月 1 日起的发电容量/(TW·h)	开始商业运行时间	运行执照到期时间
Gundremmingen B	160.92	19.07.1984	31.12.2017
Philippsburg 2	198.61	18.04.1985	31.12.2019
Grohnde	200.90	01.02.1985	31.12.2021
Gundremmingen C	168.35	18.01.1985	31.12.2021
Brokdorf	217.88	22.12.1986	31.12.2021
Isar 2	231.21	09.04.1988	31.12.2022
Emsland	230.07	20.06.1988	31.12.2022
Neckarwestheim II	236.04	15.04.1989	31.12.2022
小计	2 516.06		
Mülheim-Kärlich	107.25	01.08.1987	—
总计	2 623.31		

注：Mülheim-Kärlich 核电厂的发电量 107.25 TW·h 可输送至 Emsland、Neckarwestheim II、Isar 2、Brokdorf 和 Gundremmingen B & C 核电厂。

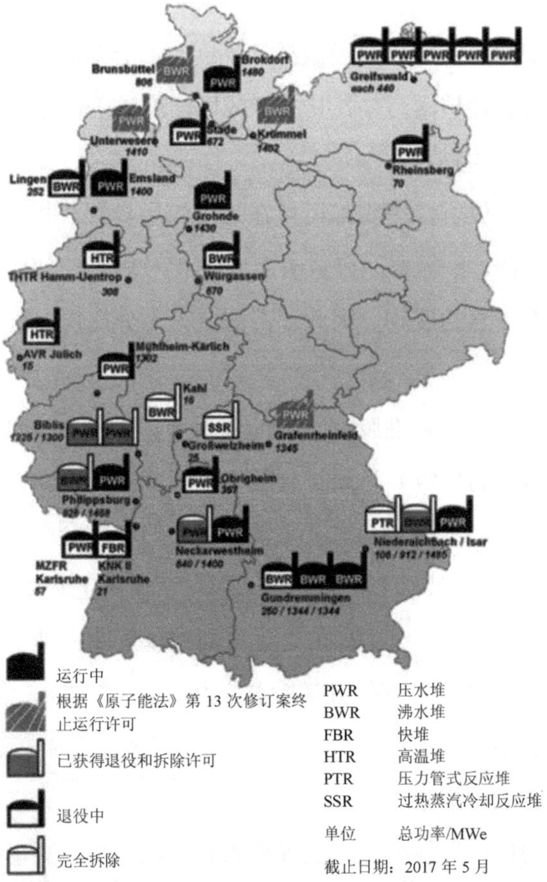

图 1-1　德国境内的核电厂、实验堆和示范堆

资料来源：参考文献[1]。

在核燃料循环设施方面，Karlsruhe 的燃料后处理厂（WAK）于 1971 年投入运行。作为中试装置，它负责为德国的后处理装置在规划、建设和运行方面积累经验。另外，以该厂为基础还将进一步开发燃料后处理和废物处理的方法。WAK 于 1990 年停止运行，目前正在拆卸中。运行产生的大约 60 m^3 高放射性裂变产物溶液于 2009 年 9 月—2010 年 6 月在 Karlsruhe 玻璃固化厂（VEK）进行固化处理。

目前，Gronau 有 1 座铀浓缩厂在运行，Lingen 有 1 座燃料生产厂在运行。

1.2　放射性废物产生情况

1.2.1　放射性废物定义和分类标准

设施和设备运行期间以及设施退役或拆卸期间，都会形成放射性废物，放射性废物是含有放射性核素或被放射性核素污染，其浓度或比活度大于国家审管部门规定的清洁解控水平，并且预计不再利用的物质。

在德国，所有类型的放射性废物都可以在地下深层处置。相应地，对于打算深埋在地层下面的所有放射性废物，不需要区分含有半衰期相对较短的放射性核素的废物与含有半衰期相对较长的放射性核素的废物。因此，不需要为了分离放射性废物而采取任何措施或预防措施。

正确登记和描述废物是放射性废物管理的重要前提条件。根据德国处置方法，放射性废物的定义和分类（即它的分级）必须符合地下处置库安全评估要求。为此，放射性废物释热对处置库系统设计与评估的影响尤其重要，贮存的废物会严重影响自然温度。处置放射性废物时，为了达到放射性废物登记和分类要求，已经决定避免采用 LLW、ILW 和 HLW 术语，相反，选择新的、特别考虑了相关处置方面并以意图在地下深层处置各种类型放射性废物为基础的分级。因此，废物在初期基本分为：

- 释热放射性废物；
- 可忽略释热放射性废物。

如果拟处置的废物包在送往处置库之前要长期地面存放，则也基本分为释热放射性废物和可忽略释热放射性废物。与此不相符的是，由于历史原因，在特殊情况下，也使用“低放废物”（LLW）或“中放废物”（ILW）。这是由以前将放射性废物贮存在 Asse Ⅱ矿井和

ERAM 处置库时，废物按照不同标准进行了分类，在操作阶段采用 LLW 和 ILW 的废物分类方法。

释热放射性废物的特点是活度浓度高，因此，拥有高衰变热。该类废物对地下深层的处置库设计与运行提出了特殊需求（采用特殊的贮存方法、处置库矿井热力设计）。该类废物尤其包括了玻璃固化后浓缩的裂变产物溶液、壳体、结构组件和乏燃料后处理形成的软泥以及作为放射性废物直接处置的乏燃料本身。

运行、退役和拆卸核设施以及使用放射性同位素形成的、活度浓度明显较低的废物归类为可忽略释热放射性废物。其中包含了例如废弃的和有缺陷的部件，比如泵或管道、离子交换树脂和排气空气过滤器、污染的工具、防护服、清洁剂和洗涤剂、实验室废物、密封的辐射源、软泥、悬浮液、油以及污染和活化的混凝土结构与垃圾。

可忽略释热放射性废物在 Konrad 处置库进行规划时作了量化。进行这些关联工作的目的是地下主要温度条件受到贮存的废物包的影响几乎可以忽略不计。为了实现这一规划要求，最终形成了量化的规定，即废物包中放射性核素衰变热造成的处置室壁部温升切勿超过 3 K①的平均值。该限值基本等于在自然温度环境下深度相差 100 m 时的温差，它与通风造成的温差变化相比较小。关于对主岩的热力影响，在进行与安全有关的分析时，考虑了遵守 3 K 的温差限值，并通过限制每个废物包的放射性比活度确保遵守所述限值。2002 年 5 月 22 日的 Konrad 处置库规划批文通知书中规定了所述限值。

按照释热放射性废物和可忽略释热放射性废物进行分类已经被证明是暂时有效的。它与 IAEA 分类建议一致，该建议还允许进一步细分短寿期和长寿期废物，这样可以将废物分配到靠近地面的处置库和地下处置库。

根据通用安全指南 No. GSG-1“放射性废物分类”，IAEA 建议采用以下标准对废物进行分类：

- 豁免废物（EW），不再受到管理控制；
- 极低放废物（VLLW），在专门填埋型设施中处置；
- 极短寿命废物（VSLW），衰变贮存；
- 低放废物（LLW），在浅地面的处置库中处置；
- 中放废物（ILW），在中等深度地下处置；
- 高放废物（HLW），在地下深层处置。

① 1 K=272.15℃。

图 1-2 对比了 IAEA 废物分类与德国废物分类。该图示出了按照德国分类方法被称为释热放射性废物的废物进入了 ILW 区，以及按照 IAEA 被称为 VLLW 的某些废物已经超过了德国当前在传统废物管理方面的清洁解控水平，并因此必须在 Konrad 处置库中处置。总体上，可以认为德国分类与国际分类相互融合，它们只有细微的差别。

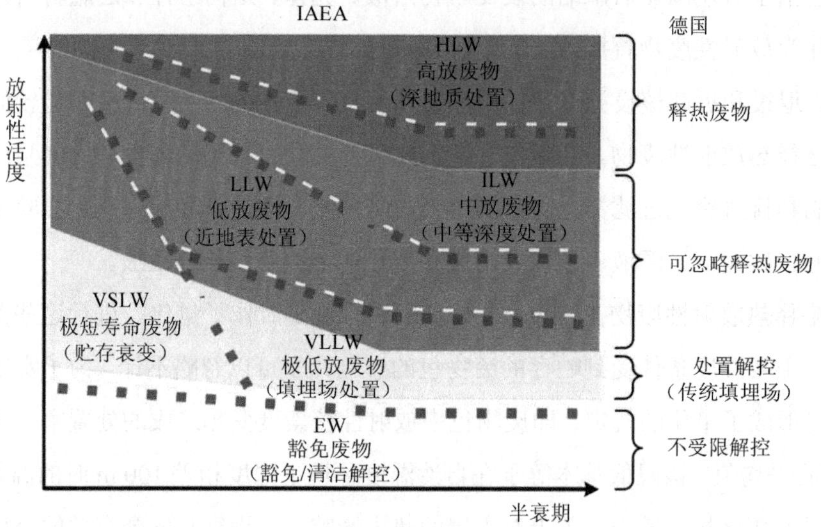

图 1-2　IAEA 和德国废物分类对比

根据导则 2011/70/EURATOM 以及由此产生的国家项目（NaPro）关于乏燃料与放射性废物管理的报告，放射性废物将根据处理过程和检查条件进一步分类。

1.2.2　废物量

1.2.2.1　可忽略释热废物量

根据处理状态，废物分为源生废物（RA）（即呈原始形态的废物）和预处理废物（VA）（例如已经经过预整备以便更好处理的废物）。为了贮存，废物一般都进行整备。调制过程产生的废物一般贮存在桶内，这些桶或为 Konrad 容器的内部容器或嵌在其中。如果处置之前不打算进一步处理废物，并且如果废物符合废物接收要求，可以通过联邦放射性废物处置集团（Bundes-Gesellschaft für Endlagerung mbH，BGE）的产品控制确定该废物适合存放于 Konrad 处置库。这样，控制产生量的废物（P2）从装在容器内的废物（P1）中产生而来。P2 类废物则被嵌入 Konrad 容器进行处置。如果 BGE 确认 Konrad 容器内的废物（G1）

适合处置，则它被归入控制产生量的废物包（G2），并可在处置库要求时处置。

根据表 1-2，贮存在废物产生方地点的源生和预处理废物量达到 20 999 t。120 323 m^3（总体积）在桶内的废物中，17 106 m^3 贮存在容器内仍必须打包于 Konrad 容器，10 316 m^3 已打包于 Konrad 容器。截至 2016 年 12 月 31 日，已经准备了 2 936 m^3 废物转移到 Konrad 处置库。只有一小部分可忽略释热废物不符合 Konrad 废物接收标准，或者由 Konrad 根据《处置场选址法》（StandAG）期望在废物进行处理之后进行衰变储存。

表 1-3 显示了不同废物产生群体产生的可忽略释热放射性废物总量。

表 1-4 显示了经整备的可忽略释热放射性废物的产量分布概况。

图 1-3 显示了截至 2016 年年底不同生产方产生的可忽略释热放射性废物的产量分布概况。

表 1-2 贮存设施内可忽略释热放射性废物的质量和体积（截至 2016 年 12 月 31 日）

废物种类	单位	Konrad 处置库	其他处置库
RA－ 原始废物	t	5 322	2 336
VA－ 预处理废物	t	11 125	2 216
P1 － 装在容器内的废物	m^3	14 523	144
P2 － 控制产生量的废物	m^3	2 439	0
G1 －Konrad 容器内的废物	m^3	100 279	1
G2 － 控制产生量的废物包	m^3	2 936	0
总计	t	16 447	4 552
	m^3	120 177	145

表 1-3 可忽略释热放射性废物的处理状态（截至 2016 年 12 月 31 日）

废物生产来源	RA	VA	P1	P2	G1	G2
	质量/t	质量/t	体积/m^3	体积/m^3	体积/m^3	体积/m^3
研究机构	1 574	5 802	1 944	49	41 834	0
核工业	196	15	330	101	7 475	2 921
核电厂*	5 113	6 792	9 522	2 222	35 135	15
州内收集设施	590	516	2 360	67	957	0
后处理（WAK）	187	216	511	0	14 879	0
总计	7 658	13 341	14 667	2 439	100 280	2 936

*包括运行中、永久停堆、退役中和已拆卸的核电厂。

表 1-4 P1～G2 类可忽略释热放射性废物贮存量（截至 2016 年 12 月 31 日）

贮存设施	废物体积/m^3
研究中心（包括客户）	61 965
核工业	2 540
ZLN 贮存设施	6 830
核电厂	14 631
州内收集设施	1 108
Unterweser 贮存设施	1 422
Mitterteich 贮存设施（GRB）	8 200
GNS Werk Gorleben 贮存设施	6 979
Daher 核技术（原 NCS）	7 684
GNS 和其他贮存设施	2 936
Ahaus 运输桶贮存设施内的集中贮存设施	1 633
Stade 核电厂贮存设施	4 403
总计*	120 331

* 四舍五入会造成误差。

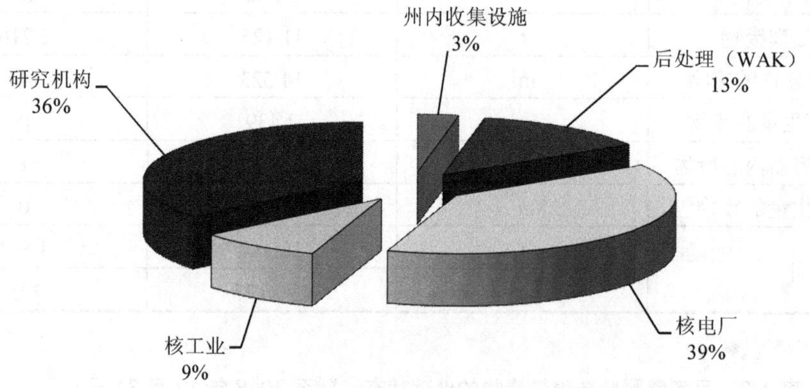

图 1-3 P1～G2 类可忽略释热放射性废物的分布（截至 2016 年 12 月 31 日）

考虑到处置设施的相关工作，必须对将来产生的废物进行预测，并在边界条件改变时进行更新。废物产生方负责提供与预期废物体积有关的信息。该信息也包括了与核设施退役和拆卸有关的预期相应废物体积。提供的数据含盖不确定性的规划数值，且在将来必须接受审查和调整。

预测可忽略释热放射性废物体积时，假设以下边界条件：对于每座核电厂机组，运行废物包体积每年达到 45 m^3（整备的废物）。在从运行向退役过渡的 4 年中，执行了设备退役许可程序，假设每座轻水堆大约平均产生 5 000 m³ 废物。形成的退役废物量取决于准许退役的时间和退役方案（立即拆卸或在安全关停一段时间后拆卸）。根据预期，退役废物量将会由于退役方法的逐步改进而进一步减少。而且，必须考虑付出大量努力而进行清洁解控，主要考虑只有部分在经长时间衰变后仍不能清洁的物质（例如靠近堆芯使用的活化部件）。根据预期，大多数废物流来自核电厂退役。

废物产生方预期随着时间变化累计的废物参见图 1-4，该图示出了在 2040 年后预期不会有大量废物。

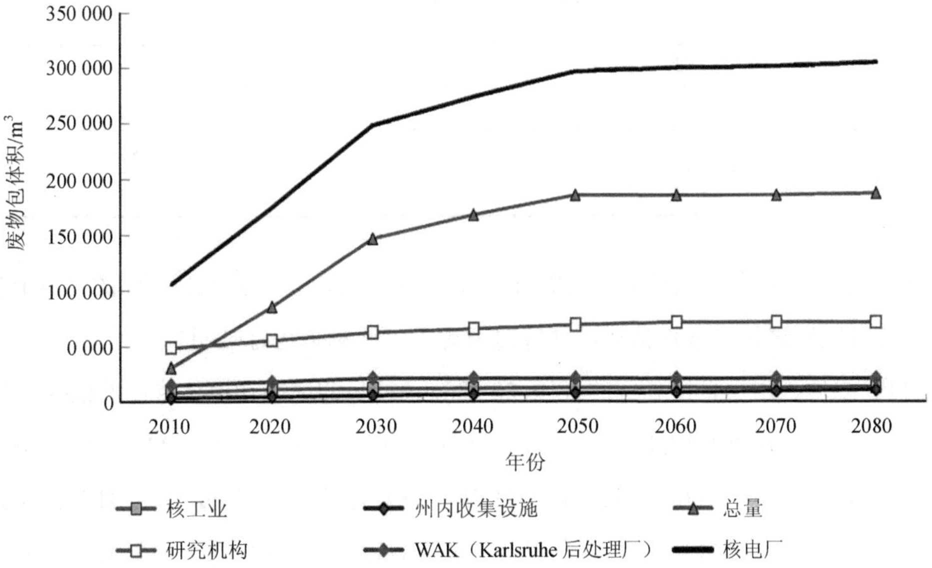

图 1-4　到 2080 年可忽略释热放射性废物包体积随时间的累积变化曲线

1.2.2.2　释热放射性废物

截至 2016 年 12 月 31 日，除乏燃料外，在德国还贮存了 577 m³ 的释热放射性废物。经过整备的释热废物大多来自再加工。再加工产生的经过整备的废物包容在 108 个桶内（其中，1 个桶为 TS 28 V 型、74 个桶为 CASTOR® HAW 20/28 CG 型、21 个桶为 CASTOR® HAW 28 M 型、12 个桶为 TN85 型），它们总计容纳 3 024 个废物桶，废物桶内装有 AREVA-NC 再加工乏燃料产生的裂变产物浓缩液玻璃固化体。2009—2010 年，浓缩的液态裂变产物在 Karlsruhe vitrification plant（VEK）完成玻璃固化。从 2011 年 2 月起，产生的玻璃固化废物贮存在 Rubenow 贮存 Zwischenlager Nord（ZLN）的 5 个 CASTOR® HAW 20/28 CG 型运输贮存桶内。其他释热放射性废物一般来自活化部件、Karlsruhe 后处理厂产生的乏燃料部件、浓缩液和未分类废物，例如 WAK 和紧凑型钠冷反应堆Ⅱ（KNK Ⅱ）的拆卸。表 1-5 展示了释热废物总量的分布。

表 1-5 释热放射性废物量（截至 2016 年 12 月 31 日）

废物生产来源	废物量/m^3
研究机构	5
核工业	0
核电厂	0
退役核电厂	0
州内收集设施	2
其他	0
后处理（WAK 和国外）	570
总计	577

2080 年的累计释热废物总量按照德国联邦议会在 2011 年 6 月 30 日采纳的《原子能法》第 13 次修订案所述边界条件估算，估算时考虑了电厂剩余运行时间。

来自轻水堆、用于直接处置的大约 20 400 m^3 打包的燃料（该估算值的依据是假设按照目前的基准设计在 POLLUX 筒内处置，该数量相当于 10 173 Mg HM），大约 700 m^3 玻化废物（来自法国、英国和 Karlsruhe 的 HLW，以及在法国 La Haugue 再加工装置加工的液态废物产生的玻化废物），乏燃料在国外再加工装置（法国）再加工产生的、大约 740 m^3 的结构部件和套管（CSD—C），来自 Hamm-Uentrop 钍高温反应堆 THTR、大约 1 340 m^3 的包装燃料，来自 VKTA 和在运研究反应堆的大约 195 m^3 的打包燃料和用于直接处置的大约 300 m^3 的结构部件和乏燃料结构部件的废物包。

1.2.2.3 Morsleben 处置库放射性废物总量

1971—1991 年以及 1994—1998 年，α 放射源浓度相对较低的低中放废物被贮存在 Morsleben 放射性处置库（ERAM）。

该废物来自核电厂运营、退役的核设施、核工业、研究机构、联邦州收集设施或直接来自小型废物产生方和其他用户的处理。

截至 2016 年 12 月 31 日，总计 37 158 m^3 的固体和固化的废物以及 6 621 个放射性密封源完成处置，包括 ERAM 处置库运营产生的废物。

一般情况下，贮存的放射性废物包装在标准化容器内，如 200～570 L 桶和圆柱形混凝土容器。密封的放射源不再进一步处理，或者仅包装在小型容器内。除了处置放射性废物、密封的钴放射源，还对部分铯放射源和少量固态中放废物（镭废物）进行了中期贮存，它们贮存在容量各为 4 L 的 7 个专用容器（钢瓶）和 1 个内有活度约为 1.4×10^{14} Bq（截至 2016 年 12 月 31 日）Ra-226 的 280 L 废物桶中。根据退役的计划授权程序，提交了处置目前暂存废物的申请。

建筑用毛石、污染的土壤、黏结的混合废物（包括压实的和未压实的）、金属废物、燃烧残留物、污染的实验室废物、清洗溶液和固定的辐射源由研究机构和其他废物产生方作为放射性废物送到了 ERAM 处置库。废物产生方提供的放射性废物大多都包装在 200 L 桶内。

对贮存的放射性废物量进行了记录和存档。所有贮存的放射性废物总放射性量级达到 10^{14} Bq，阿尔法放射性大约为 10^{11} Bq。

贮存的废物大多数（约 90%）源自核电厂的运行和退役。其他 10%来自研究、工业、商业、医疗和其他供方。由于 ERAM 的α放射源活度限值非常低（4×10^{8} Bq/m^3），接收核工业、研究中心和 WAK 的废物体积很小。表 1-6 列出了贮存在 ERAM 处置库、按照各废物产生方群体分类的废物体积。

表 1-6　ERAM 处置废物中各产生来源的废物量（截至 2016 年 12 月 31 日）

废物产生来源	废物量/m^3
核电厂	23 816
退役核电厂	6 528
研究机构	2 592
核工业	159
州内收集设施	3 090
其他	901
Karlsruhe 后处理厂（WAK）	45
总计	37 131

1.2.2.4　Asse Ⅱ矿井废物总量

Asse Ⅱ矿井废物总量数据来自原经营方 Gesellschaft für Strahlenforschung（GSF，后来成为 HMGU）于 2000 年建立的废物数据库。该废物数据库最后一次修订的时间是 2010 年，目的是核对总量（ASSEKAT 版本 9.2）。

在 Asse Ⅱ矿井，从 1967 年开始贮存处理过程不加屏蔽保护的低放废物，并从 1972 年开始贮存中放废物。关于中放废物的转运和贮存，需要增加屏蔽筒。1978 年，有限制条件的贮存许可证到期，这时，已经采用各种废物包贮存了供方提供的总计 47 000 m^3 的放射性废物（货包总体积）：

124 494 个低放废物货包，总活度约为 1.84×10^{15} Bq（截至 2016 年 12 月 31 日）。根据当前了解的情况，其中的 14 779 个是丢失混凝土屏蔽（VBA），是含高放射性的废物。加起来，这些废物包占 Asse Ⅱ矿井总放射性的大约 80%，并分布在标高为 750 m 的 11 个贮存室和标高为 725 m 的 1 个贮存室内。

1 293 个中放废物桶的总活度达到约 4.97×10^{14} Bq（截至 2016 年 12 月 31 日）。它们占所有废物总活度的 20%，并贮存在标高为 511 m 的位置。另外，那里还贮存了 8 个装有低放射性废物的桶。这些桶贮存用于测试新屏蔽筒（E2）。

表 1-7 总结了 Asse Ⅱ矿井废物来源及其在总放射性中的占比。

表 1-7　Asse Ⅱ矿井贮存废物包占原始废物的数量和活度比例

交付方（原始废物）	废物包量占比/%	总活度占比/%
Kernforschungszentrum Karlsruhe（KfK），转运至 Kerntechnische Entsorgung Karlsruhe GmbH（KTE）	49	93
Kernforschungsanlage Jülich（KFA），转运至 Jülicher Entsorgungsgesellschaft für Nuklearanlagen mbH（JEN）	10	1
核电厂	25	2
其他交付方	16	4
总计	100	100

低放废物主要用容量为 200～400 L 的桶或圆柱形混凝土容器贮存。中放废物只用 200 L 的废物桶贮存。

贮存的低放废物含有原来呈液体、经过固化或烘干的废物，比如蒸发浓缩液、过滤器残渣、软泥、离子交换器树脂，以及固体废物，例如碎片、橡胶和混合废物。对于中放废物，贮存的是金属屑、过滤器和原来呈液态、经过固化的废物。不同废物类别在低放废物和中放废物包中的百分比参见表 1-8。根据目前了解的情况，在 Asse Ⅱ矿井中没有贮存高放废物。

表 1-8　不同废物类型在低放废物和中放废物包中的百分比

废物类型	LLW 废物包/%	ILW 废物包/%
过滤器、过滤器辅助工具、软泥、蒸发器浓缩液、树脂等	30	35
金属废物（铁、钢、结构部件、管道等）	20	65
碎石、沙砾、地面覆层等	10	—
混合废物、纸、薄膜、工作服、橡胶手套、抹布、木料、玻璃等	40	—
总计	100	100

贮存的 12 578 个废物包总量约为 47 000 m^3、总质量约为 89 000 t，在贮存时总活度约为 1×10^{16} Bq。

1.3　放射性废物管理法律框架和管理机构

1.3.1　法律框架

德意志联邦共和国是一个联邦，它由 16 个联邦州组成，联邦州与联邦一道行使有限主权。一方面，《基本法》将立法权和执行联邦法律的权力划分给联邦和联邦州。就核安全和辐射防护而言，只有联邦在核安全和辐射防护方面拥有立法权。这意味着处理核安全和辐射防护问题的法律是联邦法律。另一方面，处理核安全和辐射防护问题的法律的执行由联邦和联邦州负责。因此，在联邦一级和联邦州一级都有主管核安全和辐射保护的当局。

图 1-5 显示了德国法律法规金字塔。

《基本法》包含关于联邦政府和州政府对核能利用的立法和行政权力的条款。联邦政府独立享有核能利用的立法权。《原子能法》和相关法令由联邦政府和州政府执行。州政府当局行为的合法性和合宜性受联邦政府的监督。

《原子能法》包括防护方法、放射性防护、乏燃料和放射性废物管理的通用条款，同时包括监督条款、干预批准、责任规定、行政管理责任和行政罚款。

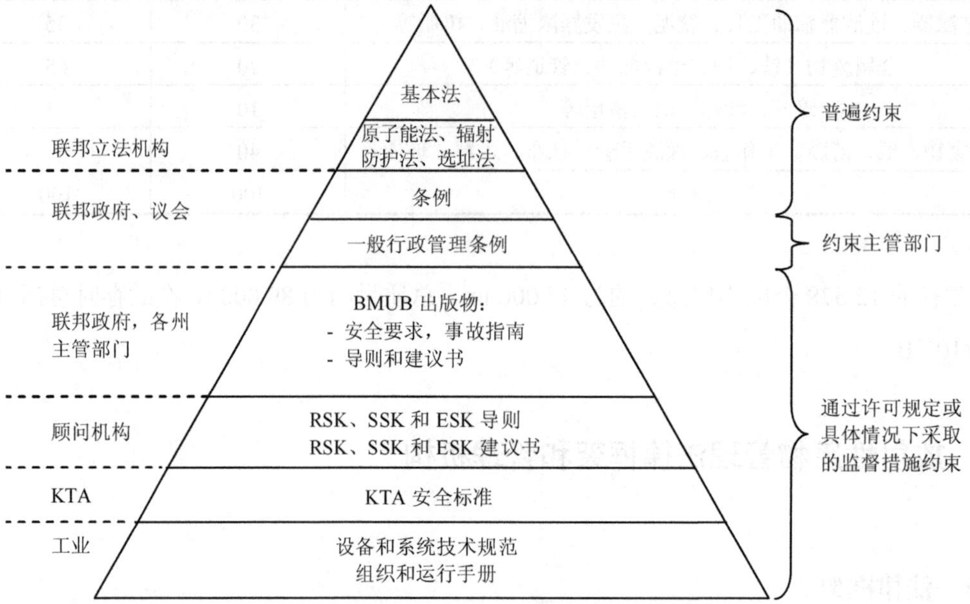

图 1-5　德国法律法规金字塔

注：Reactor Safety Commission（RSK）：反应堆安全委员会

Commission on Radiological Protection（SSK）：放射性防护委员会

Nuclear Waste Management Commission（ESK）：核废物管理委员会

Nuclear Safety Standards Commission（KTA）：核安全标准委员会

1.3.2　管理机构

关于废物处理（即预处理、处理和整备）、贮存和处置，在相关规章制度的不同条款中规定了持有核设施放射性物质处理许可的义务。对于各种处理活动的许可和监督，各部门职责如图 1-6 所示。

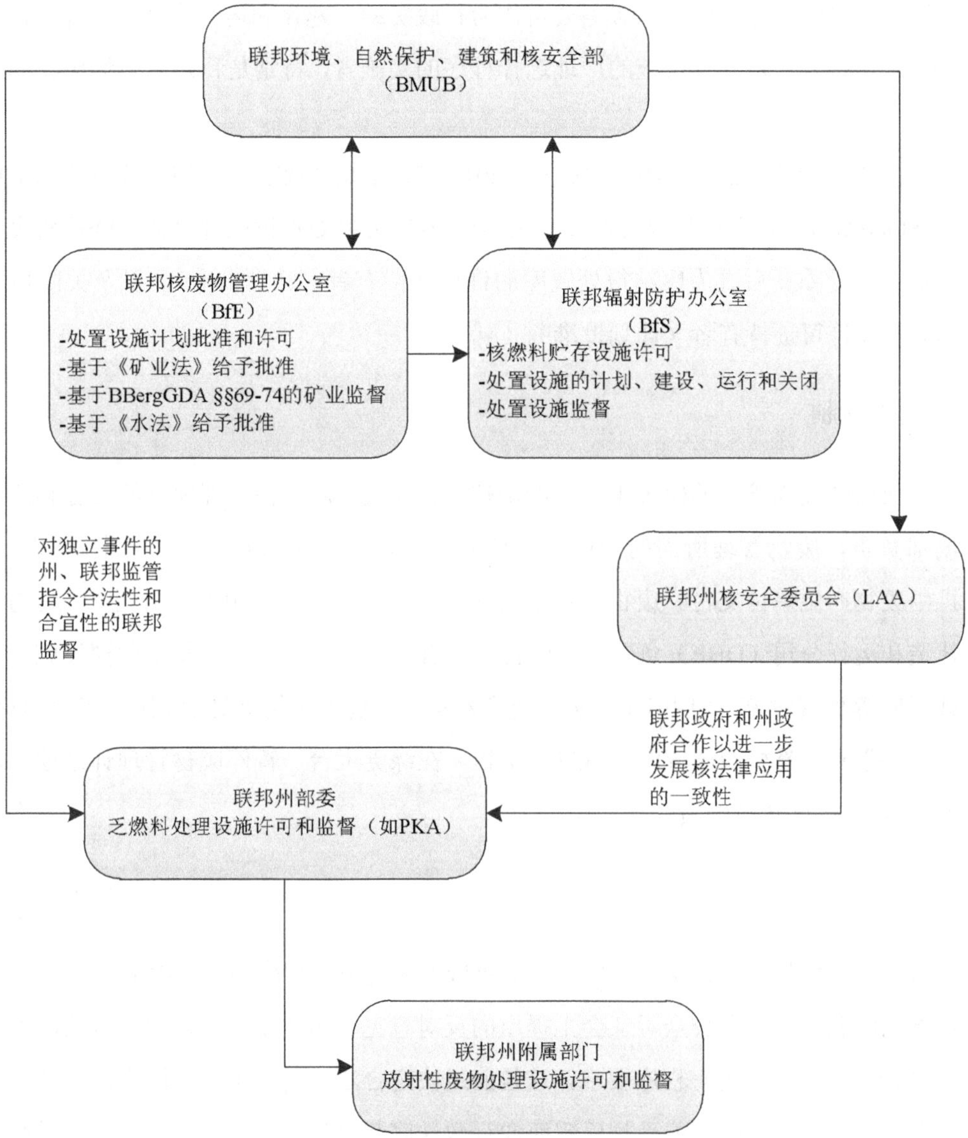

图 1-6　联邦德国在乏燃料和放射性废物管理领域的监管组织架构（《选址法》实施后）

在德意志联邦共和国，放射性废物处置设施的建造、运行和关闭是联邦政府的一项任务。目前的分工规定如下：

联邦环境、自然保护、建筑和核安全部（BMUB）负责制定政策、法规，提出安全标准，对实施的废物管理项目进行年度预算，对所有许可证和实施活动进行监督。

联邦辐射防护办公室（BfS）作为运营商负责放射性废物处置设施以及 Asse Ⅱ矿井的

建设、运行和关闭，并雇用德国服务公司作为行政援助，建设和运行废物贮存库。此外，联邦放射防护办公室是处置设施的厂址选择程序的实施者，特别是释热放射性废物的厂址选择。

联邦核废物管理办公室（BfE）成立于2014年，依据《放射性废物处置设施选址程序法案》（StandAG），负责释热放射性废物设施/放射性废物处置设施许可证。联邦核废物管理办公室将在受委托后成为康纳得处置库的许可证持有者（计划批准），以及关闭后的莫斯勒本处置库许可证持有者（计划批准）。

1.3.3　管理体制

德国放射性废物管理的研发工作由经济技术部负责，而废物管理项目的实施和监管均由环境部负责，废物管理所需的费用先由环境部下属的联邦辐射防护办公室做出年度预算，再由废物产生单位支付。废物处置设施的设计、建造和运行由专营公司——废物处置设施建造和运行公司（DBE）负责。德国目前已有康纳得处置库、戈勒本勘探设施、莫斯勒本处置库等处置设施，均由DBE负责建造和运行，选址和场址评价则由经济部的联邦德国地球科学和自然资源研究院（BGR）承担。在绿党上台、暂停废物管理计划期间，仍然给DBE以足够的维持经费。

1.3.4　许可决策

许可部门最终根据申请文件的完整性、权威专家提供的评估报告、BMUB的意见、相关主管部门的意见以及在公众听证会上提出的反对意见作出决定。必须遵守《核许可程序条例》（AtVfV）规定的所有程序要求，这是前述决定合法的前提条件。每位市民都可以由于其生命、健康和财产权可能受到侵犯而向行政法庭起诉许可部门。如果上诉且被受理，可由联邦行政法庭裁决。对于立即实施的许可证，向法院起诉不会阻挠许可证的使用，但可以针对立即实施进行起诉。

不同主管部门与参与核许可程序的机构之间互动以及公众参与参见图1-7。这形成了广泛的、差别化的决策依据，这样在达成最终决议时可以将所有利益都考虑在内。

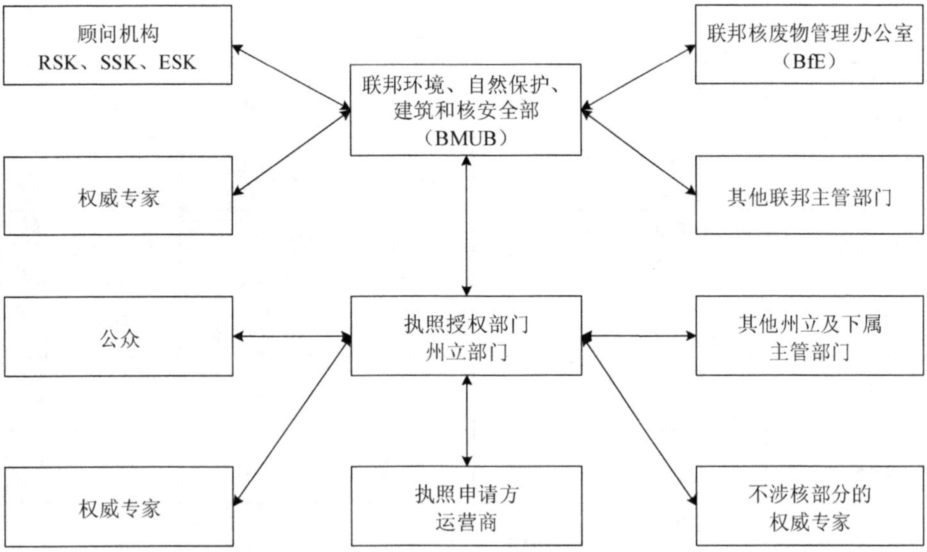

图 1-7 许可决策流程

1.4 核设施退役实践

1.4.1 退役核电厂整体概况

德国已启用过 36 座动力堆，其中 8 座仍然在运行，28 座已经关闭。这 28 座关闭反应堆中的 3 座已拆除、2 座已安全封存、14 座正在拆除、9 座已停堆。3 座已经退役的反应堆 Niederaichbach 的 KKN、Grosswelzheim 的 HDR 和 Kahl 的 VAK 恢复了“绿地条件”并从监管控制中释放。表 1-9 列出了德国核电厂退役状况。

表 1-9 德国核电厂退役状况

反应堆	堆型（电功率）	停堆年份	退役策略	计划结束年份	状态	燃料是否现场贮存
KKN Niederaichbach	HWGCR（106 MW）	1974	延缓拆除	1995	绿地	
HDR Grosswelzheim	BWR（27 MW）	1971	延缓拆除	1998	绿地	

反应堆	堆型（电功率）	停堆年份	退役策略	计划结束年份	状态	燃料是否现场贮存
VAK Kahl	BWR（16 MW）	1985	延缓拆除	2010	绿地	
Lingen	BWR（268 MW）	1977	延缓拆除		安全封存/拆除	
THTR-300	HTGR（308 MW）	1988	延缓拆除		安全封存	
AVR Juelich	HTGR（15 MW）	1988	延缓拆除		安全封存	
Stade	PWR（672 MW）	2003	立即拆除	2015	拆除	
Wurgassen	BWR（670 MW）	1994	延缓拆除	2014	拆除	
Mulheim-Karlich	PWR（1 302 MW）	1988	立即拆除		拆除	
Rheinsberg	PWR（70 MW）	1990	延缓拆除		拆除	
KNK Ⅱ	SNR（21 MW）	1991	延缓拆除		拆除	
MZFR	PWR（57 MW）	1984	延缓拆除		拆除	
Obringheim	PWR（357 MW）	2005	立即拆除		拆除	
Gundremingen-A	BWR（250 MW）	1977	延缓拆除		拆除	
Greifswald-1	PWR（440 MW）	1990	延缓拆除		拆除	
Greifswald-2	PWR（440 MW）	1990	延缓拆除		拆除	
Greifswald-3	PWRR（440 MW）	1990	延缓拆除		拆除	
Greifswald-4	PWR（440 MW）	1990	延缓拆除		拆除	
Greifswald-5	PWR（440 MW）	1989	延缓拆除		拆除	
Neckarwestheim-1	PWR（840 MW）	2011	*		停堆	
Philippsburg-1	BWR（926 MW）	2011	*		停堆	
Isar-1	BWR（912 MW）	2011	*		停堆	

反应堆	堆型（电功率）	停堆年份	退役策略	计划结束年份	状态	燃料是否现场贮存
Biblis-A	PWR（1 225 MW）	2011	*		停堆	
Biblis-B	PWR（1 300 MW）	2011	*		停堆	
Unterweser	PWR（1 410 MW）	2011	*		停堆	
Brunsbuttel	BWR（806 MW）	2011	*		停堆	
Krummel	BWR（1 402 MW）	2011	*		停堆	
Grafenrheinfeld	PWR（3 765 MW）	2015	*		停堆	

注：灰色字段表示信息不易获取或信息矛盾。

*停堆，等待退役许可证。

1.4.2　退役监管框架

德国拥有联邦（Bund）法律和州级（Lander）法律及行政法规。各州负责执行联邦制定的法律。退役许可和监督是各州的责任。

《原子能法》（AtG）授权联邦发布由各州代表其实施的法令和行政法规。退役是在《原子能法》及其相关条例的授权下进行的。该法规定，安全封存和拆除活动（全部或分阶段）都需要退役许可证。该许可证由各州当局通过指导联邦环境、自然保护、建筑和核安全部授予。

其他与退役有关的法规包括：

- 《环境影响评估法》（UVPG）；
- 《辐射防护条例》（StrlSchV）；
- 《核许可程序条例》（AtVfV）。

联邦监管机构是 BMUB 和 BfS。虽然没有针对退役的具体规定，但联邦国家核能委员会下的 BMUB 以及反应堆安全技术委员会下的退役工作委员会联合制定了一项退役导则，将其他法律和指导文件“分散”的要求合并在一起。该退役导则还提出了核设施退役的实用方法，并有助于根据《原子能法》协调许可程序。

BfE 负责监督、评估选址、建造高放射性废物贮存库和最终废物处置库，并负责废物处理和核废料运输许可证发放。

监管机构得到了相关技术安全组织的协助，如技术检验局（TÜV）或设施和反应堆安全组织（GRS）。

联邦政府负责授予核设施许可证。许可证包括概念（规划）、建造、运行、退役（一个或多个）和终止许可。退役许可证可以为整体退役一次性发放，也可以逐步发放。

1.4.3　退役责任

1.4.3.1　退役计划、执行与完成

《原子能法》和根据该法制定的法规都没有明确规定哪一方承担核设施退役的责任。2011 年 8 月，《原子能法》进行了修订，要求在 2022 年之前逐步淘汰核电。根据该法，许可证持有者有责任确保在最终停堆之前退役规划是可行的，并且必须在获得退役许可证之前提交退役计划，由监管机构批准。

如果退役将分阶段进行，则需要有一份总体文件，确定所有阶段的退役以及各阶段的活动。

在项目期间，退役活动需要由技术专家进行密集的现场监管监督。

1.4.3.2　退役废物管理

废物管理是废物产生者的责任。在可能的情况下，废物被遣返给产生者，但如果情况不允许，废物将被贮存起来，以便最终处置在地质处置设施（Konrad ca. 2019）或释热废物地质处置设施（仍在概念阶段 ca. 2035）。

1.4.3.3　资金

未来退役治理经费存在相当大的不确定性，德国根据《废物处置法》对国内商用核电站产生的放射性废物临时和最终储存收集资金。资金收集遵循“污染者付费”原则，即由核电运营商负责提供废物处置经费。然而，德国实施弃核计划以来，随着核电站的关闭和拆除，放射性废物的拆除和处置经费却存在长期的不确定性。一方面，虽然德国已经完成了部分核电站的退役，然而不同类型反应堆拆除差别也非常大；另一方面，由于核电公司的信息不透明以及政府公共部门缺乏控制，也可能导致退役经费出现增长。例如，2014 年德国政府按当年价格计算的处置费用预估为 475 亿欧元，包括：

① 核电站退役和拆除。

② 乏燃料元件和后处理产生的放射性废物（玻璃固化废物）包装整备，以及其他放射

性废物、中间和最终处置库所需的包装容器、后处理产生的放射性废物的往返运输。

③ 临时储存放射性燃料元件、玻璃固化废物和其他放射性废物。

④ 放射性废物（LAW 和 MAW）的最终储存。

⑤ 乏燃料元件和玻璃固化废物（HAW）在最终储存库中的储存，研究和选择高放废物最终储存库的费用。

该预估费用未包括任何必要的彻底拆除设施的预计额外费用，数额约为 4 亿欧元，以及多达 9 亿欧元的非放射性燃料元件的处置。因此，按 2014 年价格计算的总成本为 488 亿欧元。而到了 2017 年前后，这个经费增长到了 500 亿～700 亿欧元，已经是核电运营商预估价格的 2 倍，而且还可能继续增长。

“污染者付费”原则遵循一个条件，即债权人或其合法继承人在债务到期时具有偿付能力。因此，只有核电运营商的财务能力具备履行条件时，才适用该原则。而核电运营商（特别是上市公司）都受到能源市场变化的负面影响，使它们处于比能源转型之前更不稳定的境地。债务和减少的市场份额导致评级机构对它们的评级降低，反过来使得它们的债务融资成本提高。同时，放射性废物处置方面的费用不确定性进一步限制了核电运营商进入资本市场的机会。

德国政府通过划清政府与核电站运营商权责、设立基金来转移责任及设立风险附加费来预防资金短缺等措施，来落实退役经费问题。

1.4.4 退役策略

根据《原子能法》，核设施的运行方可以在安全封存期后选择立即拆除和延缓拆除策略。出于对成本、社会问题以及合格和训练有素的工作人员可用性的综合考量，动力堆运行方近年一直支持立即拆除。只有两个反应堆，Lingen 的 KWL 和 Hamm-Uentrop 的 THTR-300 选择了延缓拆除。THTR-300 已获得安全封存许可。延缓退役许可要求监管机构在颁发退役许可证之前批准整个退役过程的概念性退役步骤。

1.4.5 退役废物策略

释热废物或高放废物，将通过遣返到产地（如果可能）或现场湿/干贮存来处理（直到有永久处置选择）。目前德国没有针对此类废物的永久性处置方案，但有一个概念性贮存库设计，目标是在 2035 年之前将其投入使用。

释热废物贮存选项包括：

① 核电站的临时贮存设施。

② Gorleben（TBL-G）和 Ahaus（TBL-A）的中央临时贮存设施。

③ Greifswald 附近的临时贮存设施 Zwischenlager Nord（ZLN）（来自 Rheinsberg 和 Greifswald 核电厂的乏燃料）。

④ Jülich 的临时贮存设施（用于 AVR 反应堆的乏燃料）。

⑤ Gorleben（PKA）的试点处理厂。

可忽略释热废物或中低放废物（LILW），应存放到其能进行地质处置的时间为止。拟议地质处置库（Konrad）目前的废物接收准则（WAC）表明，只有稳定（或固定的）放射性废物才能被接收处置，因此任何液态或气态废物在处置前都需要进行处理。

减少废物是处理退役废物面临的主要问题。需要对废物进行去污、减容、熔化，以减少需要在地质处置库中处理的数量。

1.4.6　其他

德国的主要目标是优先拆除核动力源，以便到 2045 年使所有核动力源退役。

为实现这个总体目标，德国的监管框架规定为乏燃料和其他放射性废物提供足够的现场储存能力。在某些情况下，核电厂经营者将放射性废物转移到其他核电厂场址储存。因此，有一些战略规划的放射性废物管理高于现场水平。从事退役的持牌人有责任估算废物数量并管理其与 BGZ 在储存方面的相互作用，并由 BGZ 管理其与 BGE 在处置方面的相互作用。

在国家一级对这些相互依存关系进行战略规划可能有益于这样一个大型退役方案的实施。

在逐步淘汰核设施的重要关头，对德国当局来说，维持和促进核电站运行时间以外的安全文化十分重要，因为核电站和其他核设施的退役和拆除继续受到国家监督，保护公众和环境仍然是压倒一切的优先事项。为了促进和加强所有当局以及每个当局内部的安全文化，德国核当局为达成对监管安全文化的共同理解而发起的进程必须继续下去。需要根据国际经验反馈，制定适当的方法，对监管安全文化进行自我反思和自我评估，并制定促进和改进监管安全文化的措施。

第2章 《选址法》

2.1 立法背景

2011 年 7 月 31 日，德国对《原子能法》进行了第 13 次修订，确定了结束核能在德国商业发电方面和平使用的日期，目的是找出核废物安全管理、尤其是释热放射性废物的解决方案。关于查找并选择适合释热放射性废物的处置库的地址以及修订其他法令的法令［《选址法》（StandAG）］已经指出了该程序的边界条件与主要问题。

《选址法》旨在制定新的、比较性选址程序以能确定在德国的地址，该地址要保证在 100 万年期间拥有可能的最大安全性。必须根据 StandAG 规定的标准进行勘测。为了保证寻址和选址程序透明且以科学标准为依据，在联邦环境、自然保护、建筑和核安全部内部成立了联邦核废物管理办公室。该办公室的工作包括制定具体地点勘测方案和检查标准。

在选址程序之前，要讨论并澄清与释热放射性废物管理有关的基本问题。该项任务由高放射性废物贮存委员会（以下简称委员会）负责，该委员会将在 2 年时间内（可以再延长 6 个月）编写选址程序。该委员会由两名轮流执政的主席、8 名联邦议院代表和 8 名联邦各州政府代表以及 16 位科学与社会团体人士组成。这 16 位科学与社会团体人士包括了 8 名科学界代表和分别来自环境部门、工业部门、宗教组织和工会的各 2 位代表，只有他们才有权投票。根据 StandAG 第 3 节第 2 段，该委员会应在 2015 年 12 月 31 日之前提交报告（或者以 2016 年 6 月 30 日为截止日期），该报告审查并评估与放射性废物管理的选址程序有关的基本问题。而且，报告内容还应包括按照§ 4 StandAG 的决策建议以及给联邦议院和联邦议会的政策建议。根据该委员会的结论，《选址法》以及组织和程序规则将接受评估并根据需要修订。

StandAG 还导致了《原子能法》的修订，尤其是增加了《原子能法》第 9b 节第 1 段。根据第 9b 节第 1 段，如果按照联邦法律选择设施地址，安全保护和处置放射性废物的联邦设施相应地需要许可证而不是计划审批。根据《原子能法》第 23d 节第 1 句第 1 小段（这是新增加的段落），BfE 负责计划审批和许可。

2.2　法律概况

《选址法》包括 7 部分 38 条 12 张附表，主要内容包括一般规定、目的、定义、公众参与原则、信息沟通平台及各层级会议、具体选址流程、费用、现有勘探地点、过渡条款、发布有关安全要求和安全调查的规定的授权以及法规发布的记录与授权。

2.2.1　一般规定

§1　法律目的

（1）法律规定了选址程序。

（2）选址程序旨在对废物（特别是高放射性废物）使用基于科学的透明程序，以根据德意志联邦共和国《原子能法》第 9 a（3）条第 1 款确定最终处置设施的最佳安全性位置。具有最佳安全性的位置是根据本法的相关要求从相应阶段中适合的位置中通过比选过程确定的位置，可长期保护人员和环境免受处置在最佳安全性位置的废物的电离辐射及其他因素影响，可保证持续 100 万年的安全。同时考虑避免给子孙后代造成不合理的负担和义务。

（3）在选定的地点，最终的深层地质处置应在为此目的而建造的储存矿中进行，以期最终封闭。应提供在储存库运行阶段回取的可能性，以及在关闭储存库后的 500 年内恢复的可能性。

（4）根据 § § 12 ff，位置选择程序是可逆的，预计将在 2031 年之前完成选址。

§2　定义

对处置、勘探、可回取性、可逆性、区域、地址屏障、工程屏障、包容性山体、处置区域、处置系统等进行了定义。

§3　项目发起人

（1）根据《原子能法》第 9a 条第 3 款第 2 句后半句，项目执行机构是第三方。发起人负责厂址选择过程，包括：

1）根据 § 13 确定区域，

2）根据 § 14 第 2 款和 § 16 第 3 款，对选址区域和待勘探地点的选择提出建议，

3）根据 § 14 第 1 款和 § 16 第 2 款制订勘探计划，并根据 § 16 第 2 段制定测试标准，

4）按照§16和§18进行勘探，

5）根据§14第1段，§16第1段，§18第1段和§26准备相应的初步安全检查，

6）根据§18第3款（3）的规定，向联邦核废物管理安全办公室建议储存库的位置。

（2）在本法规定的职责范围内，该项目的发起人通过互联网和其他合适的媒体向公众提供有关选址过程的全面、系统的信息。

§4　联邦核废物管理办公室

（1）联邦核废物管理办公室负责：

1）根据§15第4款和§17第4款制订勘探计划，并根据§17第4款制订测试标准；

2）根据§14第2款、§16第3款和§18第3款审查开发商的建议，并制定有充分依据的建议；

3）根据《原子能法》§19节第1至4分节，监测选址过程的执行情况。

（2）联邦核废物管理办公室负责公众参与选址过程。通过互联网和其他合适的媒体向公众提供有关选址过程的全面而系统的信息，这是其在本法律下的职责之一。发起人提交提案后，联邦核废物管理办公室将立即发布提案。

2.2.2　公众参与

§5　公众参与原则

（1）公众参与的目的是寻找社会广泛同意的解决方案，使受影响的群体能接受该方案。市民必须作为联合设计者参与到选址过程中。

（2）根据该法，联邦核废物管理办公室必须确保在项目执行早期及过程中尽早、及时地向公众通报项目的目标、实施的方式和状况以及可能产生的影响，并确保公众以预定的参与方式参与到选址过程中。为此，应采用互联网和其他合适的媒体。

（3）联邦核废物管理办公室可以对公众参与选址过程进行评估并为此提出建议。

§6　信息平台

为了向公众提供全面的信息，联邦核废物管理办公室正在建立一个提供信息的互联网平台。该平台将根据《环境信息法》第10节的规定，不断提供与联邦核废物管理办公室和发起人的选址过程有关的基本文件。基本文件包括专家意见、声明、数据收集和报告。

§7　评论程序与时限

（1）受发起人的提案影响的公众和政府当局可以对每个提案的报告和文件进行评论。

评论应在联邦核废物管理办公室设定的期限内提交；期限至少为 1 个月，且不得超过 3 个月。在进一步的程序步骤中应考虑这些意见；联邦核废物管理办公室和项目发起人对声明进行评估。

（2）提供公众可以评论的信息，包括：

1）关于根据 § 14 第 2 款在地面上进行勘探的位置区域的建议，以及与之相关的基于地面的勘探方案，

2）根据§16 第 3 款规定的要探索的地点的建议，以及相关的勘探计划和当日调查的测试标准，

3）根据第 18 段第 3 款的建议位置。

（3）在完成相应的评论程序后，受影响地区的联邦核废物管理办公室将就第 2 款下的提案以及根据评估意见得出的报告和文件进行讨论。

（4）与讨论主题有关的基本文件将在联邦核废物管理办公室的互联网平台上发布，并在受影响地区的地理区域内公示至少 1 个月。解释必须发布在《联邦公报》上，联邦核废物管理办公室的互联网平台上以及在该项目领域广泛使用的当地日报上发表。

（5）除公众和政府当局外，项目组织者，§ 10 和 § 11 条规定的会议代表以及有关的地方当局也应参加讨论会议。它必须在项目的空间区域中进行。根据第 4 段第 2 句，讨论日期必须至少在实施前 1 周宣布。

§ 8　国家监察委员会

（1）组成多元化的国家监察委员会的任务是为选址过程提供调解和独立支持，尤其是根据第 20 条的规定，在实施选址过程中的公众参与直至选址决定。

（2）允许成员访问与联邦核废物管理办公室和发起人的位置选择过程有关的所有文件和记录。公布咨询结果。在发布建议和声明时，必须记录有偏差的选票。

（3）成员不得属于联邦政府立法机构，也不得属于州政府立法机构；在最广泛的意义上说，他们在选择地点或最终处置方面必须不具有经济利益。成员的任期为 3 年，可以连任两次。国家监督委员会由 18 名成员组成。其中 12 名成员是被认可为公众人物的。他们由德国联邦议院和联邦参议院根据相同的提名选举产生；此外，联邦环境、自然保护、建筑和核安全部部长任命了 6 名公民，其中包括 2 名年轻一代的代表，这些代表先前已通过适当的公众参与程序获得提名。

（4）国家监察委员会在执行任务时得到办公室的支持，该办公室服务于联邦环境、自

然保护、建筑和核安全部，隶属于国家监察委员会。国家监察委员会通过议事规则，可以寻求第三方的科学建议。

（5）国家监察委员会指定办公室的一名成员承担尽早发现可能的冲突并在选址过程中解决这些冲突的任务。如果对参与过程有任何疑问，根据第 9～11 节的规定，联邦核废物管理办公室、项目发起人和会议可以咨询该指定成员。后者向国家监察委员会报告其活动。

§9　子区域会议

（1）根据第 13 条第 2 款第 3 项，在收到临时报告后，联邦核废物管理办公室即召集分区会议。参加者为公民、根据第 13 节第 2 款确定的分区的地方当局的代表、社会组织的代表和科学家。

（2）会议根据第 13 条第 2 款讨论发起人的中期报告，6 个月内最多进行 3 次会议。为此，项目开发人员向会议参与者解释中期报告的内容。会议将在最后一次会后的 1 个月内向开发人员反馈咨询结果。通过将咨询结果发送给开发人员，专家会议解决了一些问题。项目开发人员在其建议中考虑了协商的结果，以根据第 14 条第（2）款在地面上探索位置区域。

§10　地区会议

（1）联邦核废物管理办公室将根据第 14 条第（2）款，在每个拟进行地表勘探的位置区域内召开一次地区会议。它由一个大会和一组代表组成。地区会议有自己的议事规则；特别是规定要制定大会听证会。

（2）大会由根据《联邦注册法》在相应所在地的地方当局或直接相邻的地方当局中注册并年满 16 岁的人士组成。如果所在地区与另一个州接壤，则必须适当考虑那里受影响的公民的利益；议事规则规范细节。

（3）代表小组由当地居民、该地区地方当局的代表以及社会团体的代表组成，各占 1/3；参加人数不得超过 30 名。地方当局的代表由联邦核废物管理办公室提议，并经大会确认；其他参加者由大会选举为代表组。他们的任期为 3 年，可以连任两次。该代表小组根据第 4 和第 5 段执行地区会议的任务。

（4）地区会议伴随选址程序进行，并有机会在根据第 7 节的讨论日期之前，根据 § 14 第 2 款、 § 16 第 3 款和 § 18 第 3 款对提案进行评论。根据 § 16 第 1 款第 3 句对社会经济潜力分析的发展进行评论的机会。地区会议为公众提供充足的信息。公众可以按照第 6 节的规定，在联邦核废物管理办公室的信息平台上发布其文档。

（5）根据第 14 条第 2 款、第 16 条第 3 款、第 18 条第 3 款，若发起人的提案存在缺陷，则每个地区会议都可以在合理的时间内（不超过 3 个月）向联邦核废物管理办公室提交审核命令。每个地区会议可以针对上述每个提案调用一次审核任务；必须在根据第 14 节第 2 款、第 16 节第 3 款和第 18 节第 3 款提交建议书后提交，并且必须指出所需审查的范围。在宣布各个提案的讨论日期之后，不能再提交审核命令。联邦核废物管理办公室会根据检查任务对相应的提案进行审查。如果审查表明需要修改，则联邦核废物管理办公室会要求发起人在执行第 7 条第（1）款规定的意见程序之前补充相应的提案；它使审查的地区会议有机会发表评论。

（6）地区会议由联邦核废物管理办公室设立的办公室支持。

§ 11 区域会议

（1）在召开地区会议之后，联邦核废物管理办公室将在地区委员会中召开一次专家会议，由区域会议和市政当局的代表组成，这些区域和市自治市将暂时储存有放射性废物在其中。一半的代表由暂时存放放射性废物的区域会议和市政当局的代表小组选出，任期 3 年。会议人数不得超过 30 人。

（2）从国家的角度来看，专家会议伴随区域会议的进程，有助于平衡各区域的利益冲突。

（3）区域会议由联邦核废物管理办公室设立的办公室支持。

2.2.3 选址流程

2.2.3.1 一般规定

§ 12 勘探

（1）《联邦采矿法》第 3 至 29、39、40、48 和 50 至 104、106 和 145 至 148 条应相应地适用于勘探。根据这些规定，出于公共利益的迫切原因进行了地面和地下勘探。《原子能法》第 9d 至 9f 条和第 9g 条第 3～5 款适用于根据该法律和相应位置决定进行的勘探。

（2）选址过程中的决定［包括根据第（1）款的批准和许可］优先于州计划和选址计划。

（3）在开展活动时，项目发起人与联邦教育与研究部和联邦经济事务与能源部的研究机构合作，并可借鉴其他科学机构的科学知识。如果位置的勘探和比较需要地理数据，特别是来自国家主管部门的地质科学和水文地质数据，则必须在转让必要的使用和再使用权的同时，免费向项目发起人提供此数据。所提供的数据还包括有关根据§21批准的项目的信息。在选择过程中使用这些数据时，私人利益通常会排在公共利益后面。

（4）联邦政府作为官方专家和公共当局的职能不受影响。

2.2.3.2　选址程序

§13　确定子区域

（1）使用第22至§24条中规定的地球科学要求和标准，项目发起人必须确定可以预期为安全处置放射性废物提供有利地质条件的区域。

（2）为此，项目开发人员首先利用第22条的地质科学排除标准和第23条的最低要求分析主管联邦和州当局提供的整个联邦领土的地质数据。在确定的区域中，项目开发人员根据第24节的规定使用地球科学加权标准来确定在加权的基础上被证明是有利的子区域。项目发起人将结果发布在临时报告中，然后立即将其发送给联邦核废物管理办公室。在报告中，提出了与选择有关的所有事实和考虑；如果某些区域由于地质数据不足而无法分类，也必须列出这些区域。

§14　确定地面勘探的位置区域

（1）项目执行机构从根据第13条第1款确定的子区域中确定地面勘探的位置区域。根据第26节对该分区进行初步安全检查。根据由此确定的结果，发起人必须再次根据第24条使用地球科学加权标准来确定有利的位置区域。对于从安全的角度来看同样有利的位置区域，则必须采用符合第25节的规划科学加权标准。对于第2款所述的位置区域，根据§22至§24的要求和标准、安全要求和其他原则以及§16的第1款实施进一步开发的初步安全调查，形成地面勘探计划。

（2）项目的发起人将根据第13条第（2）款提交中期报告的提案以及参与中期报告的理由和结果提交给联邦核废物管理办公室。对于没有足够的信息来应用第22～24节中的准则评价的区域，则必须给出针对这些区域的进一步分析的合理建议。

（3）根据提案，项目发起人将地面勘探计划提交给联邦核废物管理办公室进行确定。

§15　确定地表勘探和勘探计划

（1）联邦核废物管理办公室审查了项目发起者的提议。如果联邦核废物管理办公室希望偏离项目发起人的建议，则必须给它机会发表评论。

（2）联邦核废物管理办公室根据§14第2款向联邦环境、自然保护、建筑和核安全部发送发起人的提案、参与过程的结果，包括国家监察委员会的磋商结果，以及针对该提案的合理建议。联邦政府应将将要在地面上探索的位置的地区告知德国联邦议院和州地区议院。

（3）根据联邦法律确定地面勘探的位置和没有足够信息来应用第 22～24 节所述标准需进一步调查的区域。

（4）联邦核处置安全局根据联邦法律审核选择的位置区域的地表勘探现场计划，确定并在《联邦公报》上发布这些计划及其重大变更。

§ 16 地表勘探及地下勘探建议

（1）项目发起人必须每天根据基于位置的勘探计划来探索联邦法律选定的位置区域。根据勘探结果，项目发起人必须进行进一步的初步安全调查。对所在地区域进行社会经济潜力分析。

（2）根据第 1 款确定的结果，开发人员必须根据第 3 款通过重新应用第 22～24 节中的要求和标准来确定合适的位置。从安全的角度来看，只要有同样有利的位置，就应采用根据 § 25 进行规划的科学加权标准。对于第 3 段所述的地点，根据第 22～24 节的要求和标准安全要求以及根据第 18 条第 1 款进行全面初步安全调查的其他依据，制定勘探计划和测试标准。

（3）项目发起人将要探索的地点的提案以及参与过程的原因和结果提交给联邦核废物管理办公室，还必须说明存储库项目可能的环境影响和其他可能的影响。

（4）根据提案，项目开发人员将当日勘探的勘探计划和测试标准提交给联邦核废物管理办公室进行确定。

§ 17 地下勘探和勘探项目的决定

（1）联邦核处置安全局审查发起人的提议。如果联邦核废物管理办公室希望偏离项目发起人的建议，则必须给它机会发表评论。

（2）联邦核废物管理办公室按照第 16 条第（3）款的规定，将发起人的提案发送给联邦环境、自然保护、建筑和核安全部，包括参与过程的结果（包括国家陪同委员会提供的建议的结果）以及发起人对该提议的合理建议。联邦政府将要探访的地点告知德国联邦议院和联邦议院。勘探的位置由联邦法律决定。

（3）在根据第 17 条第（2）款提交提案之前，联邦核废物管理办公室将通过决定来确定先前的选址过程是否按照本法的规定进行，以及选址提案是否与之相对应。

（4）联邦核废物管理办公室审核所选地点的勘探计划和测试标准，确定并在《联邦公报》上发布该计划并及其重大更改。

§ 18 地下勘探

（1）项目发起人必须根据勘探计划，在联邦法律选定的地点开展勘探。根据调查结果，发起人必须进行广泛的初步安全调查，并根据《环境影响评估法》第 6 节的规定，准备有关贮存地点的环境影响评估文件。

（2）根据第 1 款确定的结果，开发人员必须使用测试标准并根据第 22～24 节重新应用要求和标准，根据第 3 款确定合适的位置。从安全的角度来看，只要有同等合适的位置可用，就必须采用符合第 25 节的规划科学加权标准。

（3）项目发起人将其建议的存放地点、理由和参与过程的结果提交给联邦核处置安全局，包含要考虑的位置的比较评估。联邦核处置安全办公室根据《环境影响评估法》第 7 至 9b 条和发起人提交的文件，对该地点进行环境影响评估。

§ 19 最终位置比较和位置建议

（1）联邦核处置安全局审查发起人的提议，包括基础位置比较。根据这项检查的结果，并考虑到所有私人和公共利益以及参与过程的结果，联邦核废物管理办公室会评估哪个地点最安全。必须预计拟议的地点，以确保根据《科学技术》最新技术水平保证采取预防措施，以防止因根据科学和技术水平而对储存库的建设、运营和退役造成损害。由联邦核废物管理办公室提交的拟议地点必须包括对参与过程的结果的简要描述和评估、根据《环境影响评估法》第 11 和 12 节开展的环境影响说明以及空间兼容性的理由。

（2）联邦核废物管理办公室必须向联邦环境、自然保护、建筑和核安全部提交合理的厂址建议书，包括所有必要的文件。在提交建议的位置之前，联邦核废物管理办公室将确定先前的位置选择过程是否根据本法的规定进行，以及建议的位置是否符合该要求。在评估中，联邦核废物管理办公室必须遵守第 17 条第（3）款第 1 句中关于该程序合法性的声明。确定的位置信息将按照《核程序条例》批准公告的公开发布规定予以公布。对于针对根据第 2 条作出的决定的法律补救措施，适用《环境补救法》，但前提是已根据《环境补救法》第 3 条考虑了受影响的地方当局（其拟议所在地位于其所在地）及其居民和财产所有人的利益。按照第 2 句审查该决定时，没有必要按照《行政法院法》第 68 条的初步程序，联邦行政法院针对第一和最后法律补救措施中针对第 2 条下的决定提出的申诉进行裁决。

§ 20 位置决定

（1）联邦政府应以法律草案的形式将提议的地点提交给德国联邦议院和联邦议院。联邦政府用于评估位置的文件还包括有关选址过程和参与过程的结果的摘要报告，包括国家监察委员会提供的建议的结果。

（2）联邦法律决定是否接受建议的地点。

（3）根据第 2 款进行的位置决定对根据《原子能法》第 9b 条第 1a 款的后续批准程序具有约束力，以进行处置库的建设、运营和退役。根据此决定，必须对项目在批准过程中的适用性进行全面检查。

（4）与《空间规划法》第 15 条第 1 款、《空间规划条例》第 1 条第 3 句第 16 号以及其他空间规划法律规定相抵触，没有建立存储库的空间规划程序。

§ 21 安全规定

（1）必须保护被认为是最终存放地点的最佳位置的区域免受可能影响其作为最终存放地点的适用性的更改。根据第 2～4 款提供保护。§ 12 第 1 款第 4 句不受影响。

（2）在根据第 13 条确定分区之前，第三方根据联邦采矿法或其他法律的规定，在区域内申请批准深度超过 100 m 的项目，若在该区域地表下深度 300～1 500 m 中，存在厚度至少为 100 m 的层状岩或黏土岩层，或者垂直范围内至少 100 m 的陡峭盐层或结晶岩层，则仅在以下情况下才允许使用：

1）对于该项目所属的地区，很明显至少未达到一项最低要求或至少一项排除标准，或者

2）该项目与已经采取的措施有着密切的空间联系，这些措施也对地下产生了类似的强烈干预，或者

3）该项目涉及这些岩层之一，其性质将根据第 22～24 节的要求和标准进行评估，在大面积上仅受到轻微的空间波动，并且该区域的面积也不取决于此后以及其他之后的影响。对批准的潜在受损区域的监管是实现存储库所需空间的 10 倍，或者

4）该项目仅包括从最终深度 100～300 m 的钻孔，

① 钻孔或与该钻孔有关的措施不会对岩石层造成重大破坏，这些岩石层可为适合处置的基础层提供长期保护，或长期充当储层的附加屏障；如果钻孔深度不超过 200 m，则不会对地面走向造成损害；

② 如果在现场顶部以下 300～1 500 m 的深度处存在厚度至少为 100 m 的层状岩盐岩

层或垂直延伸范围至少为100 m的陡峭储层中的盐岩层，则盐层低于地形顶部以下400 m处，或者在盐层较高的情况下，盐层不受孔影响，与该孔相关的测量措施，并且对在盐层最高点以上 50 m 的区域内的地下水不会造成重大影响，或者

5）在个别情况下不批准该申请将导致明显意想不到的困难，并且不会与压倒一切的公共利益相抵触。

在根据编号 1）、2）、3）和 5）批准项目之前，主管当局必须从联邦核废物管理办公室获得声明；对于编号 2）的项目，这不适用于最终深度不超过 300 m 的钻孔的批准。

（3）从确定子区域的时间点来看，只有在联邦核废物管理办公室已根据第 4 款将该区域称为要保护区域，以确保将来进行勘探或继续勘探时，第 2 款才适用。根据第 2 款进行的保护在根据第 13 条确定分区之后的最近 6 个月内，即根据第 4 款宣布相应区域为保护区后立即终止。

（4）为了确保未来的勘探或已经开始的勘探继续进行，联邦核废物管理办公室可以禁止某些地区对其地区或地下进行时限可长达 10 年的更改。这可能会使相应项目变得更加困难。联邦核废物管理办公室必须在《联邦公报》上发布这些通知。在发布决定之前，必须听取受影响的地方当局、负责的采矿当局以及受影响的财产所有人和受影响的采矿许可证持有者的意见。如果该禁令会导致在个别情况下显然意想不到的困难，并且没有引起公众的重大关注，那么联邦核废废管理办公室可以批准个别情况下的例外情况。如果根据第 1 句的要求继续适用，则允许将决定两次延长最多 10 年。

（5）《原子能法》第 9g（5）条相应适用。

2.2.3.3　选址的标准和要求

§ 22　排除标准

（1）如果在该区域内至少符合第 2 款中的一项排除标准，则该区域不适合作为存储库的位置。

（2）排除标准为：

1）大规模垂直运动预计在探测期内平均每年有超过 1 mm 的大规模地质成因。

2）山区中的活动断层带可以视为一个储藏区，包括一个覆盖的安全距离，会影响该储层系统及其屏障的地质活动断层带；

3）受到当前或先前采矿活动的破坏，以至于必须考虑对拟议的具有包容性的山区或预期的储藏区区域的山脉的张力状态和渗透性产生负面影响。这不适用于后续措施以探索

潜在的存储库位置；

4）根据 DIN EN 1998-1/NA 2011-01，当地地震危险大于 1 区地震。

5）存在第四纪火山活动或预期火山活动；

6）被认为是具有包容性的山区或蓄水区的山区地下水已被确认为年轻地下水。

§23　最低要求

（1）如果满足第 4 段中规定的所有最低要求，则不符合 §22 中排除标准的区域仅适合作为存储库。

（2）如果只能在选址过程的后期阶段收集评估满足某个区域的最低要求所需的数据，则在收集到该数据之前，只要可以根据可用数据进行预期，就认为可以满足相应的最低要求。最迟根据第 18 条第（3）款提出建议的理由，必须在特定地点基础上证明满足所有最低要求。

（3）如果在可预见的地区无法确定具有包容性的山区，但适用于主要基于技术或岩土屏障的储存系统，则应以下列证据代替第 4 条第 1 款的最低要求：技术和岩土屏障可以保证放射性核素被安全遏制 100 万年。在这种情况下，第 4 款第 2～5 项的最低要求适用于存储区域。

（4）最低要求是：

1）包容性山区的岩石渗透率，山区渗透率 kf 必须小于 10^{-10} m/s；如果尚无法根据第 14 和 16 条提出建议的直接证据，则必须证明具有包容性的山区由岩石类型组成，可将其岩石渗透率指定为 10^{-10} m/s 以下，也可以通过覆盖层来满足渗透率条件。

2）包容性山区的有效包容厚度包括包容性山区的山区必须至少为 100 m 厚；对于厚度较小的主体为岩石晶体的岩体，还可以通过主体岩石与技术屏障的相互作用来实现较低的岩石渗透率，以证明可以达到安全包容。安全包含在受影响山区的证据；允许在存储库系统中划分为几个这样的山区。

3）包容性山区的最小深度：包容性山区的表面必须至少低于表面 300 m。在探测期内预期发生外源过程的区域，其直接或间接影响可能损害包容性山区的完整性，包容性山区的表面必须比预期的最大影响深度更深；如果要在陡峭的岩盐中识别出具有包容作用的山区，那么在包含物有效的山区上的盐层必须至少有 300 m 厚；如果要用黏土岩类型指定一个有效包裹体山区，那么即使发生上述外源过程，也必须期望覆盖层足够强大，从而确保包裹体山区的完整性。

4）储存库的区域：一个具有包容性的山区必须在能够实现储存库的区域进行扩展；储存库的空间要求中包括一些区域，这些区域是采取措施回收废物容器或以后开放打捞地雷所必需的，并且必须保持可用状态。

5）保留屏障效应在100万年的时间内，绝不应该有任何知识或数据会使包容性山区的完整性，特别是对山体渗透性、包容性山区的厚度和范围的地球科学最低要求的符合性产生怀疑。

§24　地球科学衡量标准

（1）根据地球科学衡量标准来评估一个地区是否具有良好的总体地质情况。对于所有衡量标准，都通过对结果进行安全相关的衡量来获得有利的总体地质状况。第3～5段中列出的指标是评估标准。

（2）就第23条第（3）款而言，将附录2中的加权标准替换为可能达到技术和岩土技术障碍的包容能力的数学推导。必须考虑有关技术和土工屏障的制造质量以及在相应位置的储存条件下的老化。就根据附件1和附件3～11的衡量标准所指的是具有包容性的山区而言，必须将其相应地应用于存储区域。

（3）根据地下水运输，岩体构造，空间可表征性和可预测性的标准，评估可达到的夹杂物质量和证据的预期稳健性。这些标准在附录1～4中列出。

（4）山区机械条件的标准和形成流体通道的可能性较低。这些标准载于附件5和附件6。

（5）根据气体形成、温度相容性、包裹体有效山区中的岩石对放射性核素的保留能力、水化学条件和上覆岩层的标准，对其他与安全有关的性能进行评估。这些标准在附件7～11中定义。

§25　规划科学衡量标准

规划科学衡量标准有助于进一步权衡在安全性方面同样有利的领域。在加权过程中，根据附录12将它们分为3个加权组，其中加权组1最强、加权组2第二强、加权组3最小。规划科学衡量标准不会与地球科学衡量标准加权。

§26　初步安全要求

（1）安全要求是指根据《原子能法》第9b（1a）条需要批准的设施的建造、运行和退役的要求，以保证采取科学和技术先进水平所要求的防止损害的预防措施，因此，最终储存所要求的安全要求界定了所要达到的保护水平。它们构成了根据第14、16和18条进行评估的基础，根据第27条进行初步安全检查的基础，以确定一个预定储存库的地点是否可以安全地封闭放射性废物。

（2）以下防护目标和一般安全原则对安全要求具有约束力：

1）废物中的放射性和其他污染物应被集中并包含在一个包容的山区，或在主要基于技术和土工技术障碍的处置库概念的情况下，按照第 23（1）节和第 4 节的规定，将其包括在内，目的是将这些物质与生物圈隔离。在 100 万年期间，就长期保护人类健康和环境而言，必须确保储存库释放的放射性物质造成的辐射与天然辐射照射相比是最低限度的。

2）必须确保最终处置对国外人民和环境的影响不超过德国允许的程度。

3）必须确保储存的废物在运行阶段能够回收，并采取充分的预防措施，以便在按计划关闭处置库后 500 年期间可能回收废物。

4）处置库的建造和运行方式应使在关闭后阶段对放射性废物进行可靠的长期封闭不需要任何干预或维修工作。

（3）联邦环境、自然保护、建筑和核安全部根据第 2 款的规定，通过一项以安全原则为基础的法令，有权确定最后储存的安全要求。如有必要，必须根据第 23（1）节的规定，为要考虑的每种主岩石指定与主岩石相关的要求。具体规定的要求包括：

1）电离辐射损害防护要求；

2）可回收性和救援要求；

3）储存库运行和关闭后阶段的安全概念要求，包括逐步优化。

该条例必须最迟在按照第 14（1）条第 2 句进行有代表性的初步安全检验前完成。它必须最迟每 10 年检查一次，如有必要，根据适应科学技术的最新水平修订。

（4）根据第 3 款制定的法令应提交联邦议院。联邦议院可以决定修改或否决该法令。联邦议院的决定送交联邦环境、自然保护、建筑和核安全部。如果联邦议院在收到立法法令 4 周后仍未处理，未作改动的立法法令将转交联邦环境、自然保护、建筑和核安全部。

§ 27 初步安全调查

（1）根据 § 14 第 1 款、 § 16 第 1 款和 § 18 第 1 款进行的初步安全调查的主题是，利用地质现场条件，评估放射性废物安全封闭的预期程度。应以 § 26 中的安全要求为基础，并且必须遵守段落 6 中的安全检查实施要求。

（2）在按照第 1 款进行的初步安全调查中，储存库系统是整体考虑的，其安全性是根据科学和技术的最新水平评估的。为此目的，在考虑到数据不确定性，故障和今后在安全纳入放射性废物方面的发展机会的情况下，研究了处置库系统在各种载荷情况下的行为。

初步安全调查是决定在选择过程中是否进一步考虑某一地区的基础之一。

（3）初步安全检查是根据有关放射性废物的数量、类型和性质的假设进行的。初步安全检查的详细程度在选择过程的各个阶段不断提高。

（4）只要因有尚未完成的研究工作而导致尚未确定各主岩石中物理上可能的最高温度，则出于预防的目的，假定容器外表面的极限温度为100℃。

（5）初步安全检查的内容还包括评估各有关地区预期在多大程度上可能对大量中低放射性废物进行额外处置。

（6）联邦环境、自然保护、建筑和核安全部有权通过法令确定在高放射性废物最后处置的选址程序中实施初步安全调查时适用哪些要求。该条例必须最迟在按照第 14（1）条第 2 句进行有代表性的初步安全检验时备有。它必须每 10 年检查一次，如有必要，必须适应科学技术的最新水平。

（7）根据第 6 款制定的法令应提交联邦议院。联邦议院可以决定修改或否决该法令。联邦议院的决定送交联邦环境、自然保护、建筑和核安全部。如果联邦议院在收到立法法令 4 周后仍未作出处理，未作改动的法令将转交联邦环境、自然保护、建筑和核安全部。

2.2.4　费用

§ 28　分摊

（1）项目发起人和联邦核废物管理办公室将按照第 2～4 款和第 28～34 段的规定，将其用于实施选址程序的应分摊费用分摊给分摊人。《原子能法》第 21b 条和《储存库预先服务条例》在这方面不适用。

（2）根据第 1 款，可实现的行政支出、人事支出和资本支出是由项目发起人和联邦核废物管理办公室为完成本法规定的任务而发生的，除非它们应归于其他保险提供商，第 3 款根据第 1 句可分配的费用尤其是以下方面的支出：

1）根据本法第二部分规定的参与程序，包括技术支持，

2）确定分区和合格的位置区域，包括根据 § 13 第 1 款和 § 14 第 1 款进行安全检查的准备

3）位置区域的地面调查和日内调查，包括根据第 16～18 条准备的安全检查，

4）根据第 13 条第 2 款准备临时报告，根据第 14 条第 2 款准备提案，根据第 15 条第 1 款、第 16 条第 3 款、第 17 条第 1 款、第 18 条第 3 款和第 19 条第 1 款以及第 19 条作出

决定，

5）根据第 14 至 17 节创建和定义勘探计划，并将§16 和§17 条作为测试标准，

6）发起人或联邦核废物管理办公室在选址方面进行研究和开发，

7）取得建设和维护土地、设施以及实施选址程序的权利。

（3）不能分摊费用包括根据第 15 条第 3 款，第 17 条第 2 款和立法程序有关产生的费用，以及根据第 20 条第 2 款与联邦政府、德国联邦议院相关的费用作为联邦政府，德国联邦议院的费用。

（4）在实施选址过程时，必须遵守经济原则。

§ 29 有法律责任缴款的对象及缴纳金额

（1）根据《原子能法》第 9 a（3）条将放射性废物发送到处置库，根据《原子能法》第 6、7 或 9 条或《辐射保护条例》第 7 条获得或已获得许可的人有义务缴纳会费。根据《处置转让法》第 1 条的规定，为最终储存放射性废物的设施提供融资的义务已转移至《处置基金法》第 1 条所指的基金，则该基金有责任代替《处置基金法》第 1 节所指的许可证持有人缴纳费用。根据《原子能法》第 9a 条的规定，土地征收场所无需缴纳任何费用。

（2）符合资格的费用中的“按需付费”部分（缴款额）应依据《存储库预付费服务条例》第 6 条第 1 款第 2 项和第 3 条根据支出进行计量。

§ 30 选址费用年度账目

（1）在财政年度结束后，发起人和联邦核废物管理办公室分别根据第 28 条第 2 款，通过执行选址程序的年度收支决算（年度决算）确定应分摊的成本。

（2）对于年度账目，必须由审计师或审计公司进行最终审计。年度账目还需要获得联邦环境、自然保护、建筑和核安全部的批准。

§ 31 确定缴纳金额

（1）根据第 30 条第（1）款在年度账目中确定的应摊费用，项目发起人和联邦核废物管理办公室必须根据第 29（2）条为每个应分摊人确定和分配应分摊款额。

（2）该项目的发起人将其年度账目和确定的征费数额提交给联邦核废物管理办公室。

§ 32 分摊费用评估和到期日

（1）供款要求在强制性供款的财政年度结束时（供款年度）提出。

（2）联邦核废物管理办公室必须根据第 30 条的规定，在最终分配后确定其和项目发起人的缴纳额。

（3）除非联邦核废物管理办公室另行决定较晚的日期，否则分摊索赔应在收到分摊通知后到期。

（4）联邦核废物管理公室应立即将为项目承运人的收缴的费用移交给后者。

§ 33　预付款

（1）联邦核废物管理办公室有义务为缴纳年度的缴纳金额确定预付款。联邦核废物管理办公室为项目发起人确定了可分配成本的预付款。

（2）根据第 1 款进行的评估应基于第 28 段第 2 款的可分配成本，该成本在本评估年度进行了预算。§ 31 和 § 32 第 2 至 4 款相应适用。根据第 34 条第（2）款第 2 句的规定，先前的预付款中的超额付款将被抵消。

（3）如果缴纳金额预计会超过预付款，则联邦核废物管理办公室可以确定当前缴纳年度的进一步预付款。这也适用于支付给项目开发人员的预付款。

（4）如果由于需要批准的活动或设施的运行而仅产生少量放射性废物，则可免除预付款或会费的征收。

§ 34　缴纳款额与预付款之间的差额

（1）如果在将已支付的预付款项记入固定缴款额后出现短缺，则必须在宣布固定缴款额后的一个月内支付。赤字必须在分摊费的评估中显示。

（2）如果预付款项超过了固定缴纳款额，则超额付款必须用随后的预付款项抵消。如果有责任缴纳费用的人申请偿还，则应偿还多付的费用，而不是根据第 1 条进行抵消。

§ 35　迟交罚则

如果在到期日之后的两周内未支付应缴纳金额或预付款，则应从开始的每个月支付欠款 1%的违约金。仅在拖欠金额超过 50 欧元且延迟时间超过 3 天的情况下才收取滞纳金。如果取消或更改分摊的评估，那么在那之前被取消的罚款附加费将不受影响。

2.2.5　戈尔本（Gorleben）盐丘

§ 36　戈尔本盐丘

（1）根据第 22～26 节规定的标准和要求，戈尔本盐丘与其他任何有争议的地点一样，都包含在选址过程中。只能与相应程序中的一个或多个其他地点进行比较，根据《选址法》第 13 至 20 条的规定，只要未根据第 5 条将其排除在外即可。该位置不作为要探索的其他位置的参考位置。比起已经为戈勒本厂址建立了勘探基础设施这一事实，比较评估中不应包括将先前勘探的知识用于戈勒本厂址这一事实。根据《选址法》，排除戈尔本盐丘时：

1）不属于根据第 13 条第 2 款确定的分区，

2）不属于第 15 条第 3 款中定义的要在地面上探索的位置区域，

3）不属于 § 17 第 2 款所定义的要探索的位置，或

4）不是 § 20 第 2 款所述的位置。

（2）戈尔本盐丘的采矿勘探已经结束。只能根据该法律以及此处提供的位置选择程序的步骤来执行用于选择位置的措施。除非根据第 1 款未将戈尔本盐丘排除在程序外，否则将一直开放该矿山，直到根据《选址法》确定位置为止，以确保所有法律要求和必要的维护工作。联邦政府对戈尔本矿负责。戈尔本盐丘中的盐实验室未运行。

2.2.6 过渡条款

§ 37 过渡条款

1）对于根据《原子能法》第 21 B 条直到 2013 年 7 月 27 日所支付的预付款，《原子能法》和《最终处置库预付款条例》继续以本法生效时适用的版本适用。

2）在 § 21 第 2 款第 3 至第 5 句生效之前，不允许根据 § 21 第 2 款批准项目，§ 21 第 2 款适用于 2017 年 3 月 8 日之后申请的项目。第 1 句不适用于按照第 21（2）条第 2 句批准的项目。

2.2.7 授权条款

§ 38 法规发布的记录与授权

（1）对于放射性废物的最终和临时存储而言至关重要的数据和文件（存储数据）由联邦核废物管理办公室永久存储。

（2）联邦环境、自然保护、建筑和核安全部是根据一项需要获得联邦委员会批准的法令授权的，以确定存储数据的详细信息及其内容、预期用途、范围、传输、存储和使用。该法令旨在包含条款，特别是根据该法规，存储数据的拥有者应将批代不明完全免费地提供给联邦核废物管理安全局或后者指定的机构。它可能包含一项法规，根据该法规，存储数据的拥有者应将其提供给第 2 条中指定的机构或由该指定机构通过国家/地区的主管部门提供，旨在确定如何确保数据的永久完整性。

2.3　小结

执行处置库选址程序的监督机构是联邦核废物管理办公室，BGE 自 2017 年 4 月 25 日起担任项目实施人员。BGE 根据强制性要求负责实施处置库的选址程序。处置库的选址、建设、运营和退役是由新成立的公司进行的。该公司属于公共部门，具有企业的行动自由。

处置库选址程序分为三个阶段：

- 第一阶段，在整个德国领土内，采用地理科学排除标准和最低要求，确定潜在的主岩的存在状况。随后，通过应用地质衡量标准选择具有特别有利地质条件的分区。在这些分区内，通过进一步改进和应用科学规划标准以及初步代表性安全分析的结果来选择地表勘探的地点区域。联邦议院和联邦参议院依法决定提案。
- 第二阶段，对选定的现场地区进行地表勘探。将勘探结果纳入初步的安全调查，并根据排除标准、最低要求和加权标准对现场地区进行再次比较。得到的结果是一系列受地下开采影响的地点。这个建议也提交给联邦议会和联邦参议院依法决定。
- 第三阶段，对选定地点进行地下勘探。全面的初步安全调查和对剩余潜在地点的比较分析旨在选择 100 万年内尽可能安全的地点。这个阶段是由德国联邦议院和联邦参议院决定完成的。在最后的法定地点确定之后，BGE 作为核准许可程序的申请人，由 BfE 许可授权。

处置库选址程序的所有阶段都要有广泛的公众参与。BfE 负责公众参与到处置库的选址程序中。BGE 作为项目的实施者负责通知在处置库选址程序框架内将采取的措施。作为社会权威，2016 年 11 月在国家层面上成立了“国家咨询委员会”。在有关地区层面，区域会议将实行制度化。应该提供必要的拨款，以便能够通过涉及独立的专业知识，以批判和建设性的方式来配合处置库的选址程序。

第3章 其他法律

3.1 《基本法》

《基本法》（GG 49）规定了联邦政府和联邦各州在使用核能方面的立法和行政管理资格。

关于基本权利，尤其是生命和身体健康权利，《基本法》规定了核设施执行的保护和预防性措施标准，所述标准在法律法规中作了更详细的规定。

3.2 《原子能法》

德国正式放弃使用原子能武器后，于1959年12月23日发布了《原子能法》（AtG），之后，《原子能法》作了若干次修订。2002年修订版《原子能法》打算通过精心协调来逐步淘汰核能在商业发电方面的应用，并保证在淘汰之前不干涉运行以及保护生命、健康和财产以防受到核能和电离辐射的有害影响，而且，还考虑补偿由此发生的损失和伤害。《原子能法》还能防止德国内部或外部安全性由于使用核能受到威胁。《原子能法》的另一个目的是保证德国在核能和辐射防护方面履行国际义务。

《原子能法》中有关于保护和预防性措施、辐射防护和德国放射性废物与乏燃料管理的一般国家规定，它是相关法令的依据。

除目的和一般规定外，《原子能法》还包含了监督规定、赔偿条例、行政管理责任以及行政罚款条例。

为了防止放射性废物造成危害并控制放射性废物的使用，《原子能法》要求核设施按照监督许可要求施工。签发许可证以及进行监督的前提条件与程序都有规定，其中包括专家咨询（《原子能法》第20条）和收费（《原子能法》第21条）规定。关于核废物管理，《原子能》法规定，联邦政府应建造设施用于安全保护和处置放射性废物（《原子能法》第9a节第3段第1句）。如果按照联邦法律确定设施地址，应该用许可证代替计划审批程序（《原子能法》第9b节第1A段）。根据《选址法》，《原子能法》第9b节第1a段被纳入《原子能法》作为新增段落。安全保护和处置放射性废物的设施规划、施工以及运行产生的费用都应由废物产生方负担，它们可以按照《原子能法》第21a和21b节及《废物库预付条例》（Endlager VIV）采用收费和摊派以及预付款形式。选址程序的费用按照第21节等和

StandAG 由废物产生方分摊。

《原子能法》具体要求某些活动应遵守许可程序。例如《原子能法》第 7 节规定，核燃料的生产、加工、处理或裂变设施的施工、运营或所有权、该类设施或其运行的重大改造以及该类设施的退役都需要有许可证。关于乏燃料贮存的《原子能法》第 6 节以及关于《原子能法》第 7 节规定的设施外面核燃料处理、搬运以及其他用途的《原子能法》第 9 节和关于安全保护和处置放射性废物的联邦政府设施的《原子能法》第 9b 节中有类似规定。

随着 2009 年 3 月 24 日对《原子能法》进行第 10 次修订，Asse Ⅱ矿井的运营和封闭遵守了《原子能法》关于处置放射性废物的联邦设施的规定，并且它证实了联邦辐射防护总署作为经营范围的责任。

2010 年 12 月 8 日对《原子能法》进行了第 12 次修订，这次修订将为核设施的核能安全建立了共同体框架的欧盟委员会指令 2009/71/EURATOM 规定的义务转变为了国家法律（除非它们已经有了适用国家法律）。

随着 2011 年 7 月 31 日对《原子能法》进行了第 13 次修订，通过 2002 年 4 月 22 日井井有序地淘汰核能在商业发电方面的使用的法令，《原子能法》修订版 11 规定的延长核动力装置使用期被取消，恢复了执行《原子能法》附件 3 第 2 栏所列最大发电量。同时，规定了具体反应堆发电批文到期的具体日期，即：

- 对于核动力装置 Biblis A、Neckarwestheim 1、Biblis B、Brunsbuttel、Isar 1、Unterweser、Philippsburg 1 和 Krummel，为该法令实施日期（反应堆从此永久地停堆）；
- 对于 Grafenrheinfeld 核动力装置，为 2015 年 12 月 31 日；
- 对于 Gundremmingen B 核动力装置，为 2017 年 12 月 31 日；
- 对于 Philippsburg 2 核动力装置，为 2019 年 12 月 31 日；
- 对于 Grohnde、Gundremmingen C 和 Brokdorf 核动力装置，为 2021 年 12 月 31 日；
- 对于 Isar 2、Emsland 和 Neckarwestheim 2 核动力装置，为 2022 年 12 月 31 日。

2013 年 4 月 20 日加快回收放射性废物并关闭 Asse Ⅱ矿井（“Lex Asse”）的法令包括了《原子能法》第 57b 节修订内容。修订的《原子能法》第 57b 节为加快关闭过程建立了法律框架。与此前的条款相比，发生了以下变化：

- 规定了在矿井封闭之前回收废物的目标；

- 规定了中断标准；
- 为程序灵活性提供了条件；
- 实施和制定条例的不确定性降低从而推动了执法。

3.3 《关于成立联邦核废物处置安全管理机构的法》

2013 年 7 月 23 日拟定（依据联邦司法公报，I 2013，No. 41，p2553），其中第 4 章节 2016 年 6 月 26 日修订（依据联邦司法公报 I 2016，No.37，p1843）。

第 1 条 成立

版本：2016-07-26

在联邦环境、自然保护、建筑和核废物安全部职责范围内，成立“联邦核废物管理办公室”，作为一个独立的高级联邦权力机构。联邦核废物处置安全管理机构设有部长及其常务代理人（即副部长）。联邦核废物处置安全管理机构的成立、部长和副部长的任命，以及其他工作人员的任命，在 2014 年 1 月进行。

第 2 条 任务

版本：2016-07-26

（1）联邦核废物处置安全管理机构的任务为依据《原子能法》《选址法》或者其他联邦法律建立计划，批准和监管设备，保障放射性废物的处理、运输和贮存，以及保障核技术安全。

（2）联邦核废物处置安全管理机构为联邦环境、自然保护、建筑和核安全部部长提供第 1 章节中所提到的专业和科学方面的支持。

（3）在没有其他主管机构的前提下，联邦核废物处置安全管理机构的职责是第 1 章节中提及的内容，这些职责由联邦环境、自然保护、建筑和核安全部部长执行，或者在获得联邦辐射防护部门许可的前提下委托联邦官方机构更高的主管机关执行。

（4）联邦核废物处置安全管理机构的职责是完成第 1 节中提到的科研工作。

第 3 条 监督

版本：2015-08-31

若联邦核废物处置安全管理机构承担的工作任务超出联邦环境、自然保护、建筑和核安全部范围，则在联邦核废物处置安全管理机构给出的专业建议前提下，由联邦官方机构更高的主管机关执行。

第 4 条 过渡条款

版本：2015-08-31

（1）联邦机构成立之后，半年之内需要选举部门代表。在公职人员代表委员会成立之前，联邦环境、自然保护、建筑和核安全部负责任命临时公职人员代表处理过渡职工委员会事宜。

（2）临时公职人员代表委员会立即任命董事会处理联邦公职人员代表委员会选举事宜。

（3）第 1 和 2 节适用于青年和培训代表，以及残疾人代表。

（4）联邦机构成立后 6 个月内需要建立维护权益平等的代表，以及他的代理人。此维护权益平等的代表，以及他的代理人，由联邦环境、自然保护、建筑和核安全部负责任命。

3.4 《关于成立联邦辐射防护机构的法》

发布日期：1989 年 10 月 9 日，最新修订版发布日期：2016 年 7 月 26 日。

根据 2016 年 7 月 18 日法案第 4 条（2016 年联邦法律公报第 35 号第 1660 页），本修正案将于 2021 年 10 月 1 日起施行。因此，该法案第 4 条将被废除。

第一条 德国联邦辐射防护机构的成立

§1　成立和地点

（1）在联邦环境、自然保护、建筑和核安全部职能范围内，成立“联邦辐射防护机构”，作为一个独立的高级联邦权力机构。

（2）联邦辐射防护机构的办公地点位于萨尔茨基特。

§2　任务

（1）联邦辐射防护机构执行通过《原子能法》《预防性辐射防护法》或其他联邦法或基于此类法案分配给其的辐射防护领域方面的联邦行政工作，包括辐射防护预防措施。

（2）联邦辐射防护机构将在上述第（1）段所述领域，特别是在执行联邦政府监督、法律和行政规定的制定以及政府间合作方面向德国联邦环境、自然保护、建筑和核安全部提供技术和科学层面上的支持。

（3）为履行其义务，联邦辐射防护机构将在第（1）段所述的领域进行科学研究。

（4）如果法律上未确定其他责任，联邦辐射防护机构应在第（1）段所述的领域执行联邦政府的工作，联邦辐射防护机构对德国联邦环境、自然保护、建筑及核安全部负责，或在征得其同意的情况下，受任于负责的最高联邦政府。

（5）若出现放射性物质丢失，或在调查和分析放射性物质及在其安全保存范围内的保护措施上涉嫌与放射性物质相关的犯罪，怀疑对生命、健康和物质产品产生大量危害，而主管部门如果未获得联邦辐射防护机构的支持无法或只有在面临重大困难的情况下才能实施这些措施，一经主管部门要求，联邦辐射防护机构向其提供支持。

§3　技术监督

只要联邦辐射防护机构执行除德国联邦环境、自然保护、建筑和核安全部以外另一部门的工作，其需要遵守相关最高联邦权力机构的技术指令。

§4　费用和开支

为了支付可单独分摊的联邦辐射防护机构公共服务支出，德国联邦环境、自然保护、建筑和核安全部有权不经联邦议院上议院（Bundesrat）的许可，通过法定条例下令收取管理费用并报销费用，并且借此规定固定费率费用或费率范围。不得影响《原子能法》的费用规定或根据《原子能法》颁布的法定条例的费用规定。

3.5　《核废物管理责任重组法令》

在欧盟委员会批准国家援助后，核废物管理责任重组法令于 2017 年 6 月 16 日正式生效。该法案执行委员会的建议，对逐步淘汰核能的融资工作进行审查，并对核废物管理责任进行重组。它确保长期为退役、拆除和废物管理提供资金，以免将为此目的而产生的费用转嫁给社会，同时也不会危及运营者的经济状况。

核电站的运营者将继续负责放射性废物的退役、拆除和妥善包装的所有管理和筹资工作。但是在未来，贮存、处置及其融资工作将由联邦负责。这项任务将由国有企业来执行。2017 年 7 月初，联邦政府从运营者那里筹集到约 240 亿欧元用于贮存处置的资金，并将其转移到一个受公法保护的基金组织。基金组织负责对资金进行募集、存储和拨付。

核废物管理责任重组法制定了下列法令：

- 第 1 条：为核废物管理筹资设立基金（《废物管理基金法》）

该法案规定要建立一个受公法保护的基金会（“基金”）为核废物管理提供资金，并规定了需向该基金支付的款项。核电站的运营者必须在 2017 年 7 月 1 日前将大约 170 亿欧元的基本金额转移到该基金。另外，根据《废物管理基金法》第 7 条第 4 段，为了从根本上将利率和成本风险责任转移给国家以防遭受风险溢价，他们还需以分期付款协议的形式额外支付 60 亿欧元。

● 第 2 条：法案规定了核电站运营者需为放射性废物管理承担资金转移和款项承付的责任（《废物管理转移法》）

该法案连同《废物管理基金法》作出如下规定：对于那些生产商业用电的核裂变设施因运营、退役、安全封存、拆除而产生的放射性废物的管理，核电站运营者需为此承担资金转移和款项承付的责任。因此，一方面，联邦政府确定放射性废物贮存处置所需资金由运营者根据《废物管理基金法》第 7 章第 2 条内容提供的基本数额的付款进行提供或者通过分期付款进行支付。另一方面，在将妥善包装的废物包转移给国有贮存设施运营者（BGZ gesellschenlagerung mbH）之后，核电站运营者对其产生的放射性废物的管理责任就转移给了联邦政府。此外，该法案附件中列出的储存设施将在规定时间移交给联邦政府。

● 第 3 条：《原子能法》修正案

通过对《原子能法》第 7 条第 3 段进行修正，规定即刻退役并拆除电力操作授权到期或永久终止运营的核电站。因此，安全封存不再作为退役的一种选择。在个别情况下，出于必要的辐射防护考虑，主管部门可允许在一定时间和限度内暂时免除核电站部件退役的责任。

● 第 7 条：关于核电站退役拆除和放射性废物包装费用透明度的法案（《透明度法案》）

《透明度法案》规定经济事务和出口管制局（BAFA）有义务向联邦署提供信息，同时也对核电站运营者的废物管理责任规定做出相关要求。通过这种方式，提高资金及任务执行（运营者执行融资和实施任务，特别是核反应堆退役和拆除）的透明度和可审核性，以此来保障资金安全。此外，该法案的目标是为联邦政府提供明确的成本估算，以便为退役相关规定的制定提供根据。

● 第 8 条：核能部门承担拆解和废物管理费用的后续责任（《后续责任法》）

该法案取代了联邦政府于 2015 年 11 月 9 日制定的关于核能部门承担拆解和废物管理费用的后续责任的草案。《后续责任法》同时确定了下述支付义务归属于所谓的控制公司和控制运营公司：设施退役拆除所需费用、根据《废物管理基金法》需向基金提交的资金、那些未支付成本溢价的公司因放射性废物成本增长所产生的费用。这是为了通过重组使得电力公司完全或部分地摆脱因逐步淘汰核能及对应产生的放射性废物管理所带来的费用。

此外，《核废物管理责任重组法》也修订了其他法令和条例（《原子能法》第3条、《选址法》第4条、《处置场预付款条例》第5条、《辐射保护条例》第6条）。

第4章 对我国放射性废物管理立法的启示

4.1 启动我国放射性废物管理专门立法

德国是核能利用较发达的国家，20 世纪 70—80 年代是德国发展核能事业的顶峰时期，在这期间有 20 多个电站运行，产生了大量放射性废物，因此，德国在放射性废物管理方面积累了丰富的经验。德国计划 2022 年前关闭所有的核电站，放射性废物考虑深埋。对于处置地点，专门立法给出了选址程序。

我国核电发电量已居世界第三位，而且还在快速增长，将产生大量亟待处理处置的放射性废物。同时，早期遗留放射性废物风险未消除，长寿命中高放废物处理处置政策急需完善。放射性废物安全风险持续存在并与日俱增。放射性废物从产生、处理、贮存，到处置及处置后的长期监护，涉及环节多、周期长、管理层级繁杂、系统性强，虽然我国已制定《放射性污染防治法》《核安全法》，但分散的立法无法系统解决原则确立、责任划分等基本问题。由于缺少顶层规划，废物处置进展缓慢、处理技术路线落地困难，造成放射性废物管理工作严重落后于核能发展。建议通过专门立法明确顶层规划地位，建立放射性废物管理系统化长效机制，推进放射性废物管理工作长足发展。

4.2 尽快编制国家放射性废物管理计划

德国《原子能法》第 2 部分明确提出，国家放射性废物管理计划包括：

① 乏燃料和放射性废物管理国家策略的总体目标。

② 相关的阶段目标及达到阶段的时间表。

③ 乏燃料和放射性废物的存量及未来预期量，包括电站和设施的退役产生的废物。废物量应明确产生地点，应合理分类。

④ 乏燃料和放射性废物从产生到最后处置的计划和技术方案。

⑤ 放射性废物贮存设施退役后的计划，包括控制期和掌控电厂长期信息开展的必要监测。

⑥ 实施乏燃料和放射性废物管理方案需要的研究、开发和试验活动。

⑦ 国家废物管理计划的执行责任和过程监测关键性能指标。

⑧ 国家废物管理计划的预估费用及其估算依据和假设，包括费用时间表。

⑨ 当前的基金安排。

⑩ 适用的透明制度。

⑪必要时，与欧盟成员国或第三方国家关于乏燃料和放射性废物管理的协议。

国家放射性废物管理计划可安排 1 个或多个文件。联邦政府定期审查国家放射性废物管理计划，至少每 10 年审查一次，并基于科学技术进步、专家建议等进行更新。

基于我国放射性废物管理在顶层设计方面的现状和问题，建议在立法中明确要求制定国家放射性废物管理计划，在国家层面明确责任分工，统筹资源，以确保放射性废物的及时、安全处置，并定期更新。通过专门立法，明确国家放射性废物管理计划的法律地位，明确规定国家计划编制的责任主体和编制、发布、更新程序，建立计划实施的保障措施和制度、审查机制和问责制度。

国家放射性废物管理计划应当说明目前放射性废物的管理模式，对现有的放射性废物管理模式进行评估；阐述未来处理、贮存或处置设施的要求，详细说明这些设施所需的容量及相应的贮存时间要求；对于没有最终管理模式的放射性废物，确定要实现的目标。

国家放射性废物管理计划可包括：

① 国家放射性废物管理计划的主要目标。

② 我国放射性废物管理的概况，主要包括：放射性废物的定义、来源、分类和存量清单；放射性废物管理的主要原则；放射性废管理的法律框架；放射性废物管理的成本和资金情况；放射性废物管理的透明度。

③ 我国放射性废物管理的背景、关键问题和范围。

④ 实施乏燃料和放射性废物管理方案需要的研究、开发和试验活动。

⑤ 国家放射性废物管理计划的执行责任和过程监测关键性能指标。

⑥ 国家放射性废物管理计划的预估费用及其估算依据和假设，包括费用时间表。

⑦ 我国放射性废物管理的未来需求和前景，主要针对特定低放废物（如石墨废物等）、中放废物和高放废物，说明目前面临的问题、采取的临时解决方案。

⑧ 国家放射性废物管理计划的综合分析、实施与评估。

国家放射性废物管理计划经国家有关部门批准发布后，由国家核与辐射安全监管部门组织对其实施情况进行评估，其意见作为下一版本国家放射性废物管理计划的参考。

4.3　完善放射性废物管理经费保障制度

德国放射性废物管理实践表明，完善的资金保障制度是核设施退役与放射性废物处置能够有效推进的必要条件。在《原子能法》第 21、23、23 a、23 b、23 d、24 条分别对收费对象和责任方进行了规定，并据此出台了相应的费用法令。在《废物管理基金法》中规定要建立一个受公法保护的基金会（“基金”）为核废物管理提供资金，并规定了需向该基金支付的款项。核电站运营者必须在 2017 年 7 月 1 日前将大约 170 亿欧元的基本金额转移到该基金。另外，根据《废物管理基金法》第 7 条第 4 段，为了从根本上将利率和成本风险责任转移给国家以防遭受风险溢价，运营者还需以分期付款协议的形式额外支付 60 亿欧元。

资金支持不足也是我国放射性废物处置工作进展缓慢的主要原因之一。建议通过制订专门的放射性废物管理法，建立放射性废物处置资金管理制度，明确资金来源、管理主体、使用范围和方法等，确保资金涵盖放射性废物处置研发、处置设施规划、选址、建造、运行、关闭和关闭后监护等各阶段费用。

参考文献

[1] 履行联合公约义务的第六次国家报告，乏燃料管理安全和放射性废物管理安全联合公约——德国，2017.

[2] Gesetz zur Suche und Auswahl eines Standortes für ein Endlager für hochradioaktive Abfälle（Standortauswahlgesetz - StandAG）

[3] 放射性废物管理发展战略研究课题组. 国外放射性废物管理法规汇编.

[4] Integrated Regulatory Review Service（IRRS）to Germany，2019.

缩略语

ALG	Gorleben 废物贮存设施
AtAV	核废物运输条例
AtG	《原子能法》
AtSMV	核安全员与报告条例
BfE	联邦核废物管理署
BfS	联邦辐射防护署
BGE	联邦放射性废物处置集团
BGR	联邦地学和自然资源研究院
BGZ	放射性废物贮存公司
BMUB	联邦环境、自然保护、建筑和核安全部（原 BMU）
DBE	德国处置库施工和运营服务公司
EIA	环境影响评价
ERAM	Morsleben 放射性废物处置库
ESK	核废物管理委员会
GRS	联合国安全与防灾委员会
GSF	辐射研究公司（现 HMGU）
HLW	高放废物

HM	重金属
IAEA	国际原子能机构
ICRP	国际辐射防护委员会
ILW	中放废物
KIT	Karlsruhe 技术研究院
KTA	核安全标准委员会
LAA	各州核能委员会
LLW	低放废物
NPP	核电厂
OECD	经济合作和开发组织
RSK	（反应堆安全委员会）
StandAG	处置库选址法
TÜV	技术检验局
VEK	Karlsruhe 玻璃固化装置
VLLW	极低放废物
WAK	Karlsruhe 后处理厂